大有

文・学
库・术

院書麓嶽

近代中国『世界』观念研究

余露 著

社会科学文献出版社
SOCIAL SCIENCES ACADEMIC PRESS (CHINA)

本书获得大成国学基金

——湖南大学岳麓书院发展基金高等研究院项目资助出版

目　录

绪　论 ……………………………………………………… 1

第一篇　概念演化

第一章　固有基础：近代转化前的"世界"含义 ………… 17

　第一节　后汉六朝：浓厚的宗教色彩 ………………… 18

　第二节　唐宋元明：世俗日深而依然抽象 …………… 24

　第三节　"世界"古今含义辨析 ……………………… 34

　小　结 …………………………………………………… 47

第二章　转化关键：洋务运动时期的"天下"、"地球"

　　　　与"世界" ………………………………………… 49

　第一节　旧词新意："天下"与"世界"的转换 ……… 49

　第二节　新词为媒："地球"与"世界"的衔接 ……… 59

　第三节　新旧杂陈：眼光向外与置身局外 …………… 68

　小　结 …………………………………………………… 78

第三章　基本面貌：甲午战争前后的"世界"图景

　　　　与强弱观念 ……………………………………… 79

　第一节　甲午战前中日对"世界"运用的异同与关联 … 79

　第二节　甲午战后强弱观念的升级与夷夏之局的松动 … 88

第三节 "世界"的主观认定和自由伸缩 ·············· 101

小 结 ··· 112

第四章 时空交融：1900 年前后国人的"世界"想象
与"世纪"情结 ·············· 114

第一节 "世界"与"世纪" ································ 115

第二节 世纪之交的"世界"系列报刊 ·············· 122

第三节 面向"世界"和以"世纪"为单位
关注未来 ·············· 130

小 结 ··· 135

第二篇 观念运用

第五章 古典新知：《春秋》三世说与"世界进化" ······ 139

第一节 三世说中"进化"意涵的凸显 ·············· 140

第二节 "世界进化"与中国命运 ·············· 148

小 结 ··· 157

第六章 话语权势：清季民初的"世界知识"
与"世界观念" ·············· 159

第一节 清季"世界观念""世界知识"的
实质内容 ·············· 160

第二节 民初鼓吹"世界知识""世界观念"的
价值偏向 ·············· 166

第三节 对"世界共同性"的迷信 ·············· 173

小 结 ··· 179

第七章　士心向背：清季十年的"世界大势"论与辛亥鼎革的

　　　　驱动力 ·· 181

　第一节　宏观判断："世界大势"与"世界政策" ··· 182

　第二节　由远及近："世界大势"与中国前途 ······· 190

　第三节　中心扩散："世界大势"与变革呼声 ······· 196

　小　结 ··· 204

第八章　"走进新世界"：民初的"世界大同"追求

　　　　与"世界观"讨论 ···································· 206

　第一节　与"世界"相同以求大同 ······················ 206

　第二节　"世界"与"世界观" ··························· 216

　小　结 ··· 228

第九章　从"欧战"到"世界大战"：一战在华反应的

　　　　思想轨迹与影响 ···································· 230

　第一节　一般描述：旁观"欧战"心态下的

　　　　　　"世界大战" ································· 231

　第二节　指称成形：身与其中的"世界大战" ······ 238

　第三节　名分攸关：中国权益与世界秩序 ··········· 245

　小　结 ··· 255

第三篇　名物扩充

第十章　"世界"资格的认定：清季的"世界史"认知

　　　　与文明力较量 ·· 259

　第一节　统合东西洋史与以西洋史为"世界史" ··· 261

　第二节　厘定中国在"世界"中的位置 ··········· 270

小　结 ……………………………………… 278

第十一章　"世界"追求的寄托：清季民初世界语运动中的
　　　　　　"世界"观念 ……………………… 280

　　第一节　虚实相生：清季十年间世界语的
　　　　　　引入与讨论 ……………………… 281

　　第二节　语以载道：民初世界语运动与各种"世界"
　　　　　　观念的联系 ……………………… 290

　　第三节　世界主义：一战前后世界语运动的
　　　　　　大同追求 ………………………… 299

　　小　结 …………………………………… 306

结　语 ………………………………………… 308

附　录 ………………………………………… 319

参考文献 ……………………………………… 328

后　记 ………………………………………… 349

绪 论

一 研究旨趣

尽管当今世界体系正在发生深刻的变化，但各国家之间交往密切、各文化之间交融互鉴的基本格局依然稳定。事实上，至少对于中国来说，从传统"天下"观到近代"世界"观的转变，虽然发生还不到两百年，却已经全面而深刻地影响了从物质到精神的各个层面。这一百多年的时间，相较于此前相对隔绝的漫长历史，显得太不成比例。同样的，今日熟知的"世界"，其用来实指地域意义上的全球，并由此衍生出"中国与世界""走向世界""世界级"等用法和观念，也不过百余年的历史。相对于此前近两千年间主要为佛教用法和抽象笼统含义的使用情况，同样太不成比例。这两个不成比例一方面反映了近代以来变化之剧，另一方面也显示"世界"这一观念关系全局的重要性。

"世界"一词源于佛教，是表示时间的"世"和表示空间的"界"两个字的组合，兼具方位与流变。晚清以前，其僧俗两界的用法以虚幻和笼统为主，无关乎现实中的地域与人群活动，更不曾用来表达对外关系和对外思维。从 19 世纪下半期开始，"世界"逐渐取代"天下""万国""西洋""泰西"

"西国"等词（包括一个混用的过程），成为用来指称超出中国本土、涉及域外的关键概念，而范围大小又颇有伸缩的余地，重心所在亦变动不居。"世界"指称全球，但又并不固定，所以才有"走向世界"这样置身其外并试图融入其中的潜意识，以及教学体系中的"世界史"却不包括中国的特殊现象。这是该词在古代僧俗两界虚幻运用的基础上，因应近代中外形势巨变而发生重大变异，又反过来影响对外观念和道路抉择的结果，集中体现了"天下"观念解体之后，中国人在全球化时代关于自我与他者关系、自身发展道路的基本思维取向。

已有学人点出"世界"在近代中国思想文化史上的重要性。桑兵曾指出，国人认知中的"世界"，在某种程度上不过是"西洋"的变形，"进入世界"与"学习西方"几乎为同义词，含糊的"世界"表达之下深藏着的是固有的中国意识，不过华夷之辨的位置已经乾坤颠倒，目标向外，引起不少多为消极的连锁反应。[①] 罗志田也多次提到，"世界"乃是民初文化人创造性发展出来的取代"西方"的新概念，其时间意义强于空间意义，虽取代"西方"，却往往等同于"西方"。这样一种约定俗成的"认知"虽非严格的界定，但延续力非常强。[②] 可见，"世界"不单纯是，甚至在更大程度上就不是一个客观的空间地理的指称名词，其思想和观念上的轻重与倾向尤其值得注意。

---

① 桑兵：《华洋变形的不同世界》，《学术研究》2011 年第 3 期；《辛亥革命研究的整体性》，《中山大学学报》2011 年第 5 期。

② 罗志田：《裂变中的传承：20 世纪前期的中国文化与学术》，中华书局，2009，"自序"第 15 页。类似的意思罗氏在多处表达过，大多是述而不著、引而不发。

同时，"世界"又是一个延展性极强的概念，其延伸出来的诸如"世界知识""世界眼光""世界大势""世界观念"等屡见于晚清民国时人笔下的流行话语，究竟内涵如何，影响何在，又能够反映和说明什么？其衍生出来的诸如"世界史""世界语"甚至"世界大战"等名目，是否仅仅就是所谓以全世界为范围，而别无其他含义？若如此，为何"世界史"常常不包括中国，清末民初的"世界史"与"外国史""西洋史""万国史"等有何区别与联系？对于人造语言，中国人的译称从"万国新语"到"世界语"，有何考量？从当时通行的"欧战"称呼到后来耳熟能详的"世界大战"，经过和影响如何，是否反映了中国与世界的关系变化？这些问题，也只有在明了"世界"的语义变迁、内涵凝聚、思想影响的基础上，才能得到较为深入的回答。

以近代以来中外形势变迁、国人向外求索的事实为基础，以"世界"一词的含义和用法演变为纽带，以"世界"观念所体现的思想倾向和价值判断为依归，在历史中把握语义的丰富与变化，呈现语言、思想、事实三者之间的参差互动，对近代中国"世界"观念进行系统深入的考察，可以还原其历史进程中的层层沉淀，展现"世界"之于近代中国的丰富多彩和复杂多变，丰富对于近代中国"世界"观念的认识，从历史的渊源流变把握其复杂意涵。准确把握、深入反思"世界"观念演化和运用的历史，可以在全球化时代，为人类不同文明的和平共处、交流互鉴提供启示，为历史悠久的中华文化既不自卑又不自大、既吸收外来又不忘本来提供借鉴，以期更好地面向未来。

二 先行研究

专门研究近代中国的"世界"观念，最要紧点在于不能将后来习见的"世界"表述与历史上纷繁的"世界"观念混为一谈，而必须坚持"以汉还汉"，梳理该问题各方面的历史事实（包括言论与行事），探究其背后的思想，不是"后现代"而是"前近代"地看，历史地复原近代中国"世界"观念的源流与面相。目前还比较少见用此办法直接研究该问题的专门成果。与此同时，由于"世界"观念影响近代中国的方面甚广，数不胜数的相关研究都会有意无意、多多少少涉及"世界"这一词语和观念。综合权衡，为免泛滥无归，仅将较为直接的有关"世界"观念的先行研究简要分述如下。

一是关于"世界"观念与近代中国的研究。罗志田《走向世界的近代中国——近代国人世界观的思想谱系》指出，一般认为囊括全球的"世界"，常常并不包括明明作为地球一国之中国，而多用来指称那些"先进"的国家和地区，标杆一般地被"后进"国家追模。这种根本大变造成了近代国家整体目标的"外倾"。[①] 其《天下与世界：清末士人关于人类社会认知的转变——侧重梁启超的观念》还发现，"天下"意义的多歧性也造成与之对接的"世界"含义的多歧性，近代中国"天下"缩变为"国家"与转变为"世界"的进程是同时存在的，后者甚至更能体现时人思考的对象，如以梁启超为

---

① 罗志田：《走向世界的近代中国——近代国人世界观的思想谱系》，《文化纵横》2010 年第 3 期。

代表的清末士人。① 桑兵《华洋变形的不同世界》指出，国人认知中的"世界"，在某种程度上不过是"西洋"的变形，"进入世界"与"学习西方"几乎同义，"中国与世界"的表达和思维体现了华夷之辨的乾坤颠倒。② 这些认识，对近代中国"世界"观念的基本内涵和特征、主要意义和影响做了基础性和方向性的探讨与提示。

中外交往的密切、国人对外视野的扩大，是近代中国"世界"观念产生的前提和基础。陈廷湘、周鼎通过探视近代百余年间重要人物在重要事件中的行为与言论，把握其在各自时代条件下对外部世界的认识情况，历时性展示了相关人物在具体事件中反映出来的观念变迁，对"天下大同"观念与近代"世界"观念的比较分析着墨较多，并捕捉到此一过程中国家意识的凸显和"天下"观的惯性作用乃至回潮。行文之中对于时人对外视野扩大和观念变迁过程中是否用到"世界"也相当关注。③ 钱国红比较详细地讨论和分析了日本方面世界意识的形成过程，也将"世界"观念甚至这一词语作为一个问题专门提出，并且注意到中日两国都曾历经从认识世界到进入世界的过程，还特别指出此过程中日本方面强烈的"序列"意识以及这种意识对中国的影响。④ 由于研究重点的不同，该书基本上还是在已经后设的"世界"意义上讨论问题。

---

① 罗志田：《天下与世界：清末士人关于人类社会认知的转变——侧重梁启超的观念》，《中国社会科学》2007 年第 5 期。
② 桑兵：《华洋变形的不同世界》，《学术研究》2011 年第 3 期。
③ 陈廷湘、周鼎：《天下·世界·国家：近代中国对外观念演变史论》，上海三联书店，2008。
④ 钱国红：《走近"西洋"和"东洋"：中日世界意识形成的比较研究》，商务印书馆，2009。

从"天下"观到"世界"观念，不只是名词的转变，而包裹着内涵乃至价值的改换，问题的重要性正在于此。王中江注意到，进化主义的兴起，使近代中国出现一种新的全能式世界观，笼罩方方面面，影响深远。他充分考察了进化主义在近代中国的兴起与发展，其中不少地方与"世界"话语的演化密切相关，更常常将"世界"打上引号，作为一种特定的重要观念来看待，而不是一般意义上的词语。[①] 王东杰注意到，20世纪初所谓"新史学"具有浓厚的进化论意识，正是在进化论的启示下，中国史家努力将中国历史纳入人类发展的公例，其中一个办法即为把中国历史描述成一步步走向"世界"的过程。[②] 由此也可以见到"世界"观念的笼罩性和延展性。

段炼专门分析了杨度的世界观念，亦即其"世界的国家主义"主张，揭示了时人认识中世界殖民体系"对于内则皆文明，对于外则皆野蛮"的复杂特征，以及中国在当时处境下的应对之道。[③] 卞冬磊将晚清读书人通过报刊阅读获得的主要由环绕中国的西方国家和日本构成的"世界"图景，称作"远距帝国主义"，并分析其介入读书人的日常以及影响他们对国家未来的想象，发现远距离的认识常常偏向冲突性议题，更容易引起震动，[④] 一方面提示了"世界"图景的主观性，影响力常常

---

① 王中江：《进化主义在中国的兴起：一个新的全能式世界观》（增补本），中国人民大学出版社，2010。

② 王东杰：《"价值"优先下的"事实"重建：清季民初新史家寻找中国历史"进化"的努力》，《近代史研究》2012年第3期。

③ 段炼：《国之内外的"文野之辨"——以20世纪初期杨度的世界观念为中心（1902~1911年）》，《安徽史学》2017年第6期。

④ 卞冬磊：《"世界"的阴影：报纸阅读与晚清的国家想象（1898~1911）》，《湖南师范大学学报》2019年第4期。

与准确度未必成正比；另一方面也彰显了报刊媒介的重要作用。"世界"堪称近代中国一个具有全局性影响的重要观念，其中作为大众传媒的报刊所起到的传播与塑造作用，相当巨大。

鉴于百余年艰辛探索取得的巨大成就，任剑涛面对现实，提出融入"世界"还是重启"天下"的问题，特别指出"世界"体系是由西方国家在现代化初始阶段奠定的，不仅非中国人自创，中国甚至有被凌辱的经历。① 该文最直接地显示出"世界"观念现实意义的重要性。

二是侧重"世界"词语含义演变的研究。沈国威和陈力卫从词汇的角度探讨了汉语所受的日本影响，其中就包括"世界"相关概念，表明这是一个与日本人的作用分不开的问题。② 意大利人马西尼从词汇方面的探讨同样涉及"世界"，并引起了黄兴涛的批评。黄氏认为马氏在外来词的资格认定、属性判断和源流考证、资料运用等方面有诸多不足，也不赞同马氏对"世界"一词现代意义的最早使用见于王韬《扶桑游记》的说法，并提出了自己的看法。③

金观涛、刘青峰的《从"天下"、"万国"到"世界"——兼谈中国民族主义的起源》文如其题，通过对一些数据库的分析，统计"天下""万国""世界"等词语的运用

---

① 任剑涛：《当代中国的国际理念：融入"世界"，抑或重启"天下"?》，《山西师大学报》2020 年第 5 期。

② 沈国威『近代日中語彙交流史：新漢語の生成と受容』笠間書院、1994年；陈力卫：《从英华辞典看汉语中的日语借词》，陈少峰主编《原学》第 3 辑，中国广播电视出版社，1995。

③ 〔意〕马西尼：《现代汉语词汇的形成——十九世纪汉语外来词研究》，黄河清译，汉语大词典出版社，1997；黄兴涛：《近代中国汉语外来词的最新研究——评马西尼〈现代汉语词汇的形成〉》，《开放时代》1999年第 5 期。

概率，认为从传统天下观到现代国家观念的转变，体现了近代中国民族主义的兴起，构成了现代性的基本价值之一。他们还注意到："'万国'是静止的，'世界'是流变的。""世界"作为流变和演化的观念取代"万国"观时，正是社会达尔文主义在中国盛行之际。"世界"所指涉的社会组织蓝图常常注重进化和进化机制。他们还注意到"世纪"一词与"世界"几乎同步被使用，原本是基督教纪年的"世纪"，作为进化机制纳入"世界"的结果被引入，成为一个用来表达世界在本质上是时间性的新词，有别于原有的"帝王纪年"意义。①

近代的"世界"相当程度上受到西文以及受西文影响的日文的影响，对其语源的考察也更加复杂，注重其西文因素实有必要。鲍永玲通过对多种语言词源的考察和哲学的分析发现，"世界"一词"全然不是指客观存在的意思，而是肯定与人的生命、劳作、定居、迁徙"有关，其首先指向的是"人的生存"，因此海德格尔才会说"一块石头是无世界的，植物和动物也同样没有世界"。"世界"的时间性也不是空洞的、线性的物理时间，而是伽达默尔所说的丰盈的时间。世界作为一种融合的共同基地，乃是人们可以互相说话的基础，也正是伽达默尔要强调的意思。② 对于"世界"外文语源的探究，可

---

① 见金观涛、刘青峰《观念史研究：中国现代重要政治术语的形成》，法律出版社，2009，第226~251页。

② 鲍永玲：《共在、同居和世界》，《安徽师范大学学报》2011年第1期。就"世界"一词含义的渊源演化，包括其中西方和日本的关系，鲍氏多有论述，不过诠释的色彩大于历史感，可参见其《"世界"概念的缘起》（《世界哲学》2012年第3期）和《"世界"概念在近代东亚语境里的断变》（《史林》2012年第2期）两篇文章。哲学意义上关于"世界"观念的探讨也相当多，主要涉及黑格尔、海德格尔、伽达默尔等哲学家。

以在一定程度上解答为什么是"世界"这个词在近代发生重大转变，并包裹种种意涵。

邱伟云、郑文惠在既有专门研究的基础上，充分利用数字人文的发展，总体回顾了"世界"概念在晚清民初的大致发展历程，并发现与其"共现"的"文明""主义""革命"三大核心概念，进而揭示"世界"概念的信仰与道德含义以及"主义"化的过程，并更进一步提出"欧亚文明现代性"和"阶级革命现代性"的二重现代问题。[①] 作为近代中国一个重要概念的"世界"自然不是孤立的，与其他重要概念的互动和互补，正增强其能量，使其在近代中国的现代化进程中举足轻重。

此外，关于"世界史""世界语"及其他具体问题的相关研究，正文部分会有专门的呈现和讨论，在此不赘。

以上研究显示，"世界"不是一个客观的单纯的地理概念，[②] 而是凝聚了主观判断和价值内涵，对于近代中国的对外认识与自我规划具有总体导向性和根本制约性。这些研究提示了"世界"观念影响之大和牵连之广。至于展现"世界"在近代中国历史变迁中的具体源流与多重面相，仍有较大空间。因此，有必要专门以"世界"为研究对象，紧扣中外形势的变迁，系统梳理"世界"语义的演化，深入挖掘"世界"观

---

① 邱伟云、郑文惠：《走向新世界：数字人文视野下中国近代"世界"概念的形成与演变》，《南京大学学报》2020 年第 5 期。

② 当然，这并不意味着地理知识的扩展毫无意义。邹振环《晚清西方地理学在中国——以 1815 年至 1911 年西方地理学的传播和影响为中心》（上海古籍出版社，2000）和郭双林《西潮激荡下的晚清地理学》（北京大学出版社，2000）主要介绍了晚清地理学的有关情况，包括其发展情况及与社会思想等方面的关系，各有所长，都提供了从地理的角度考察"世界"观念的丰富材料。尤其是邹书的附录，做了大量的工作。

念的作用，更加立体而尽量完整地呈现这一重要观念之于近代中国的影响与意义。

三 展开路径

历史是研究过去的学问，而研究者都处在各自的现在。于是，避免用后来观念倒上去认定和判断历史上的观念和认知，从而导致历史与现在混为一谈，变得尤为重要。对于观念的研究尤其如此，稍有不慎就会"集二千年于一线"，[①] 以致模糊甚至歪曲历史上本有的各种分别和头绪。"世界"观念更是如此。《地球韵言》成书于光绪二十三年（1897），是一部介绍各国"疆域政俗"的启蒙读物，全书并不见"世界"字样。待到1942年梁漱溟追忆少读该书的情景时，称这是一本"略说世界大势"的书。[②] 从内容的实质来讲，这毫无问题。以今日"世界"含义之习惯成自然和使用的高频，类似的倒述可以说所在多有，比如争论魏源到底是不是"开眼看世界"第一人，实际上魏源从未使用过域外意义上的"世界"，他的定义是"海国"。一般而论，这样的倒述有沟通的便利，无可厚非，但对于追究"世界"观念的演变，就必须仔细分疏。[③] 一方面，必须历时性梳理"世界"一词在不同时期、不同人、

---

① 《致胡适》，欧阳哲生主编《傅斯年全集》第7卷，湖南教育出版社，2003，第38~39页。

② 张士瀛：《地球韵言》，光绪二十四年务急书馆本；《我生有涯愿无尽——梁漱溟自述文录》，中国人民大学出版社，2011，第15~16页。

③ 研究此类问题，应该始终注意把握四项要点：回到"无"的境界；把握"有"的发生衍化；不以后出概念作为关键词上溯；充分自觉作为方便名词的不得不用和作为关键概念的慎用之间的联系与分别。参见桑兵《中国的"民族"与"边疆"问题》，《中山大学学报》2012年第6期。

不同场景下的指称对象和价值偏向；另一方面，必须紧扣中外形势的变迁，具体把握时人在各重大历史事件上使用"世界"观念所提出的种种主张，及其所产生的影响。

古代的"世界"兼具时空，佛教运用娴熟，世俗运用相当丰富而灵活。近代的"世界"是古今多重因素叠加的结果，既有实际的地域指称这层新意，也有许多传统用法的延伸，二者相互影响。因此，研究近代中国的"世界"观念，首先必须考察"世界"含义古代演变的实情与近代转变的关系，以整体把握"世界"多重含义的古今重叠。

其次，必须仔细复原"世界"近代转义的具体过程与影响因素。近代的"世界"转义，与"天下"体系的崩溃相伴而生。转义不单纯是一个语言问题，更是事实问题和观念问题，其发生是一个长期、缓慢、曲折、纠缠的过程。必须细致梳理其具体情境，层层揭示其影响因素，在历史中考察观念的演变。

最后的落脚点在于，充分认识"世界"观念对于近代国人认识他者与规划自我的深层影响。取代了古代的"天下"，近代以来的"世界"观念是国人认识他者与规划自我的总体框架和根本思路，其影响是多方面和深层次的，既体现在语言和观念的变化，也影响到行为和制度的取向，深刻制约了国人关于自身发展方向的抉择。必须深入挖掘语言和观念影响行为与制度的具体表现及实际效果，才能真正把握这一重要观念。

循以上思路，在坚持历史研究的时间原则前提下，本书按概念演化、观念运用、名物扩充三个互相联系的板块，共十一章展开。

第一个板块为"世界"概念的演化。第一章从佛经翻译中的"世界"讲起，梳理其在漫长的古代僧俗两界运用的基本情况和演化脉络，指出其从僧到俗，亦幻亦真，虽有使用范围的扩展，晚清以前却始终没有涉及实际的域外和全球，然而这些特征奠定了近代转化的基础。第二章探讨"世界"近代含义转化的关键，即洋务运动时期，通过"地球"这一新媒介，"世界"开始与"天下"发生转换，逐渐开始用来指称地域上的全球，且开始具备"外向"特征。这自然是中外关系发生重大变化后的反映。第三章整体描述了甲午战争前后"世界"近代新含义的基本面貌，揭示其与强弱观念和夷夏之局的关系，以及其越来越显著而普遍的主动认定和自由伸缩特点。第四章专门论述近代"世界"的时空交融，其中既有传统用法的基础，又恰逢"世纪"之交，其具备了新的含义，凸显了进化论的色彩。此一时期大量以"世界"命名的期刊和专栏出现，当非偶然。"世界"近代含义的转化，于此基本完成。今日所有有关"世界"的用法和内涵，在此时均已出现。

第二个板块为"世界"观念的运用。语义转换的完成，也是观念运用的开始，运用才让观念"活"起来、立体起来。第五章以康有为、梁启超为例专门探讨"世界进化"与《春秋》三世说的关系，一方面进一步呈现"世界"被灌注的进化论意识，另一方面揭示传统思想资源在"世界"观念运用中的作用，中外古今的结合，让"世界"变得更有生命力。第六章聚焦清末民初的流行话语"世界知识"与"世界观念"，揭示其实质内涵和价值偏向，以及由其反映的国人对"世界共同性"的迷信，向外模仿，希望变得跟外人一样，是那个时代的典型特征。第七章着重考察清季十年间即辛亥革命前十年的"世界大势"论，梳理其由日本传回国内再辐射海外，从宏观判断到聚焦中国前途最后成为呼吁变革的标准性论述的基本脉络，揭示其与辛亥鼎革的内在关系，呈现思想界、知识界的巨大力量。第八章关注民初对"世界大同"的追求以及对"世界观"的讨论。作为"走向世界"的一大步，民国成立激起时人追求"世界大同"的热情，其实质却是变得与外人相同，此时五花八门的"世界""世界观"，则反映出流行之下的模糊。第九章紧扣时人从"欧战"到"世界大战"的称谓变化，指出其关键并不在于战争的范围，而在于中国与大战、与世界的关系。对于中国来说，身处"世界大战"中，是与世界同步的表现，更是名分攸关、权益攸关的势在必争。

第三个板块以"世界史"和"世界语"为例，研究近代"世界"含义成形后的名物扩充，这也是"世界"观念重要而专门的运用与渗透，实际上又反过来塑造和强化了近代意义上的"世界"。第十章仔细辨析了清末"世界史"与"西洋史""万国史"的异同，指出国人命名"世界史"所包含的无奈判断和所寄托的深刻期待，中国史在"世界史"中的安放问题背后，是中国在"世界"中的位置问题。第十一章专门从"世界"观念的角度，考察清末民初世界语运动的兴衰起落。作为一门人造语言，其功能性或许还不如思想性来得重要，其思想性的根源，正是世界一体化进程中各国交流交往的困扰与希望。

本书希望通过以上三个板块的探索，能够大体展现历史进程中各人心中的"世界"的历时变化和共时差异，不能巨细靡遗，但或许可以基本将近代"世界"观念的演化、运用与延伸的脉络及层次总体呈现。

第一篇

概 念 演 化

第一章　固有基础：近代转化前的"世界"含义

有着近两千年历史的"世界"一词，在今天包含多种十分复杂的义项，主要是指地球上所有地方或所有国家，这是比较实在的地域层面的，同时又有"中国与世界""走向世界"之类的说法，仿佛中国在"世界"之外；有时含义依然虚化，表示某一领域、范围或境界，如"思想世界""动物世界""势利世界"，而流行的种种"世界级"，则是作为一种规格和档次，带有明显的褒扬。可见"世界"已经被灌注价值判断，寄托国人学习西方、融入全球的追求。"世界"不仅是高频词语，更是重要观念，关乎近代国人对自我与他者关系以及自身发展方向的基本认识。"世界"用来指称全球并包含价值判断，不过百余年的历史。而问题的另一面是，源于佛典、兼具时空的"世界"一词在中文文献里早已存在。朱维铮在质疑"开眼看世界的第一人"的说法时，即指出该词"古已有之，讲汉语的无不习用"。① 那么，该词在

① 朱维铮在《三问"开眼看世界"》（《重读近代史》，中西书局，2010）中追溯"开眼看世界"说法的源头，并提出批评性意见。他指出，范文澜20世纪50年代出版的《中国近代史》上册，称林则徐为"清朝开眼看世界的第一人"，似为此说法的最早版本。在他看来，谁是"开眼看世界的第一人"是个伪命题，盖中国对域外的认知与接触从未中绝。

古代的运用情形究竟如何，与近代意义有何联系，值得仔细追究。

第一节　后汉六朝：浓厚的宗教色彩

"世界"源出佛典，语言学者常常将其作为佛典翻译影响汉语的一个典型例子，各种梳理佛教用语的著作或工具书，几乎全部包含"世界"。具体而言，则与佛经翻译有关。

东汉明帝夜梦金人，派遣使者赴天竺求法，使者归来，请来了印度僧人迦叶摩腾、竺法兰。两位僧人在洛阳白马寺翻译了一批佛典，这是汉译佛典的起点，此后层出不穷，公元 2~3 世纪出现小高峰，"世界"一词正是借此潮流而产生。要想找出明确的第一个，恐怕是不可能且没必要的。据鲍永玲的研究，目前可以确定最早的"世界"见于汉末支娄迦谶（简称"支谶"）所译的《般舟三昧经》《佛说无量清净平等觉经》，其中有"流沙之世界，复倍不可计""如一佛国尘世界，皆破坏碎以为尘""设令满世界火""众世界诸菩萨"等语。鲍氏还指出，"世界"一词是从梵语 loka 词簇翻译而来，① 并且在构词法上可能受到固有词语"宇宙"的影响，即由两个意思独立而相关的字连缀构成新词，并糅合二者。支谶本是月氏国人，汉桓帝末年来到洛阳，灵帝时开始译经。据《祐录》卷七之《般舟三昧经记》，支谶

---

① 关于 loka 词簇在印度佛教思想中的核心和根基地位，可参见达默迪纳《老庄著作和巴利语佛经若干词的比较研究》，博士学位论文，华东师范大学，2007，第 6 章第 2 节。

译成此经，得到了洛阳孟福、南阳张莲的帮助，由二人笔录成文。鲍氏据此推测"世界"一词可能来源于洛阳熟语而在翻译时化用，或者还有西域月氏、安息、康居三国的背景。[①]

上述"世界"还比较零散和孤立，并未形成较为稳定的结构，今天读来显得有些陌生，此后渐有突破。三国曹魏时期，印度僧人康僧铠所译《大无量寿经》中出现了"无量世界""一切世界""诸佛世界""三千大千世界""十方世界"等表述，[②] 很自然给人一种囊括时空的广阔与深远之感，不过与实实在在、尚有边际的地球仍有不同。

印度僧人鸠摩罗什于十六国的姚秦时代译出的《妙法莲华经》中，"世界"是高频词，用法大体与《大无量寿经》相同。其于公元402年首译的《金刚经》（即现今《金刚经》的流行本）中，除"三千大千世界"外，"如来说世界，非世界，是名世界"更作为固定句式反复出现，与"诸微尘，如来说非微尘，是名微尘""如来说三十二相，即是非相，是名三十二相"等相类。[③] 这表明"世界"在译者的心中已经成为固定专有名词。稍晚的东晋义熙年间，印度僧人佛陀跋陀罗到南京道场寺同中国高僧法显合译出《摩诃僧祇律》40卷，其中也有大量的"世界"，如"世界主""他方世界"等。[④] 其时"世界"之频现可见一斑，且有中外人

---

① 鲍永玲：《"世界"概念的缘起》，《世界哲学》2012年第3期。
② （三国）康僧铠译《大无量寿经》，大正新修大藏经本。
③ 陈秋平、尚荣译注《金刚经·心经·坛经》，中华书局，2007，第1~76页。
④ （晋）佛陀跋陀罗共法显译《摩诃僧祇律》，大正新修大藏经本。

士共同参与。①

南北朝时的高僧僧祐鉴于"方等大典，多说深空，唯《长含》《楼炭》，辩章世界，而文博偈广，难卒检究"，于是"抄集两经，以立根本，兼附杂典，互出异同，撰为五卷，名曰《世界集记》"。显然，僧祐以教门中人的眼光，很自然地认为"世界"并非"深空"，而是实在物事。该书成为中土编撰佛教世界观经文的第一部专书，现已亡佚，其序言则依托《出三藏记集》可览。关于"世界"非空而实，其中说道：

> 寻世界立体，四大所成，业和缘合，与时而兴，数盈灾起，复归乎灭。所谓寿短者谓其长，寿长者见其短矣。夫虚空不有，故厥量无边，世界无穷，故其状不一。然则大千为法王所统，小千为梵主所领，须弥为帝释所居，铁围为藩墙之域，大海为八维之浸，日月为四方之烛。总总群生，于兹是宅，琐琐含识，莫思涂炭。沉俗而观，则迁

---

① 钟书林将宗炳创作于435年的《明佛论》中的"凡厥光仪，符瑞之伟，分身涌出，移转世界"认定为中土人士使用"世界"一词的首例。事实上，更早的法显虽是共译，但在过程中必定不会对"世界"没有感知，要说背景，宗炳同样是在佛教话语下使用。更进一步，前文所述鲍永玲依据汉末洛阳孟福、南阳张莲帮助支谶译经的事实，推断"世界"可能源于洛阳的熟语，可能更接近历史本相。同鲍永玲一样，钟书林也注意到"世界"在构词法上与"宇宙"相似，论述更为详尽。梳理"世界"在不同时期不同背景下的运用情况，较之定位一个一个的"最早"当更为稳妥和有意义。见钟书林《"世界"语义的生成、演变与佛道文化以及中、印、西文化的互动——兼论"宇宙"、"世界"语义的异同》，李建中、高文强主编《文化关键词研究》第1辑，武汉大学出版社，2014。

诞之奢言，大道而察，乃掌握之近事耳。①

所述如此这般的佛教"世界观"，在中国引发一定的影响。《牟子理惑论》甚至受此启发而质疑华夏中心论，提出天竺中心论，认为中国虽在地之中，但非天之中，而天竺则处于天地的中心。佛的世界更为广大，甚至成为牟子信仰的依据，② 因此他才能"大道而察"，与僧祐深具默契。对于身处本来相当博大精深的中国文化的大多数人来说，只能"沉俗而观"，难免视为"迂诞之奢言"。

　　"南朝四百八十寺"是佛教兴盛的典型写照，此时佛经翻译层出不穷，也是"世界"一词在中文出现的第一次高峰。甚至庙堂文章中，也有"世界"出现。此时的中国，既经历了周朝的封土建邦、万国并立，也经历了秦朝的一统天下，更历经了汉代的凿通西域，中外交流的范围和深度日益扩展和加强。无论是笼统的全局性称谓，还是域外的具体化指称，都已经有多个词语各就各位，有的还包含很强的政治和文化含义，如"天下"。"世界"一词出世之后，在整体社会层面并未产生任何冲击，更谈不上对接和替换。也就是说，在相当长的时间里，其运用和影响基本局限在佛教范围之内，是一个彼岸的、出世的话语。

　　上述诸多宗教气息浓厚的"世界"，虽然已经作为专有名词，且常常附着一定的限定和修饰，呈现的是一个个相对独立

----

① （梁）释僧祐：《世界记目录序》，《出三藏记集》，苏晋仁、萧炼子点校，中华书局，1995，第463页。

② 参见吕建福《佛教世界观对中国古代地理中心观念的影响》，《陕西师范大学学报》2005年第4期。

而完整的天地，但到底含义若何，尚未明确说出。此时，佛陀跋陀罗译出的《华严经》中亦出现多种"世界"，[①] 同上述各经一样，这些"世界"基本是作为一个不言而喻的特定概念而经常出现。北周时，佛教徒甄鸾在为东汉的数术著作《数术记遗》作注时，依据《华严经》中的种种描述，对到底何为"世界"以及三千世界的层级，有比较明确的概括。

> 华严经云：四天下共一日月，为一世界。有千世界有一小铁围山绕之，名曰小千世界。有一千小世界有中铁围山绕之，名曰中千世界。有中千世界有大铁围山绕之，名曰大千世界。此三千大千世界之中，有百亿须弥山。[②]

所谓"四天下"即四大部洲，亦常称为"四大洲""四洲"，包括东胜神洲、南赡部洲、西牛贺洲、北俱芦洲。值得注意的是，这是较早的中国人在非佛教著作中对"世界"的使用，虽然仍是佛教徒对佛经的归纳，但是面向的已经不是佛教徒，体现出佛教的"世界"对中国人精神生活的影响。[③]

佛教对宇宙世界的构想，吸收了印度神话中以须弥山为宇

---

① （晋）佛陀跋陀罗译《大方广佛华严经》，大正新修大藏经本。该版一般称旧译《华严》或《六十华严》，以区别于唐武周时实叉难陀的新译《华严》《八十华严》。

② （汉）徐岳撰，（北周）甄鸾注《数术记遗》，中华书局，1985，第11页。需要指出的是，人们常常将这一段误会成《华严经》中的直接表述。

③ 梁启超曾指出，这些因缘佛典翻译而来的新词，"加入吾国语系中而变为新成分者也。夫语也者，所以表观念也"，每加入一个词语，就相当于加入了一种观念。见梁任公《中国古代之翻译事业（翻译文学与佛典）》，《改造》第3卷第11号，1921年。

第一章 固有基础：近代转化前的"世界"含义

宙中心的观念，"三千大千世界"是最典型的表述。原本就具有一定虚幻色彩的古印度世界观，通过《阿含经》（十六国时出现汉译）等佛经传到中国之后，变得更加缥缈。新出世的"世界"与从熟语"天下"化用而来的"四天下"，在此亦真亦幻的语境中，开始勾连起来。两者一方面自成体系，另一方面构成递进层级，其灵活的置换影响深远，持续至今。

佛道的交缠，让佛典的"世界"找到新的落脚点。南朝的顾欢出入儒道之间，他认为道家更符合华夏国情，佛教应该改变其不适合中国的某些做法，同时也指出佛道虽信仰各异，归根结底则教义相似，不无融合二者的用心。顾氏曾论道："岂伊同人，爰及异物。鸟王兽长，往往是佛，无穷世界，圣人代兴。或昭《五典》，或布《三乘》。在鸟而鸟鸣，在兽而兽吼，教华而华言，化夷而夷语耳。"① 此时编纂完成的道教类书《无上秘要》，汇集各种道家经典，其中也不乏"世界"，并且不难看出对佛教"世界"的模仿痕迹，如言各天尊、天君掌管一方"世界"，以及"无极世界"等说法。

此外，还有比较隐晦但作用深远的影响。"世"是先秦以来很重要的一个概念，六经及诸子中屡见，《说文》云"三十年为一世"。此外，中文典籍中本来就有"世间""人间"等词，如《庄子》名篇《人间世》，但几乎没有出现"世上"和"人世"。鸠摩罗什所译《大智度论》中出现"天世界""魔世界""梵世界""人世界"的划分。大约百年后，江淹颇具佛教气息的《莲华赋》中出现"故香氛感俗，淑气参灵，踯躅人世，茵蒀祇冥，青桂羞烈，沉水惭馨"之语，明代胡

---

① （梁）萧子显撰《南齐书》，中华书局，1972，第931页。

23

之骥对"踯躅人世"注云:"踯躅,足不进也。佛经曰:人天世界。"① 中文以字为单位展开搭配组合以及增减变化的魅力在此得到体现,"人世界"约化成"人世",成为此后中文的常见词,时间性凸显的同时,"人"的色彩更加显现,更具世俗意味。这样一种隐晦的移花接木,让"世界"渐渐突破佛教的范畴,慢慢渗透到人世间。不过,总体上仍是少数例外。更多情况下,"世界"并不指向人群活动,更无关天下国家的文化政治含义。就词语而言,"世界"与"宇宙"更接近,而与"天下"较为疏离。除了构词方式相同外,运用场景也颇为相似,或是宗教宣扬中的虚空境域,或是参禅悟道时的个人体验,所不同的只是"世界"近佛家而"宇宙"近道家。

第二节　唐宋元明:世俗日深而依然抽象

隋唐时期之佛学,已经不再是中国文化的附属因子,而具有独立的地位,不再依仗于道术、玄学,而能自成体系。② 自成体系的另一面则是对外影响力的增强。在此背景之下,"世界"对世俗的渗透越来越深。

历仕四朝、跨越南北朝至隋的颜之推认为,世俗之诽谤佛教大抵有五类,"其一以世界外事及神化无方为迂诞也"。③ 这里的"世界"不同于南北朝时那样虚无缥缈、遥不可及,而

① (南朝)江淹著,(明)胡之骥注《江文通集汇注》,李长路、赵威点校,中华书局,1999,第42~43页。
② 汤用彤:《隋唐佛学之特点——在西南联大的讲演》,《隋唐佛教史稿》,北京大学出版社,2010,第255~256页。
③ 王利器撰《颜氏家训集解》(增补本),中华书局,1993,第371页。

是实实在在的"世间"指向，所以才会说"世界外事"迂诞。颜氏未必有意，其转折意义却不容忽视。

唐中宗神龙元年（705）译于广州制止寺（今光孝寺）的《楞严经》，以分开注解的形式，给予"世界"更加具体明确、在今日征引率颇高的解释：

> 何名为众生世界？世为迁流，界为方位。汝今当知，东、西、南、北、东南、西南、东北、西北、上、下为界，过去、未来、现在为世。[1]

这里的解释兼具时空，有了更清晰的指向，方便世俗人的阐发运用。

唐代文人参禅谈佛成为时尚，以世间人而谈彼岸事，"世界"就此出入于虚幻和实际之间。李白《金银泥画西方净土变相赞（并序）》道："我闻金天之西，日没之所，去中华十万亿刹，有极乐世界焉。彼国之佛，身长六十万亿恒沙由旬……"[2] 此处"世界"虽然仍是虚空，但与中华相关联，有了更具体的空间安放。如果说这里还有佛教的背景，那么大约同时独孤及《梦远游赋》里的"世界"就更进一步了，其言曰：

> 余生于浮而长于妄……及其世界颠倒，万物反覆，始返照收视，以观身世。然后知一生之患假合，岂直刍狗、

---

① 赖永海、杨维中译注《楞严经》，中华书局，2010，第158页。

② 《李太白全集》，北京图书馆出版社，1998，第645页。

> 土苴、热焰、聚沫而已。……彼君子方碌碌然自以为觉，
> 犹饰妄以贾名，安知圣人不以世界为重狴，生死为
> 大梦！①

"世界颠倒"和"以世界为重狴"的"世界"，已经被世俗人
作为一个重要的概念来表达关于万物和人生的根本认识，颇有
几分今日习见的"世界观"的意味。凡此种种，奠定了后来
丰富变化的基础，只是从萌芽到开花结果，再到基本成形，乃
至影响其他，时日甚长，且需要强大的外力催化。

唐代诗歌大盛，"世界"入诗屡见不鲜。从杜甫的"漠漠
世界黑，驱车争夺繁"（《赠蜀僧闾丘师兄》）和"莺花随世
界，楼阁寄山巅"（《陪李梓州王阆州苏遂州李果州四使君登
惠义寺》），岑参的"登临出世界，磴道盘虚空"（《与高适
薛据登慈恩寺浮图》），到白居易的"虚空走日月，世界迁陵
谷"（《宿清源寺》）②，顾况的"不知何世界，有处似南朝"
（《经废寺》），再到方干的"山叠云霞际，川倾世界东"
（《夏日登灵隐寺后峰》）、"眼界无穷世界宽"（《题报恩寺上
方》），以及韩偓的"气运阴阳成世界，水浮天地寄虚空"
（《寄禅师》），在这些诗中，"世界"一方面均有与僧人唱和
或置身寺院的背景，且与"虚空"等意象互训；另一方面又
已经扩大到士人的世俗化使用。此一时期，如鲍溶的"几步

---

① （唐）独孤及撰《毗陵集》，上海古籍出版社，1993，第5~7页。
② 《白居易集》，顾学颉校点，中华书局，1979，第149页。该书第93页另
  一首诗《永崇里观居》的"身虽世界住，心与虚无游"，"世界"亦作
  "世间"，侧面体现这两个词的代换，以及佛教词语"世界"在中文里的
  扩展。

尘埃隔，终朝世界闲"(《宣城北楼昔从顺阳公会于此》)，贾岛的"树林幽鸟恋，世界此心疏"(《孟融逸人》)，意思大体相同，已渐渐游离出佛教的语境。至于韩偓的"四山毒瘴乾坤浊，一簟凉风世界清"(《喜凉》)[①]，则是依托构词法和意义的相近，将"世界"与"乾坤"对应，隐约间也扩展了"世界"的使用范围，增强了熟悉感。

值得注意的是，唐代佛典以外的"世界"多出自诗歌这一体裁，且与佛教藕断丝连。诗歌当然不乏寄寓高远的佳作，《诗经》更是被尊为"经"，但此后的诗歌，毕竟是有别于经史的咏叹游艺，较少直接涉及江山社稷、学问人心的大道本原。上举各诗几乎全在此类。就此而论，唐代"世界"的世俗化渗透，主要还是个人性的主观运用，是一种比较松散随意的偶拾，跟庙堂之高不无距离，亦未形成普遍的社会意识，基本无关乎今日所言的实际全球和带有高下判断的国家与人群活动。

正如论者所言，汉唐时期外来词的吸收不是广泛全面的，而只涉及较少的领域，要么是表示中国原来没有的事物，要么与佛教有关，这说明国力的强盛与否同外来词的吸收有密切关系，强则主动性更大，对外来词的吸收更有选择性、更有条理。[②] 强盛如汉唐，不仅经济上自给自足，思想和精神上也无

---

① 除已注出之白居易诗句外，其他各条分别见清代彭定求等编《全唐诗》(中华书局，1979) 第 2304、2463、2037、2952、7441、7480、7805、5515、6648、7806 页。唐时虽有为李世民避讳的顾忌，但诗并不严格，何况还有"二名不偏讳"之义，以上诗句在平仄上皆通顺，作为当时的"世界"用例，而非后人窜改，当无问题。

② 吕冀平主编《当前我国语言文字的规范化问题》，上海世纪出版集团，1999，第 259 页。

待于外。此时的"世界"应用范围还较窄，影响也较浅。

这一状况直到宋明时代仍然只有程度的差异，并无性质的突破。尽管宋明时期"世界"的世俗运用已经更加多角度和精细化，比如口语化的使用和各种组合方式的丰富，但主要还是被视为佛学中的特定观念。释道诚《释氏要览》解释"三千大千世界"条目时，在引用《楞严经》和《长阿含经》的解释之前，先下判语曰"即释迦牟尼佛所化境也"，界定在佛教范围内。① 释法云编的《翻译名义集》是收录散见于各经中的音译梵文的佛学辞书，其中专门辟有"世界篇第二十七"，也还是主要依据《楞严经》的解释展开。②

大儒朱熹回答"佛家'天地四洲'之说，果有之否？"时说道：

> 佛经有之。中国为南潭部洲，天竺诸国皆在南潭部内。东弗于逮，西瞿耶尼，北郁单越，亦如邹衍所说"赤县"之类。四洲统名"娑婆世界"。如是世界凡有几所，而娑婆世界独居其中，其形正圆，故所生人物亦独圆，正象其地形，盖得天地之中气。其他世界则形皆偏侧尖缺，而环处娑婆世界之外，缘不得天地之正气，故所生人物亦多不正。此说便是"盖天"之说。横渠亦主盖天，不知如何。但其言日初生时，先照娑婆世界，故其气和，其他世界则日之所照或正或昃，故气不和，只他此说，便自可破。彼言日之所照必经历诸世界了，然后入地，则一

① （宋）释道诚撰，富世平校注《释氏要览校注》，中华书局，2014，第 379 页。
② 释法云编《翻译名义集》卷 3，上海商务印书馆缩印南海潘氏藏宋本，1912，第 74~76 页。

日之中，须历照四处，方得周匝。今才照得娑婆一处，即已曛矣；若更照其他三处，经多少时节！如此，则夜须极长，何故今中国昼夜有均停时，而冬夏漏刻长短，相去亦不甚远？其说于是不通矣。①

据这一颇为详细的解释，吕建福认为朱熹基本接受佛教的世界观，同时以儒家的中正、和气之说和盖天说加以解释。② 无论接受的程度如何，有两点是可以肯定的：其一，朱熹的意识里，"世界"是一个佛教的概念；其二，"世界"的概念和名词是佛教的，却与中国固有的"天地"观念衔接，用以解释天文地理。

此外，《朱子语类》中"世界"频现，如回答"理气先后"的问题时说气"莫不有种，定不会无种子白地生出一个物事"，理"则只是个净洁空阔底世界，无形迹"。③ "世界"大致意为境界、形态，虽仍笼统，却并非佛教指向。此外，还有"真所谓五浊恶世，不成世界！""你道是识世界否！""世界不好，都生得这般人出来，可叹！"等处，④ "世界"意为世道，此类口语化的"世界"十分生动。

此类口语运用，不限于朱熹一人。陈亮在与朱熹的信中称道管仲"当得世界轻重有无，故孔子曰人也"。⑤ 此外，《二程

---

① （宋）黎靖德编《朱子语类》，王星贤点校，中华书局，1986，第2212页。
② 吕建福：《佛教世界观对中国古代地理中心观念的影响》，《陕西师范大学学报》2005年第4期。
③ （宋）黎靖德编《朱子语类》，第3页。
④ （宋）黎靖德编《朱子语类》，第2163、2702、3131页。
⑤ （宋）陈亮撰《龙川文集》，商务印书馆，1937，第244页。在给陈傅良的信中有"人欲如何主持得世界"，见该书第264页。

遗书》中有"如杜甫诗者，是世界上实有杜甫诗"，① "世界上"从字面看颇与今日用法类似，其实仍是"世间""世上"之意。但这一层字面上的相似也不能忽视，恰如此前"人世界"约化成"人世"，实现了从佛界到凡间的转移，"世界上"依托"世上"而生成扩展，是再一次的移花接木，大大开辟了"世界"在汉文里的使用范围。陆九渊的"大世界不享，却要占个小蹊小径"之语，则"世界"又当"境界"讲。可以说，"世界"当"世道""世间""境界"讲，直指人心，为程朱等理学家共同分享，甚至形成一种特色。

流风所及，州县官员面向一般士民的文告也采取这种用法。黄震任知州时出榜驱逐传播民间信仰的"婺源注疏人"，便强调"前仰吾民各自敬畏天地、孝养父母、遵守国法，世界道理，不过如此"。② 其《咸淳七年中秋劝种麦文》也说道"未说天下世界，且说江西"。③ 甚至对外交涉方面也依稀可见"世界"的此种样态。马扩与金国官员交涉时便提出"南朝许大世界"，军民力量充足，提醒金国不可过分。④

从宋代开始的语录体盛行，用白话讲学，与禅宗面向一般民众的传灯说法不无关系，透露出此一时期俗界使用"世界"

① （宋）程颢、程颐：《二程集》第2卷，王孝鱼点校，中华书局，1981，第46页。

② 《逐婺源注疏人出界榜》，（宋）黄震撰《慈溪黄氏日钞》卷78，耕余楼刊本，第22页。相关情况可参考高柯立《宋代的粉壁与榜谕：以州县官府的政令传布为中心》，邓小南主编《政绩考察与信息渠道——以宋代为重心》，北京大学出版社，2008。

③ 《咸淳七年中秋劝种麦文》，（宋）黄震撰《慈溪黄氏日钞》卷78，第23页。

④ （宋）徐梦莘撰《三朝北盟会编》卷23，上海古籍出版社，2008，第168页。

的一种特征。白话不同于文言基本以字为单位，必须大量使用词语以便理解，"世界"借此广泛运用，有其内在逻辑。与此相关，南宋书商陈起编辑专门收录以江湖习气相标榜的下层官僚或布衣等身份低微者诗作的《江湖小集》中出现许多"某某世界"的表达，如"庄严世界""广寒世界""琉璃世界""琼瑶世界""凉世界""新秋世界"等，可以说是"世界"扩大使用范围的又一渠道，一直延续至近代乃至当下。

大儒语录、书信中的使用，州县官面向士民的告谕，对外交涉的口语，下层人士的扩展，从场合、形式和身份等方面来看，似乎这一时期的"世界"不太正式和高雅。但这也恰恰说明其流行已到自然而然的程度，而下层的、不正式的风气一旦积累到一定程度，会反过来影响上层的、正式的观念。这里有两个极为典型的例子。

《四十二章经》初译于汉末的白马寺时代，其中并无"世界"一词。到宋代守遂本，末章多出"视大千世界，如一河子"等，汤用彤认为这是"唐以后宗门教下之妄人，依据当日流行之旨趣，以彰大其服膺之宗义"修加而成。① 沙门之外也有类似现象。《宋书·夷蛮》记载诃罗陁国："元嘉七年遣使奉表曰：伏承圣主，信重三宝，兴立塔寺，周满国界。"② 李延寿的《南史》刘宋部分承接《宋书》，现存《南史》最早版本为宋刻本，将"周满国界"改成"周满世界"，③ 这可能是宋人误以为李延寿为李世民避讳而不用"世"字从而改回去。其实依据"二名不偏讳"之义，李延寿未必是不得已才

① 汤用彤：《汉魏两晋南北朝佛教史》，北京大学出版社，1998，第30页。
② （梁）沈约撰《宋书》，中华书局，1974，第2380页。
③ （唐）李延寿撰《南史》，中华书局，1975，第1957页。

弃"世界"而用"国界",何况《宋书》的底本本为"国界"。宋人的误改,恰恰反映了唐以下"世界"的流行,而不能说明唐代的情况,更不能证明刘宋时"世界"的使用情形。①

"世界"的世俗使用,元明时期更加频繁。元代的"世界"多依赖传奇、戏曲等体裁呈现,如《董解元西厢记》中有"倚仗着他家有手策,欲返唐朝世界"之语,② 大体承接了唐宋以来相对向下的使用趋势。"世界"在世俗的蔓延扩展,使其宗教色彩渐渐隐退。孔齐《至正直记》记载道:"董栖碧云,释氏有言三世佛,'过去佛、现在佛、未来佛。'其说甚好,但以佛名称之,语涉异端,儒者所不道。吾今以三世界言之可也。"③ 这里透露出"世界"不似"三世佛"那么"语涉异端",而是一个较为中性的概念,一般儒者并不排斥。经过数百年的激荡,除去特定的宗教场合,俗界使用"世界"已经变得相当自然和娴熟。

明代"世界"的使用至少在两个显要的方面承袭了之前。其一为理学家一路。王阳明、罗洪先、湛若水等继承宋儒的习惯,在语录、书信等体裁中大量使用"世界"一词,基本都

① 钟书林认为此处的"周满世界"是中国古代俗世文献中最早用"世界"一词的,时间上提前了数百年,其直接原因是忽视了版本,深层原因则是过于在意首例的定位,而对流变的过程着力不够。见钟书林《"世界"语义的生成、演变与佛道文化以及中、印、西文化的互动——兼论"宇宙"、"世界"语义的异同》,李建中、高文强主编《文化关键词研究》第1辑。
② (金)董解元撰《古本董解元西厢记》,上海古籍出版社,1984,第52页。
③ (元)杨瑀、孔齐撰《山居新语·至正直记》,李梦生、庄葳、郭群一校点,上海古籍出版社,2012,第126页。

是"世道""局面"的意思，甚至朝臣奏议中亦得偶见。① 心学大盛之后，"世界"出现更多。明人诗文集中"世界"的出现次数几乎超过前代的总和。其二为传奇、戏曲和小说。明代市民文学大为发展，"世界"在其中跃升为高频词。明代毛晋所辑《六十种曲》是中国戏曲史上最早的传奇总集，也是规模最大的戏曲总集，主要收录元明两代的戏曲，其中"世界"在世俗意义上的灵活用法非常多。此类作品在中下层民众中十分流行。

传奇、戏曲、小说等体裁中的"世界"基本含义与前代相同，用法和搭配上更趋多样，较之此前笼统的整体性描述或议论，更加精细。《水浒传》中有"清平世界""极乐世界""开动了世界"等用语。抱瓮老人辑录的《今古奇观》中的"两个凶儿离世界，一双恶鬼赴阴司"（卷八）是在"世间""人世"的意义上使用"世界"，"如今是科目的世界"（卷二十一）则是表示主导性的势力。澹圃主人编的《大唐秦王词话》中有"为佐梁朝争世界，因扶魏主夺乾坤""舍身争世界，拼命赌输赢""叔宝为唐争世界，尉迟因主夺乾坤"等对仗工整的联语。"争世界"具有"打天下"的意味，在抽象意义上，"世界"或已具备与"天下"互换的潜能，但就词语而言，明显还是与"乾坤"相对应。此外，还有"锦江山花世界""银世界"等说法。联语的形式有助于在观感上将"世

---

① 如毕自严在《召对面谕清查辽左缺饷疏》中说"积至今日，遂成不可支持之世界矣"（《度支奏议》第 1 册，上海古籍出版社，2008，第 84 页）。有时"世界"与"体统"互训，如《明经世文编》卷 458 之孙慎行的奏折《礼部题为圣恩决不可滥祖制决不可违事》有云"成何体统，成何世界"（中华书局，1962，第 5020 页）。

界"与其他词互训或反训，也更加朗朗上口，其普遍流行又有助于造成一种模糊的熟悉感，即一方面十分熟悉，另一方面并不知确切含义。此外，《西游记》《西游补》《金瓶梅》和"三言二拍"等作品中的"世界"亦如此。"世界"前缀搭配的灵活，于斯为盛，也为其广泛使用奠定了基础。①

第三节 "世界"古今含义辨析

"世界"的世俗运用在宋明以后更加精细、娴熟和广泛，有时甚至使人忘了其佛教渊源，并且许多用法与今日所见十分相似，地域指向又常常若隐若现。这就使今人辨析其古今含义的分际变得十分困难。

利玛窦的系列地图，今人常称为"世界地图"，其实只是用后来概念倒上去的方便。这些地图在当时或称为《山海舆地全图》，或称为《坤舆万国全图》，或称为《两仪玄览图》，并无"世界"字样。② 1917 年，英国学者巴德雷在英国皇家地理学会发现《坤舆万国全图》，以此为基础发表文章 "Father Matteo Ricci's Chinese World Map, 1584–1603"。1918 年，英国汉学家翟林奈发表 "Translations from the Chinese World Map of Father Ricci"。或许受此影响，1936 年，中国禹贡学会出版的

---

① 高文达主编《近代汉语词典》（知识出版社，1992）搜罗《老学庵笔记》《水浒传》《荡寇志》《儒林外史》《金瓶梅词话》等作品中的"世界"，解释其含义为江山、某一范围、世道、众人等，基本囊括"世界"在明清时期世俗运用的各个面相。

② 汤开建、周孝雷的《明代利玛窦世界地图传播史四题》（《自然科学史研究》2015 年第 3 期）甚至认为连《山海舆地（全）图》的名称都是后来人的推论，其当时的名字是《大瀛全图》，强调大地在海水之中。

《禹贡》第 5 卷第 3、4 期合刊"利玛窦世界地图专号"，已经明确使用"世界"这个词。① 此后，中国学者几乎全部称利玛窦所编制各种地图为"世界地图"。对地图本身的研究而言，这样的称呼或无不可，但对于追究"世界"观念的流变，则是一个相当重大的问题，且常常引起误会。1936 年，洪煨莲考察利玛窦地图在当时的翻刻情况，其中四种名字带有"世界"字样，同时均标问号，其中三种还被加上括号。照洪氏的解释，这是因为"图之汉文名称尚未考得，姑称世界地图，或译西文所举之名，亦缀以问号"，括号则是"图未尝刻者"。除掉括号后，"原、翻、增、缩之版本，共计八种"。② 老辈学人的精细与敏感如是。1938 年，徐宗泽著《中国天主教传教史概论》据此照录时，依然保留问号，但省略了括号，并未对问号有所说明。③ 再到后来赵德宇著《西学东渐与中日两国的对应——中日西学比较研究》，依据徐书制作表格，再次省略了问号，④ 让人感觉那个时代就有了"世界地图"的称呼，则是明显的误会。这也从侧面说明，百余年来，人们对"世界"越来越熟悉，以致自然代入历史往事而不加分辨了。

更重要的是，这些地图的问世，并未对国人的华夷观念产生重大冲击。明代中国人指称域外不见有"世界"字样，更遑

---

① 相关情况参见黄时鉴、龚缨晏《利玛窦世界地图研究》（上海古籍出版社，2004）的导言部分。

② 洪煨莲：《考利玛窦的世界地图》，《禹贡》第 5 卷第 3、4 期合期，1936 年 4 月 11 日。

③ 徐宗泽：《中国天主教传教史概论》，上海书店出版社，1990，第 180~181 页。

④ 赵德宇：《西学东渐与中日两国的对应——中日西学比较研究》，世界知识出版社，2001，第 135~136 页。

论像清末之后那样,"世界"作为一种格局和方向上的重要观念处处起作用。明人陈汝锜在《舆地》中评述利玛窦地图称:

> 西天利马窦浮海入中国,作舆地总图,图方五尺有余,而中国在其间方不盈寸。或谓胡眼孔大,薄视中国,中国虽小,不应撮土如是。而予以为胡张皇中国夸大之。何者? 世界茫茫,禹迹能几,醢中之鸡,核中之蠹,未足与语天地之大全也。

接着陈氏引述邹衍的九州说,认为"其说未备",还是有些夸大"中国",进而依据佛教"三千大千世界"的说法,证明"中国"之小,"在五图中,一微尘耳,何言方寸也"。[①] 照陈氏的叙述,他的看法在当时应属异类,更普遍的情况还是对利玛窦"薄视中国"的排斥。陈氏在"舆地"的名目下运用"世界"一词讨论利玛窦的地图,表明外来知识促成的地域视野扩大,已经不自觉间让人重新想起早已有之的或本土(邹衍九州说)或外来(佛教世界说)的相关认识,亦真亦幻之间,多种思想资源开始交汇。"世界"与现实的"舆地"相关联,确为值得注意的新动向。不过,这毕竟与佛教和道教的地理观念紧密关联,所谓"世界茫茫",虽在"舆地"主题下,还是与"三千大千世界"等说法难舍难分。此时的"世界"与清季以来的指称形同而实异。不只是指称范围的实与虚、广与狭,更重要的区别还在于有没有运用"世界"这个观念来

---

① 陈汝锜:《舆地》,《甘露园短书》卷3,明万历刻清康熙重修本,第7~8页。

思考自我与他者的关系以及自身的发展方向的大问题。

就"世界"一词的演化来说，利玛窦及其地图的出现，以及在此前后传教士罗明坚、艾儒略的相关活动，最多不过打开一条缝隙，留下进一步发展的潜因。有着千余年历史的"世界"一词，到此时延续了僧俗两面的旧格局，同时又出现一种新情况，即扩大到基督教论说的语境之中。

为了更快地被中国人接受，利玛窦在宣传教义时，采取了"援佛入耶"的策略，即常常借用佛典和道教典籍里的概念。[①]"世界"即是其中一个重要观念。如《天主实义》中就有如下各种用法：

> 凡世界之苦辛为真苦辛，其快乐为伪快乐。……彼世界之魂有三品。……子欲知人魂不灭之缘，须悟世界之物，凡见残灭，必有残灭之者。……人之魂虽念妻子，岂得回在家中，凡有回世界者，必天主使之。……天主初立世界。……世界治乱之由。[②]

不过，落花有意，流水无情，佛教徒并未因为利玛窦有此靠近而放松护教的警惕，立足佛教或儒家立场批判天主教的著作《辟邪集》就此诞生。争论的焦点之一，即是世界观或曰宇宙观的不同。"玛窦谓天主以七日创成世界"，僧者和儒者并不赞同，黄问道即质疑曰："夫普天之下，共一世界；则普地之

① 参见周振鹤为《明清之际西方传教士汉籍丛刊》第 1 辑（凤凰出版社，2013）所写的前言。

② 〔意〕利玛窦著，〔法〕梅谦立注《天主实义今注》，谭杰校勘，商务印书馆，2014，第 106、109、111、124、152、216 页。

上，共一天君也。天主既降生于彼国，欲救彼国之殃，则遗漏于他国，坐安他国之虐，有是理乎？"法国汉学家谢和耐借此比较佛教徒与基督教徒的不同世界观：基督徒认为世界是一种唯一和真实的造物，佛教徒却不认为世界是被创造出来的，而是一种非真实的、多重的时空。[①] 也正由于此，谢氏认为佛教在长时间内推动了宇宙无数劫和世界多样性的思想在中国的传播。[②] 此时利玛窦的努力，遭到儒释两派的合击，并未达到预期的效果。即以创世说一点而言，佛教徒以世界的多样多重以及生灭循环来抵御基督教的创世界理论，天主教并未取得胜利。

在此前后，《西番译语》中的"世界"与真实地理的关系亦在有无之间。明初翰林院侍讲火源洁、编修马沙亦黑奉命编辑蒙汉常用词对照集《华夷译语》，于1389年刊行。该书分天文、地理、人事等门类，其地理类并不见"世界"一词。此书刊布之用意，照刘三吾的序，还是"方今天下同文同轨，皇上推一视同仁之心，经营是书，以通言语，以达志意。将见礼乐教化，四达而不悖，则用夏变夷之道，端在是矣"。[③] 万历年间，又出现署名茅伯符辑的包含多种语言的《华夷译语》，内分天文、地理、地名、时令、花木、人事等门类，其地理门类中有"地""山""江""海""河""中国""外国"

---

① 〔法〕谢和耐：《中国与基督教——中西文化的首次撞击》，耿昇译，商务印书馆，2013，第267~277页。

② 〔法〕谢和耐：《17世纪基督徒与中国人世界观之比较》，《中国与基督教——中西文化的首次撞击》，第414页。

③ 参见聂鸿音、孙伯君编著《〈西番译语〉校录及汇编》（社会科学文献出版社，2010）之导论。

等项，并无"世界"。① 到清乾隆十三年（1748），会同四译馆遵命沿用此种体例，重新校勘明代以来各种"华夷译语"，成为今日所见的《西番译语》（共 9 种），主要是汉文常见词与川藏各民族语音的对应。该版同样分天文、地理、时令、人物等门类，地理门中与"地""皇图""天下""中国""地方"等一起的，就有"世界"，但如果据此认为"世界"已经有现实地理的指称含义，又难免求深反失。因为这毕竟是少数的出现，且有对译他种文字的权宜考虑，更重要的是，此地理门类还有"佛境""佛教"等词。② "世界"入选地理门，却未能具有实际地理的含义，可能更多还是照顾到有佛教信仰传统的川藏地区民众的日常思维，显示了某种隐然的联系，却未能形成实证的基础。

正是由于这些虚实纠缠的关系，学术研究中对"世界"古今含义分际的把握，存在相当的困难。金观涛、刘青峰整理出"百个现代政治术语词意汇编"，"世界"在列。他们将"世界"的用法分为传统用法、指地球上所有地方或全球各国两大类。诚然，是否用于指称全球确实是"世界"古今用法最大最核心的不同，也是近代"世界"观念一系列演化的根

① 火源洁译，第伯符辑《华夷译语》，珪庭出版社，1979。第伯符为茅伯符之误，茅伯符即茅瑞征，为万历年间进士，官至南京光禄寺卿，为该书作序的朱之蕃也是万历进士，官至吏部侍郎，曾以颁诏使的身份去过朝鲜。该书虽有独立署名，但就其实际成书过程及辗转流抄情况而言，一般认为是集体作品。参见黄有福《介绍一种古代朝鲜语资料〈朝鲜馆译语〉》，中国民族古文字研究会编《中国民族古文字研究》，中国社会科学出版社，1984，第 422 页；罗继祖：《女真语研究资料》，丁宝林辑《女真文字研究论文集（1911~1949）》，中国民族古文字研究会，1983。
② 聂鸿音、孙伯君编著《〈西番译语〉校录及汇编》，第 64~208 页。

源所在。同时，两者各自内部的复杂以及彼此之间的交融，也值得注意。据他们举证，"世界"最早用于指称全球，见于1854年的罗森《日本日记》：

> 全世界中各国布棋，贤君英主，必不乏其人矣。先着鞭以奉行天道者，谁也？方今世界形势一变，各国君主当为天地立心、为生民立命之秋也。向乔寓合众国火轮而周游乎四海，有亲观焉者乎？若不然，请足迹到处，必以此道说各国君主，是继孔孟之志于千万年后，以扩于全世界中者也。①

他们似乎将这一段看作罗森的文字。实际上，此处在同时代明显颇为孤单的"世界"用法，乃是日本人平山谦二郎在阅读罗森的《南京纪事》和《治安策》之后用汉文写成的回信。罗只是照录，并非出自他本人之手。而且，在这几句之前，还有"万国交际之道"的"万国"，以及"全地球之中"的"地球"，与"世界"含义相同。②

意大利人马西尼视"世界"为中国19世纪的一个外来词，将其今天意义的起始定位于1879年王韬的《扶桑游记》。③马氏并未举证，而翻检《扶桑游记》，"世界"共出现

---

① 金观涛、刘青峰：《观念史研究：中国现代重要政治术语的形成》，第557~559页。将"世界"作为现代重要政治术语，表明他们已经意识到"世界"不仅是一个客观的地域指称。

② 罗森：《日本日记》，王晓秋标点，史鹏校订，岳麓书社，1985，第35-36页。

③ 〔意〕马西尼：《现代汉语词汇的形成——十九世纪汉语外来词研究》，第240页。

两次，一为"湖边杨柳笼月，荷花当风，真为清凉世界"，一为"自入山中，薄阴中人，爽气入骨；回思发东京时，铄石流金，如别一世界"，① 均非"地球上所有地方"的意思。马西尼不甚精确的指认遭到黄兴涛的批评，黄氏指出："早在1847 年，麦都思就曾著过《讲上帝差儿子救世界上人》（共 8 页）的小册子。次年在其英汉字典第 2 卷里，他又直接译 world 为'世界'和'天下'，而以'世界'为其首选译词。"② 所举例证，含义上更加接近，关注中西文的对译，尤具启发意义。只是在时间上还可以继续向前探索，从背景上还需要进一步深究。

在英国传教士马礼逊 1815 年开始编纂、1823 年成书于澳门的《华英字典》中，"world"已经开始对译"天下""世界"等义项。"天下"一条称，中国人所说的天下"meaning only their own empire, or their world"，即仅仅意味自己的帝国、自己的世界。这显然是外国人的认识，中国人的"天下"至少在观念上是无所谓边际的，与是否实行统治关系不大。"世"和"世界"一栏，则解释为"The world of human beings and the present state of existence"，即人类世界、现实世界。③ 可以看到，"世界"已经和"地球""天下"这样新新旧旧的

---

① 王韬：《扶桑游记》，陈尚凡、任光亮校点，岳麓书社，1985，第 462、494~495 页。

② 黄兴涛：《近代中国汉语外来词的最新研究——评马西尼〈现代汉语词汇的形成〉》，《开放时代》1999 年第 5 期。黄氏对马西尼外来词的资格认定亦颇存异议，批评其将中国从未中断使用的许多词语也归为外来词。"世界"一词在中国的确从未中断使用，不过含义的变迁太多，不能前后等同。

③ 〔英〕马礼逊：《华英字典》第 6 卷，大象出版社影印版，2008，第 475 页。

词语一起，对应"world"，虽然还不太确定，却已然具有"地球上所有地方"的意思。另外，从马礼逊的英文解释可以看出，他已经注意到"world"所具有的人文因素，以及笼统的描述含义，[①] 这些同样是"world"和"世界"连接的重要基础，而不仅仅是地域指向一点。麦都思于 1842~1843 年在巴达维亚编纂的《华英字典》和 1847~1848 年在上海墨海书馆所编的《英华字典》，背景类似，且有明显借鉴马礼逊字典的痕迹，[②] 就"world"与"世界"的对应而言，的确可以说大进一步。不过，不管是马礼逊还是麦都思，其外国传教士的身份及传教活动的背景均不容忽视。马礼逊编辑《华英字典》，乃是接受基督教伦敦会的指示，主要面向外国人和传教士，以便他们学习汉语，更好地认识中国的思想文化，从而有效开展传教事业，[③] 并非为中国人而编。与其说更多反映中国人的认识，不如说更多体现外国人了解中国时所需要的尽可能的凭借。在《华英字典》中，马礼逊加入了不少自己的理解，以便更好与他的同胞们沟通。而且这些都是宗教宣扬中的语言对

---

① 据称，world 的古英语为 weorold（-uld）、weorld、worold（-uld，-eld），由 wer（man）和 eld（age）两词组合而成，可以理解为"人的时代"（age of man）、"人的生活"（life of man）。在古希腊和拉丁的相似概念中，更包含"次序、净雅、创意"等含义。见忻剑飞《我们即世界（"We are the world"）——"世界"概念杂谈》，《世界的中国观——近二千年来世界对中国的认识史纲》，学林出版社，2013，第 353 页。

② 高永伟：《词海茫茫——英语新词和词典之研究》，复旦大学出版社，2012，第 248~259 页。

③ 参见沈国威《译词创造：西方新概念的移入——马礼逊的挑战及其影响》，张西平、吴志良、彭仁贤编《架起东西方交流的桥梁：纪念马礼逊来华 200 周年学术研讨会论文集》，外语教学与研究出版社，2011；崔军民：《萌芽期的现代法律新词研究》，中国社会科学出版社，2011，第 26~27 页。

译，毕竟还是笼统而非确指，况且并非中国人的主动运用。"世界"仍是宗教的语境，最多可以说具有今日"世界"的雏形。至于"世界上人"的用法更是脱胎于"世人"或"世上人"，这正是"世界"用法扩展的一个渠道、一个过程，而非结果。① 他们的使用，可能延续了利玛窦以来传教士援佛入耶的策略，继承大于创新。其"世界"使用毕竟还有天国色彩，而非确定的人间事物，称其代表了"世界"的古今转换，略显牵强。而"world"的译词包含"世界"和"天下"两个，说明含义的转换也在过渡之中，包含很大的不确定性。

普鲁士传教士郭实腊主编的《东西洋考每月统记传》道光戊戌年（1838）四月号的《兰敦京都》一文中有"上帝掌握世界"之语，② 基督教的气息再明显不过。英国传教士麦都思于1853年创办的《遐迩贯珍》，至1856年5月停刊，共出版33期。在33期中，"世界"一共出现5次，其中3次为前引之罗森《日本日记》中的信件，另外两次均见于慕维廉翻译的关于基督教教义的《天人异同》一文，言曰"此世界为上帝所主宰者也"，以及"世界末日"的表达。③ 前者显然还

① 鲍永玲《"世界"概念在近代东亚语境里的断变》（《史林》2012年第2期）和《天下—世界——从概念变迁看近代东亚世界图景之变更》（《哲学分析》2012年第4期）两文注意到早期来华传教士的这种使用，指出其可能根本没有得到中国人的重视，反倒是在日本影响更大，但同时又将传教士的对译称为摧毁东亚古典世界观的利器，稍显夸大。至于称传教士们此举是在为"world"摸索一个合适、准确并易被中国人接受的对译词而犹豫不定，似乎是对上述几种字词典的背景把握不深。

② 爱汉者等编，黄时鉴整理《东西洋考每月统记传》，中华书局，1997，第69页。

③ 沈国威、〔日〕内田庆市、〔日〕松浦章编著《遐迩贯珍：附解题·索引》，上海辞书出版社，2005。

是抽象笼统的万有指称,并不能认定为具体的地域指称;后者更体现了一定的时间性。上述两刊以及更早之前的《察世俗每月统记传》中的地域指称仍是"天下""万国""地球""西洋""西国""外国"等。要说"世界"地域指称尽早的明确化,恰恰不是在英汉之间,而是在英日之间。麦都思于1830年编辑的《日英和英日词汇》中,在"Universe"栏目的第2项"TERRESTRIAL OBJECTS"(陆地事物)中,第一个词即为"World",对应"Se Kai""世界"。①

集中更明显的例子见于英国传教士伟烈亚力创办于1857年的《六合丛谈》。韦廉臣在"真道实证"系列中,证明"上帝必有"时,说"昔希腊人号世界为高斯马斯,言其次序井井也;罗马人号世界为门土士,言其奇巧可爱也,凡此皆有上帝之据焉";② 证明"上帝莫测"时,则提出上帝虽不能目见耳接身遇,但可以通过"玩索圣经,体验心性,考察世界万物之理"而感受其存在其伟大,又认为"此世界万物外尚有无数世界万物",量不可数,深不可计,非人心所能推测,而只能归于上帝;③ 又证明"上帝无不在","至远亦至近,远极于不可思议之界,近即居于我心,惟远故能治无穷世界,惟近故能治我方寸",同时说在显微镜下"一叶上有山谷草木,若

---

① W. H. Medhurst, *An English and Japanese and Japanese and English Vocabulary* (BATAVIA Lithography, 1830), p3.
② 《六合丛谈》第1卷第3号,沈国威编著《六合丛谈:附解题·索引》,上海辞书出版社,2006,第5页。
③ 《六合丛谈》第1卷第4号,沈国威编著《六合丛谈:附解题·索引》,第5~6页。

一世界然";① 证明"上帝乃神"时，说"虚空世界，皆为上帝所充塞"，"昔上帝令以赛亚告民云：万国在上帝前旷然无物，悉属虚浮"。② 这几处的"世界"，意为包含万事万物的万有境域，旨在论述上帝的至高至大，既是创造此世界者，也是此世界的掌控者。不难发现，"无数世界万物"和"无穷世界"的表述明显受到佛教世界多重性的影响。

　　"世界"一词从佛教的语境顺理成章移植到基督教，从彼岸游到天国，继续表达亦真亦幻的万有境域。晚清传教士的使用，即是在此意义上让"世界"在基督教的语境里再次找到散发点。鲍永玲称其为西方基督教教义对"世界"概念的"灌注"，使"世界"概念的完整内涵在近代发生断变，具有西方文化特色。③ 新的时势之下，"世界"概念有此较为集中的展现，当然是值得注意的现象。万有境域的确包含地域的成分，其中"人"的比重较之佛教的"世界"更为凸显。不过也不宜过分夸大或者流于浮泛，还需仔细分析，落到实处。此种运用就语境而言固是改变、固有扩展，就用意和精神而言，则沿袭大于突破。仔细揣摩以上各条，宣扬基督教教义的"世界"，不过是从彼岸转到天国，由佛祖移到上帝，还是带有宗教气息。在这一过程中，受佛教影响的儒家"世界"运用也依稀可见，比如韦廉臣在证明"万物之根是上帝非太极"

---

① 《六合丛谈》第 1 卷第 7 号，沈国威编著《六合丛谈：附解题·索引》，第 4~5 页。

② 《六合丛谈》第 1 卷第 8 号，沈国威编著《六合丛谈：附解题·索引》，第 5 页。

③ 鲍永玲：《"世界"概念在近代东亚语境里的断变》，《史林》2012 年第 2 期。

时说:"朱子曾言理无情意,无计度,无造作,只是个洁净空阔的世界,无形迹,却不会造作也。如此何以能生至奇至巧之世界?"① 至于"化学言天地万物中莫不有银,此之谓银世界",② 以及"人死不得云终,非尽无有,乃换一番世界耳",③ 则更体现了唐宋以后日趋成熟多样的世俗运用,除开语境,单纯从词语使用上讲中国气息更浓。其意义在于为"世界"这一已经融合僧俗两界的古老观念加入西方因素,使其与西方的宗教以及文化相关联。

"世界"不单纯是,甚至主要的就不是一个空间地理的指称名词,其文化上的分辨和观念上的轻重尤其值得注意。"世界"的转义,国人地理知识的发展应当不是主要因素,否则无法解释为何早在明末耶稣会士就带来更为宽广的地理视野,而此意义上的"世界"却要到晚清才蔚然成风。中国的"世界"观念虽然不能说与地理毫无关系,主因恐怕还得求诸地理之外。上述指认虽有或多或少的不足,但毕竟各有所得,触及问题的不同层面。尤具启发意义的是,它们共同揭示出:无论是国人外出,还是外人来华,"世界"含义的转变都与外人有剪不断理还乱的关系。尤其是日本,不仅对"世界"近代含义的使用走在中国前面(如前文所引平山谦二郎书信中的用法),而且在此过程中赋予"世界"的紧张性、竞争性和伸缩性,包括一元进化观的影响,都直接或间接塑造了中国的

① 《六合丛谈》第1卷第3号,沈国威编著《六合丛谈:附解题·索引》,第5页。
② 《六合丛谈》第1卷第9号,沈国威编著《六合丛谈:附解题·索引》,第11页。
③ 《六合丛谈》第2卷第1号,沈国威编著《六合丛谈:附解题·索引》,第4~5页。

"世界"观念。概言之，近代以后，中外交流深入发展，中国救亡图存压力的逐步增加，让古老的"世界"在旧日含义的基础上，被赋予新的含义，显现巨大的影响。

中国人的地理观念，以及与之相关的文化认同导向的天下观念，直到晚清以前并未发生根本的动摇。葛兆光就列文森"近代中国思想史的大部分时期，是一个使'天下'成为'国家'的过程"的论断进一步指出："这个历史过程虽然在明代已经开始，但是在观念世界中，却要到晚清时代才真正显示出其深刻性来。"在葛氏看来，大约两百年内，传统中国知识、思想与信仰世界还维持相对的平静。① 同时，词语含义转换也是一个相对缓慢的过程，尤其中文字词伸缩性极大，类似"世界"这样主观而丰富的词语，偶尔出现若何变异，并不十分奇怪。何况如何界定这些变异，难免带有很强的主观性，有时会随着研究者的意图而求仁得仁，惟其形成相对稳定的社会意识，被群体性使用，才见得作用与影响。找到一两个尽量早的相似度甚高的个例，当然不失为一种进步，也能体现一定的纵深，却最多只能是定位，难见其流变与影响。

小 结

天下观念的整体性动摇乃至坍塌，是一个相当漫长的过程，并且有巨大的惯性。以利玛窦为代表的外来因素，并没有强大到对天下观念造成冲击，而是大体被消融在天下体系之

---

① 葛兆光：《从"天下"到"万国"——重建理解明清思想史的背景》，《文史知识》2001 年第 1 期。

中。近代中国的国际遭遇，让这一体系难以持续，"天下"才退居为作为万国之一的中国国家体。与此基本同步的是，在古代虚大于实，宗教色彩浓厚，而与实际的地域指称不相关联的"世界"，直到 19 世纪下半叶，才落实成实际的地域指称，同时展现出丰富的深层内涵。这既是该词古今含义的分水岭，也是近代国人的重要观念转变。而之所以应运而生的是"世界"这个词而不是其他，又与其与生俱来的时空双重性，[①] 以及近两千年历史中形成的丰富多面性紧密相关。如果说曾经深厚的汉文化底蕴磨灭了印度"世界"的消极烙印，增强了其"世间"的倾向，[②] 那么，近代中外形势的巨变让原本平和的"世界"变得充满张力。而后一变化，可能影响更为深远。

"世界"一词古今含义的重大转变，古代运用是基础，近代国际形势变迁是关键，二者缺一不可，且互相关联。就此而论，探寻"世界"古今含义的分际，指认起点也许不如梳理源流更有意义。以事实为基础，以词语为纽带，以观念为依归，考察"世界"古今含义和用法的演变，才可能还原其历史进程中的层层沉淀，展现"世界"之于近代中国的丰富多彩和复杂多变，丰富对于近代中国"世界"观念的认识，在历史的渊源流变中把握其复杂意涵。

---

① 鲍永玲《"世界"概念在近代东亚语境里的断变》(《史林》2012 年第 2 期) 一文特别指出，佛教"世界"概念里内蕴的对须弥山、四大部洲的想象和其抱持的多元文化观，为近代东亚提供了改变世界观的资源。

② 鲍永玲：《"世界"概念与佛玄合流》，《人文杂志》2013 年第 11 期。

第二章　转化关键：洋务运动时期的
"天下"、"地球"与"世界"

鸦片战争以后，西力的冲击不断加码，"泰西"和"西洋"越来越成为强劲的存在。再到洋务运动开启，国人对西方科技文化的观感更加具体实在而强烈，"地球"和"万国"越来越成为思考的基准，固有的天下观念渐渐淡化。在此过程中，本已变幻灵敏、亦真亦幻的"世界"，依托西方天文地理新知识，通过与"天下""地球"等词的勾连，开始有了新的指向与含义，逐渐落实成实际的全球指称，并被赋予价值判断，既是该词古今含义的分水岭，更是从天下体系到世界体系的重要观念转变，还引起从纵观到横览的视角转移。与此同时，"泰西""地球""万国""天下"等观念并未立即消失，而是在长期的分合异同之中互相影响、共同作用。"世界"新含义的获得，即在此种互动中逐渐完成。

第一节　旧词新意："天下"与"世界"的
转换

胡秋原主编的《近代中国对西方及列强认识资料汇编》汇集了19世纪20年代以后关于对西方各国的认识、天下局势的判断和自强措施的设计等朝野各方言论。其中在鸦片战争之后的二三十年内，涉及域外的指称基本还是"泰西""西洋""万国""外国"等词，描述全局和界定人我主要还是"天下"（有时也指中国本身，即以自我为"天下"）、"地球"、"华夷"、"夷夏"、"中外"等，并未见"世界"的使用。此外，这一时期的各类文献，也几乎不见"世界"作为地域指称出现。

"泰西"，有时也写作"太西"，或称"远西"，意即遥远的西方。早在晚明，该词就出现在中国人笔端，而此事亦与利玛窦有一定的关系。1599 年，西班牙传教士庞迪我被基督教东方教务的主持者范礼安派往中国充当利玛窦的助手。庞氏著有阐释天主教修持理论的《七克》（又名《七克大全》），形式上类似中国善书的论述体，讨论如何去除七宗罪以成全美德。① 曹于汴为该书作序，力言其与中国文化之相通："昔者鲁邹之立训，知天知人之说，盖屡言之。学莫要于知天矣，知天斯知人，知人者知其性也。"虽然"泰西距中华八万里"，但是"性命之理"，"中华泰西之所不能异也"。② "西洋"，是以海洋为参照的方位界定，与此相关，还有"东洋""南洋""北洋"。③ 以上两者都是近代以来的新观念，虽有以我划界的思维取向，但基本还是客观的描述，并未承载太多的内涵，而

---

① 庞迪我绘制的《万国地海全图》成为后来《职方外纪》的编纂基础。利玛窦死后，庞氏继承其遗志，用汉文完成《天主实义续篇》，论述天主为宇宙唯一的主宰，开宗明义道："世界定有一至尊主。初造天地万物，而后恒存育临莅之。"参见邹振环《晚清汉学西文经典：编译、诠释、流传与影响》，复旦大学出版社，2011，第 129~130、138~140 页。

② 曹于汴：《七克序》，《仰节堂集》，清文渊阁四库全书本。

③ 王尔敏：《近代史上的东西南北洋》，《五口通商变局》，广西师范大学出版社，2006。

笼统之中又有几分弹性，即有时指欧美整体，有时指其中有数的几个国家，同时体现与"中国""中华"的相对性，这些都与后来的"世界"内在相通。"外国"更明显体现出内外、人我之分。"地球"也是近代天文学发展以来的新概念，后来与"世界"的转换更加直接而明显。

"万国"，最初指周天子所封的各诸侯国，如《周易》"乾卦"中的"首出庶物，万国咸宁"，孔颖达疏曰："各置君长以领万国。""比卦"中的"象曰：地上有水，比。先王以建万国、亲诸侯"，孔氏疏曰："建万国谓割土而封建之，亲诸侯谓爵赏恩泽而亲友之。万国据其境域，故曰建也；诸侯谓其君身，故云亲也。"① "万国"元代曾指称外国，明清以后渐渐对应世界各国，却又未必包含全体。有学者认为，明以后中国固有的天下观开始瓦解，中国逐渐从普天之下的唯一存在或至高中心，成为"万国"之一国。至少从主观认知上看，这种说法有些夸大。国人的确知道天下还有另外许多个国，还有十分广阔的地方，但是要么认为与我关系不大，要么认为其十分低下，"天朝上国"的优越感依然如故。"万国"只是向外看的视野，是相对于、外在于自己而存在的，并没有很强力地走进来，国人也并未将自己放进去。

"天下"，则是古代中国最为重要的观念之一，"世界"在宋明以后成为日常运用的常见词，二者原本并无太大关系。"天之所覆，地之所载"（《中庸》）的"天下"不只是范围的广阔，还包含"溥天之下，莫非王土，率土之滨，莫非王

---

① （唐）孔颖达撰《周易兼义》，原国立北平图书馆甲库善本丛书第 1 册，国家图书馆出版社，2013，第 14、37 页。

臣"(《诗经》)的政治、道德和文化意涵，虽然有着文野高下之判，也未必重在实际的治理与控制，在观念上却是将中国与四方统统囊括，还包含对"天"之信仰的宗教含义，实际具体所指又常常只是以中国为范围。乾隆年间编纂的《清朝文献通考》依然认为"中土居大地之中，瀛海四环，其缘边滨海而居者，是谓之裔，海外诸国亦谓之裔，裔之为言边也"。[①]同文馆更与斯文道统密切相关，初设之时，有人作对联讥讽"鬼计本多端，使小朝廷设同文之馆；军机无远略，诱佳子弟拜异类为师"，甚至粘纸于门前曰"胡闹，胡闹，教人都从了天主教"，或者"未同而言，斯文将丧"，以及"孔门弟子，鬼谷先生"。[②] 尽管距离鸦片战争和所谓"开眼看世界"已经二十余年，"泰西"的强力所及也已经渗入各个层面，国人此时的华夷之辨依然牢固，对外观念维持相当大的惯性。如陈廷湘所指出的，咸丰朝清廷上下仍以"夷"或"外藩"称呼西洋各国，同时已经意识到它们不同于传统之"夷"，中国与它们的关系无法比照朝贡体系进行，但这些认识并未改变朝廷对外部世界的固有理念。[③] 国人有此惯性，外人却急于挑明时过境迁的巨大不同。系统比较中西异同，指陈新的天下大势，规划中国之应有举措，还是与外人的议论紧密相关。

1865年10月11日，海关总税务司、英国人赫德开始向

---

① 《清朝文献通考》，浙江古籍出版社，1988，第7413页。当然，在具体事情的论述上，"天下"的言说范围常常等同于中国，不过这并不妨碍其在观念上的无边无际。

② 《翁文恭公日记》，中国史学会主编《中国近代史资料丛刊·洋务运动》第8册，上海人民出版社，1961，第231~232页。

③ 陈廷湘、周鼎：《天下·世界·国家：近代中国对外观念演变史论》，第96页。

董恂和宝鋆讲述其《局外旁观论》，董恂提出该说帖可能会触犯一些人，但还是劝赫德交给总理衙门。总理衙门请赫德做些形式上的修改，而保留基本内容。11 月 6 日，赫德正式向总理衙门呈递修改后的《局外旁观论》说帖。①

在该说帖中，赫德提出"立论贵乎实。所论中华，自有纪载以来历数千年，莫古于中国，而自四海各国观之，莫弱于中国。事之真也"。历数千年纵观中的古老，抵不过四海各国横览下的积弱，赫德开篇即定下了如此基调。正是基于此种视角，赫德文中"论中华情事者"分为"内情"与"外情"两端，而且"今日之外情系由前日之内情所致，而日后内情亦必由外情所变"。中国的具体问题，内情方面，为律例用法因循，制度尽为虚器，通经而不能致用，"法本善而反恶，种种非是，以致万国之内最驯顺之百姓，竟致处处不服变乱"，等等。外情方面，文中主要突出外洋外国与以往不同，中国之应对亦当有别。"前数十年，中国与外国并无往来，亦无所谓章程，且中国或不知外洋有如许国。现在议定条约有十国之多，驻京有外国所派大臣，新设有衙门，专办各国事务。"并特别提出"外国所请以力，可得通商条约，非中国本意，系由外国而定"。外力之强，与中国之被动，再明显不过。该说帖提出多项"内外必欲办之事"，涵盖经济、政治、军事、外交等各个方面。②

---

① 〔美〕凯瑟琳·F. 布鲁纳、约翰·K. 费正清、理查德·J. 司马富编《赫德日记（1863~1866）：赫德与中国早期现代化》，陈绛译，中国海关出版社，2005，第 362~363 页。

② 〔英〕赫德：《局外旁观论》，李天纲编校《万国公报文选》，中西书局，2012，第 164~170 页。

不久后，英国驻华公使阿礼国向总理衙门呈递使馆参赞威妥玛撰写的《新议论略》。威氏在文中称"中华内患甚深，外交或未至失和，大概亦皆冷淡"，并说：

> 天下各国，分论东西。东国之间，中国尊荣。自古以来，四面邻邦无非向化。……如今泰西诸国或与官悉往来，或与百姓通商。其国若论智略不亚中华，若论兵力似觉稍胜。

判断中国形势与处境的思路和基调同赫德十分相似。"天下各国，分论东西"的新观念一下子将泰西提到与中国对等的地位，而中国哪怕最高限度的尊崇也只能局限于天下之一半。威氏进一步说道："试问将来中华天下仍一统自主，抑或不免各属诸邦？此不待言而可知。"他甚至论道中国"终衰之势"，称将来若"中国一日不能保全，各国一日难免代其承保。而使外国代承其实，实免外国代为作主，此中国失权危险之处"。在他看来，"中国自主之要"，"一则借法兴利除弊，以期内地复平"，二则"立宜设法，更求外国和睦"。最后他更说道：

> 又念自古以来，四海之内无论何国，如不欲洽比其邻，尽心勇进齐临，未闻不为邻邦所并。试问中华当今邻国仍是匈奴、西番乎？[1]

---

[1] 〔英〕威妥玛：《新议论略》，李天纲编校《万国公报文选》，第171~177页。威妥玛此论，各处名称不一，除"新议论略"外，有时又被称作"新论议略"，或者"外国新议"，为统一起见，一概称为"新议论略"。

比邻而进，行邻邦之所行，否则即被邻邦所并，这可以说是立
国大方向的根本性问题，为中国人闻所未闻。威氏理直气壮有
此等口气，就在于他认定中国的邻邦已经不是匈奴、西番，而
是包括其祖国在内的泰西诸强。这正是鸦片战争以后中外形势
的巨大变化。威妥玛虽是外人，但此论用汉文写成，且呈递最
高当局，后又见诸报刊，不可能不对中国人产生影响。

威妥玛的《新议论略》和赫德的《局外旁观论》推动了
洋务思潮的发展。1874 年讨论海防六条的风潮中，李鸿章
"奏陈方今天下大势"并"分条复陈练兵造船筹饷各事"，认
为以往边患多在西北，大抵强弱相当，"犹有中外界限"，今
则"东南海疆万余里，各国通商传教，来往自如，麇集京师
及各省腹地，阳托和好之名，阴怀吞噬之计，一国生事，诸国
构煽，实为数千年来未有之变局"。指称这一变局时，李鸿章
尚使用"天下"一词，范围则从昔日的中国变成此时的全球。
同折又说"丁日昌拟选练陆军，合天下得精兵十万人"，[①] 则
"天下"仍是指代中国。甚至可以见到以"天下"指称某国
的。徐承祖说其奉使美国后听闻电报、火车等新事物时也曾产
生疑虑，后来"不三年而铁路遂遍天下焉"。[②]

"天下"实指时有具体的针对，可大可小，作为观念时又
无所不包，有实有虚。这种伸缩自如方便了其与"世界"的
转换。1872 年 11 月，《申报》刊登《讨女堂俏檄·仿徐敬业

① 李鸿章：《奏陈方今天下大势暨分条复陈练兵造船筹饷各事》，"中央研
究院"近代史研究所编印《近代中国对西方及列强认识资料汇编》第 2
辑第 1 分册，台北，1984，第 233~234 页。
② 《光绪十年闰五月初二日候选知府徐承祖呈》，《中国近代史资料丛刊·
洋务运动》第 1 册，第 238 页。

讨武曌檄》，仿作严丝合缝，将"共立勤王之勋，无废旧君之命，凡诸爵赏，同指山河"仿为"共深驱逐之思，无失太和之象，即今世界，同庆承平"，① 显示"世界"在虚化意义上的灵活。两年后，又有人在《申报》发表《为悯世人讨赌戏檄·仿骆义乌讨武氏檄文》，将《讨武曌檄》中的名句"请看今日之域中，竟是谁家之天下"化为"请看今日之局中，竟似如何之世界"。② 这一戏剧化的化用，表明"天下"和"世界"虚化意义上的共通性。

实指方面，此时的"世界"偶尔用来指称中国以外的广泛区域，但还是在相对抽象和模糊的含义上。1871 年，张德彝出使法国归来，自称"由马赛航海归乡，阅时不过三百日，已一周世界，何行之速也"。③ 在此时期，"天下""万国""泰西""地球""西洋""外国"等词还是指称域外的主流，"世界"的新含义仍较微弱。"世界"含义的转变，尚在发端之中。

另一方面，此时的"世界"，就用法而言，传统意义还占大多数，包括记叙异域见闻的文字和新兴传媒上的表达。张德彝的《航海再述奇》（1869 年）中"世界"频现，大多是"玻璃世界""如此世界""光明世界"一类传统路数，又称"西人谓今胜于古，遂无慕古之心，仍袭用铁世二字，其意以

① 淞城逸史甫：《讨女堂倌檄·仿徐敬业讨武曌檄》，《申报》1872 年 11 月 25 日，第 2 页。
② 寓浦生：《为悯世人讨赌戏檄·仿骆义乌讨武氏檄文》，《申报》1874 年 12 月 9 日，第 4 页。
③ 张德彝：《随使法国记》，左步青标点，米江农校订，岳麓书社，1985，第 547~548 页。

为铁之为用甚广……无一而非铁世界矣"，①铁为用甚广而称其为"世界"，此种用法古已有之。传媒方面，1872 年有人在《申报》上感慨"今趋炎世界也"。②后一年，又有人感慨"古来万事变易不一"，举例之一为"沧海桑田，世界之变也"，与"封置之变""官制之变""境遇之变"等并列，③"世界"之意又相对狭隘，仅指大地，与全球范围的地域指称并不能等同。

　　"世界"的固有含义本来就相当丰富而灵活，因此其延续性也很强。直到 1896 年，当梁启超说"星地相吸而成世界，质点相切而成形体。数人群而成家，千百人群而成族，亿万人群而成国，兆京垓秭壤人群而成天下"时，④"世界"虽然已非佛教语境下的虚空，但其范围较之地域的"全球"，显然更为广阔，有类于囊括天地的"宇宙"，而"兆京垓秭壤人"组成的是"天下"而非"世界"，显示出此时的"天下"在指称人文物事方面依然有强大的生命力。同时期谭嗣同所谓"合八行星与所统之月与小行星与彗星，绕日而疾旋，互相吸引不散去，是为一世界"的"世界"亦当作如是观。⑤

　　有学人发现，曾国藩、李鸿章、张之洞以及郑观应等新派人物在洋务实践中已经了解到世界是由多个国家组成，中国只

①　张德彝：《稿本航海述奇汇编》第 2 册，北京图书馆出版社，1997，第 36~37 页。
②　《贪利丧资》，《申报》1872 年 7 月 15 日，第 3 页。
③　海上闲鸥：《称呼倒置论》，《申报》1873 年 12 月 1 日，第 1 页。
④　新会梁启超：《论学校十三：学会》，《时务报》第 10 册，1896 年 11 月 5 日，第 621 页。
⑤　《仁学》，蔡尚思、方行编《谭嗣同全集》（增订本），中华书局，1981，第 294 页。

是其中一个，而且是已经落伍的一个，同时又不得不加入这样一个激烈竞争的世界当中，见解上已经与古已有之的天下观大不相同，用语上则尚未转换到"世界"概念。① 非常局面之下，国人的对外指称和观念有变有不变，古今混合，陈言与新义参合互见。这是由于"时局既日新而月异，则制度亦岁盛而年更"，但观念上又很难迅速完全调整。所以刘锦藻承接《清朝文献通考》编纂《清朝续文献通考》时，一方面仍然沿用"四裔"条目，并对前者关于中土与四裔的界定表示赞同，同时特别说明其四裔门包括封贡诸国以及有约之国；另一方面不得不将"乾隆五十年以前所未见者，于前考各门无可附丽，不得已增外交、邮传、实业、宪政四门"。对于"外交"一门，则说道："迄乾隆五十年，我为上国，率土皆臣，无所谓外交也，理藩而已。外洋各国，向慕庆祝而至者，各修朝贡，略具互市，故未列外交一门。嗣后中外情势视前迥殊矣。今考道光以来措注之迹，得失之故，析为四类，曰交际，曰界务，曰传教，曰条约。"②

　　时势变迁的作用是缓慢的，却也是实在的，终会导致认识域外的视角发生调整。中国自古讲天圆地方，马端临《文献通考》以东西南北的方位识国别，《清朝文献通考》亦然。刘锦藻鉴于"迄今科学昌明，无人不晓地如圆球，特八大行星之一，且南北东三方尚可按图而索，若以美洲各地，因缘叙入

---

① 陈廷湘、周鼎：《天下·世界·国家：近代中国对外观念演变史论》，第168～169页。
② 刘锦藻撰《清朝续文献通考》，浙江古籍出版社，1988，第7493、10701、10781页。

西方，似嫌失当"，"不复区别方隅，而各国仍依前考叙次"，[①] 暗含中央与周边相对之意的东南西北方隅被"球如圆体"的新观念代替。"世界"地域指称的真正落实，最值得注意的关键一环，就是与"地球"这一体现西方近代科技发展的新词的衔接。

第二节　新词为媒："地球"与"世界"的衔接

"地球"一词，据马西尼查考，是 1602 年由利玛窦创造的，1844 年出现于《海国图志》所摘录的利玛窦和艾儒略有关地球的著作中。[②] 利玛窦的时代，"地球"一词的使用还显得颇为另类。《海国图志》出现之后，中国方面"地球"的使用渐显规模。

早在 19 世纪 40 年代，赴美归来的林鍼在《西海纪游草》中写道"东西华夏，球地相悬；南北舆图，身家背面（大地旋转不息，中国昼即西洋之夜）"，[③] 以"球地"为纽带，连接起中国与西洋，相当于为中国找到了另一种定位方式。1854 年，罗森在介绍琉球的时候，采取了"其国城在地球图"纬线如何、经线如何这样的表述。[④] 到 1865 年，薛福成有感于"方今中外之势，古今之变局也"而上书曾国藩，也说到航

① 刘锦藻撰《清朝续文献通考》，第 10701 页。
② 〔意〕马西尼：《现代汉语词汇的形成——十九世纪汉语外来词研究》，第 204 页。
③ 林鍼：《西海纪游草》，杨国桢标点，岳麓书社，1985，第 36 页。
④ 罗森：《日本日记》，第 32 页。

海通商大兴，"于是地球几无不通之国"，"而中外之大防裂矣"。① 出使泰西的志刚使用"地球"更加圆熟，他曾称美洲的安第斯山"地球地势之奇，无逾于此"，又有"凡地球四面七、八万里之人"的表述。② 更值得注意的是，1872 年李鸿章奏称"欧洲诸国，百十年来，由印度而南洋，由南洋而东北，闯入中国边界腹地，凡前史之所未载，亘古之所未通，无不款关而求互市"，这是"合地球东西南朔九万里之遥，胥聚于中国，此三千余年一大变局也"。③ 不知是有意还是无意，描述"三千余年一大变局"时，李鸿章运用的是"地球"这样一个新概念，并将中国置于其中，而非传统的"天下"。

而此时的"地球"，尚未固定为专有名词，有时作为一种普遍性的描述而出现。1869 年，李善兰为斌椿记录出使欧洲见闻之《乘槎笔记》作序曰：

> 地为球体，环日而行，与五星同，故五星皆地球也。日居其位不动，与三垣二十八宿诸恒星同，故诸恒星皆日也。日有若干地球环之，则垣宿诸星，每星亦必有若干地球环之。以近推远，理当然也。此说非西士所创也，大雄氏所云"三千大千世界"，盖即指此已。……然而五星之世界，目能望而见之，身不能往而游之也。至垣宿诸世

---

① 《上曾侯相书》，丁凤麟、王欣之编《薛福成选集》，上海人民出版社，1987，第 22~23 页。
② 志刚：《初使泰西记》，钟叔河辑校，岳麓书社，1985，第 267、269 页。
③ 李鸿章：《奏陈筹议制造轮船未可裁撤》，《近代中国对西方及列强认识资料汇编》第 2 辑第 1 分册，第 197 页。

界，远极而隐，心能臆而知之，目且不能望而见之矣。①

佛教"四天下共一日月为一世界"②和"三千大千世界"的表述虽然虚幻，却蕴含指称地域的潜能，这种潜能通过"地球"的串联更加显现，虽然还并不明确。

李善兰的嫁接并非孤立。1874 年 5 月，《瀛寰琐记》的"海外奇谈"栏目刊登题为"百千大千世界"的短文，说道："一星一世界也。今之世界一地球星也。数星合一太阳，故光无不照，此夜彼昼；故夜见众星，其光灿然。……百千大千世界之说，为不我诬。"③ 1875 年 1 月 11 日，有人有感于西国历士到山东观赏金星过日，在《申报》发表意见称："吾观西人之事无一非凿破其天，将来必至于镂创太甚，智穷巧竭而后已，所居世界为一地球，犹可凭足所历目所见而测之"，地球之外又该如何？④"今之世界一地球"和"所居世界为一地球"的表述显示"地球"才是实指，"世界"仍是虚义，而虚实衔接又让后者渐渐落实起来，纽带则是"地球"。佛教的"世界"与近代天文知识的巧妙衔接正是转义的关键所在。

1873 年 8 月 9 日，《申报》刊登《论波斯国王与英人罗大立约兴各利事》，其中说道："英人之来踞地球各部洲也，可谓甚矣。未数百年之久而世界之地一半……皆西人之族类所开

---

① 斌椿：《乘槎笔记》，钟叔河校点，岳麓书社，1985，第 86~87 页。
② （汉）徐岳撰，（北周）甄鸾注《数术记遗》，第 5~6 页。这是甄鸾对《华严经》的概括，不少人常误会成《华严经》中的直接表述。
③ 赋雪草堂主人：《海外奇谈·百千大千世界》，《瀛寰琐记》第 20 期，1874 年 5 月。
④ 《山东消息》，《申报》1875 年 1 月 11 日，第 3 页。

辟而侵占者也。"①其中既有佛教色彩的"各部洲",又有以全球为范围的"世界",已是相对明确而实在的地域指称。这种情形在《申报》上有较为集中的体现。1874年3月2日,该报刊登的"小万色针线缝衣双线中结机器"广告中说该机器"去年夏季在奥国未恩纳京大会与世界四方之针器争赛,蒙得第一等奖赏"。②不久后,有人称"英国当今弹琴上最著名之妇女称为亚拉白拉可大者"来上海演出,"盖为绕历世界,借广游览之乐起见"。③5月12日,报道称"世界驰名之术师瓦纳今复归上海演术"。④10月16日,有评论称"夫英国于贸易一道,所以能夺前列于世界者,盖广用器机以造物"。⑤10月30日又出现"世界各名胜之景照映影画"的表达。⑥地域意义上的"世界"在《申报》上的表达越来越多,应用范围越来越广,成为"地球"之外全球视野的另一种展现方式。1875年4月5日,有文章在介绍日食时说道"被蚀时刻在世界各处固为不一",不以一国为止境,其中还有"世界究有万国"的表述。⑦1877年12月6日的《论爱古》一文称"中国之古史实有名于世界,在西国无不称之为最古之国"。⑧同年11月16日刊登的文章称赞法国"足为世界最富之国"。⑨

---

① 《论波斯国王与英人罗大立约兴各利事》,《申报》1873年8月9日,第1页。
② 《申报》1874年3月2日,第4页。
③ 《英国著名女乐至上海演戏略》,《申报》1874年4月7日,第1页。
④ 《英术师来申》,《申报》1874年5月12日,第7页。
⑤ 《论印度自设器机织造厂》,《申报》1874年10月16日,第1页。
⑥ 《久乐园新演西国奇巧术戏》,《申报》1874年10月30日,第6页。
⑦ 《日食》,《申报》1875年4月5日,第3页。
⑧ 《论爱古》,《申报》1877年12月6日,第1页。
⑨ 《耕种各物宜采善法续论》,《申报》1877年11月16日,第1页。

《万国公报》中也出现类似的用法。其连载的《格物探源》有云："物物各有其本性本能，上帝可任意作如何地球，如何世界。西国有字母二十有六，用以成万万言，故上帝尤能以六十四元质任作万万地球无间。"① 虽仍不脱宗教色彩，但毕竟与较为实在的"地球"发生联系。12 月 12 日刊登的《续耶稣教士致中国人书》有云"世界可作一国度观，各国可作各省分观"，② 则又与各国产生实际联系。

"地球"与"世界"的衔接甚至互换，不断加强后者的地域指向，同时佛教的痕迹依然存在。黄遵宪诗云："星星世界遍诸天，不计三千与大千。倘亦乘槎中有客，回头望我地球圆。"③ 1892 年，薛福成说："西人谓一星即一地球。……昔释迦牟尼与诸弟子说法，因云：'我与汝一说法之顷，不知多少世界成，多少世界毁。'夫佛氏所谓一世界，即一地球也。"④ 这两处"地球"与"世界"的衔接互换，是实指意义上的，"地球"乃是"三千世界"之一。

"地球"和"世界"的虚实交融十分顺畅。1892 年，有人在《申报》撰文《论地球之外复有地球》："总而言之，地球与行星同一材质，同一无光，必须借日之光以为光，是地球即可谓行星，行星即可谓地球，而岂得谓世界上只一地球而地

---

① 《格物探源·论措置万物》，《万国公报》1874 年 9 月 12 日，合订本第 1 册，第 53 页。

② 《续耶稣教士致中国人书》，《万国公报》1874 年 12 月 12 日，合订本第 1 册，第 410 页。

③ 《人境庐诗草·海行杂感》，吴振清、徐勇、王家祥编校整理《黄遵宪集》上卷，天津人民出版社，2003，第 150 页。

④ 《〈出使日记续刻〉选》，丁凤麟、王欣之编《薛福成选集》，第 599~600 页。

球外不复有世界软?"① 同年《格致汇编》的《地球奇妙论》重点说明地球由热到凉的过程,"可见地球必历数千百世始凉成硬壳,必经受若干变化始变为世界也"。② "地球"的含义相对明确,而"世界"则侧重于今日的形态。1901年孙宝瑄在日记中写道"人于昼间,居此世界,不能见别世界,惟于夜晴时,则三千大千世界皆在目中,是人夜间之眼界,大于昼间也",③ 更体现了"世界"与地球以及其他星球对接时的灵活。

上述用法无疑可以显示"世界"地域指称的落实,而"地球"与"世界"的衔接持续三四十年之久,又恰恰说明"世界"的用法转变尚未稳固,还不能达到离开"地球"而单独表达此意的成熟。事实上,此时的"世界"对外未能压倒"天下""地球""泰西""万国"等词,对内则固有用法依然普遍。

1883年,王韬对"世界"有过一番定义:

> 天盖欲合东西两半球联而为一也,然后世变至此乃极,天道大明,人事大备。闲尝笑邵康节元会运数之说为诬诞,今而知地球之永,大抵不过一万二千年而已。始辟之一千年,为天地人自无而有之天下;将坏之一千年,为天地人自有而无之天下。其所谓世界者,约略不过万年,

---

① 《论地球之外复有地球》,《申报》1892年9月12日,第1页。
② 慕维廉译《地球奇妙论》,《格致汇编》,1892年夏季。
③ 孙宝瑄:《忘山庐日记》上册,上海古籍出版社,1983,第437页。

前五千年为诸国分建之天下，后五千年为诸国联合之天下。①

这"不过万年"的"世界"，其实指的是人类活动，佛教气息荡然无存，地域指称尚暧昧不定。

可见，"地球"这一新媒介推动"世界"转化成实在的地域指称，同时其他含义依然存在并有新的发展。宋恕在《六字课斋津谈》的"九流百氏类"中说："希腊二千年前，心性之学最盛：有黑拉克理底者，以世界为悲场，见人即泣；有特母克理底者，以世界为戏场，见人即笑。"② 颇有今日西方哲学所习称的"世界的本原"的味道。1902 年，梁启超在《泰西学术思想变迁之大势》中说"大抵宇宙成立（World process）之问题，哲学家之最大问题也"，又以"world"对应"宇宙"，而非"世界"，虽然同时文中出现"世界万物，皆本于原质"之语。③ 1903 年，梁启超还特意解释康德的"世界"道，"所谓世界者，如佛说之大千中千小千世界，非专指此地球也"，④ 既说明此时"世界"已经常常被默认成"专指地球"，又显示佛教用法还是重要参照。一个更为明显的例子是，日本明治天皇于 1868 年颁布的五条誓文中的最后一条为

---

① 王韬：《答〈强弱论〉》，《弢园文录外编》，上海书店出版社，2002，第168～169 页。
② 《六字课斋津谈》，胡珠生编《宋恕集》，中华书局，1993，第 86 页。
③ 中国之新民：《泰西学术思想变迁之大势》，《新民丛报》第 6 号，1902年 4 月 22 日。
④ 中国之新民：《近世第一大哲康德之学说（续 25 号）》，《新民丛报》第26 号，1903 年 2 月 26 日。

"智識ヲ世界ニ求メ",① "世界"明明在焉,而驻节日本五年之久的黄遵宪,在其 1887 年写成、1895 年刊行的《日本国志》中却仍然记为"求智识于寰宇"。②

历史地把握"世界"这一既背景深厚又变通灵活且新旧含义长期杂糅的集合概念,重心或许不在于找到一两个确切的所谓转折点,而是充分注意其演变的背景、过程和意义。就"地球"与"世界"的衔接过程而言,至少有两点不可忽视。

一是"世界"新含义出现的背景。"世界"被用来指称全球,就使用主体而言,多为走出国门的使节或游历者,他们与西方接触较多,思想上较为趋新;就所论内容来看,则与外人干系甚大,基本都是在说与外国、外人相关的事物,或者本身就是外人言论;就出现场合而言,常常是报纸这一新传媒(当然不意味着全部)。近代意义上的报纸最初被称作"新闻纸"。黄遵宪曾对其给予热情洋溢的赞美:"新闻纸以讲求时务,以周知四国,无不登载。五洲万国,如有新事,朝甫飞电,夕既上板,可谓不出户庭而能知天下事矣。"日本"新闻纸中述时政者,不曰文明,必曰开化"。③报纸是当时最能体现全球视野的场合,也是新事物、新观念的依托和载体,宜乎众多的"世界"出现于此。

二是"地球"本身的实在性。相对于固有的抽象"天下","地球"更加新奇,也更加实在。说到"天下",有时只是指中国,说到"地球",则不得不放开目光,并且难免展开

---

① 「御誓文之御寫」『太政官日誌』第 5 卷、1868、第 32~33 頁。
② 黄遵宪:《日本国志》卷 2《国统志》,第 7 页。
③ 黄遵宪:《日本杂事诗(广注)》,钟叔河辑注、校点,岳麓书社,1985,第 642 页。

比较。早在 1867 年，礼科掌印给事中周星誉"奏陈自强之策"时说"中国为地球第一大国"，① 算是较早的"地球第一"表述，展现出名副其实的全球视野。1880 年，曾任湖北盐法武昌道的盛康还认为"中国物产之富，户口之繁，心思才力之聪明，甲于地球各国"，为人所轻侮者，"不过恃彼器械耳"。② 只是中国未必可以稳居"地球第一"，尤其在枪炮等器械层面。1875 年 1 月 30 日《申报》刊登录自香港《循环日报》的《论中外炮制》，感慨"古制不如今制之善"，"中国不及西国之精"，主张不能"自困于咫尺之天而不知窗以外之鱼跃鸢飞，世界有如许之大"。③

国人游历异邦，亦常常在全球视野下区分良莠。1876 年，游历美国的李圭感慨费城"地方之大，屋宇之多，街道之广"实居美国第一，"再以地球各大都会言之，则居第十二焉"。又说"凡邮政一切办法，举地球各国，同为一制"。④ 李圭笔下，地球各国已成熟语，统合比较已成习惯。同样身处异域的黎庶昌亦怀此心，如推崇巴黎街道为"地球第一"。⑤ 徐建寅欧游期间亦不忘排比"遍地球"铁甲船之冠，⑥"遍地球"已渐夺"全天下"之席。1877 年，奉使英法两国的郭嵩焘更毫不遮掩

① 周星誉：《奏陈自强之策应自增官制敛商权广人才着手》，《近代中国对西方及列强认识资料汇编》第 2 辑第 1 分册，第 654 页。
② 《光绪六年三月初五日都察院左都御史志和等奏折·附盛康原折》，《中国近代史资料丛刊·洋务运动》第 1 册，第 208 页。
③ 《论中外炮制》，《申报》1875 年 1 月 30 日，第 4 页。
④ 李圭：《环游地球新录》，钟叔河校点，岳麓书社，1985，第 240、261 页。
⑤ 黎庶昌：《西洋杂志》，喻岳衡等标点，钟叔河校，岳麓书社，1985，第 472 页。
⑥ 徐建寅：《欧游杂录》，钟叔河校点，岳麓书社，1985，第 731、732 页。

地提出"计数地球四大洲,讲求实在学问,无有能及太西各国者",由此还特意记述一位多次游历中国的外人之言"中国文教开创四千余年,处万国之先;独一切使用西法,最处万国之后,人皆笑之",顺势力劝中国行西法。①

在以自我为天下的古代中国,人们的习惯思维是纵观;在各国林立的地球上,则不得不变为横览。运会流转,已经让人不得不感慨"今之时势不独古今互异,而且中外悬殊"。② 在当时中外形势下,国人的横览常常是眼光向外的追步与学习。

第三节　新旧杂陈:眼光向外与置身局外

1875 年 2 月 25 日,光绪皇帝即位大典举行。《申报》抚今追昔,一面盛赞"穆宗毅皇帝肇造之广大"有过于列圣,"不但取法于中国历代,而且取法于泰西各国",洋务事业蓬勃发展,"振兴之机已开";一面展望未来,希望三四十年后,"中国兵精器良甲于寰区,国丰民福冠乎宇宙",驾乎东西各洋之上,"此时之取法于泰西者,他年泰西反至竞来中国取法",届时中国之火船"满布于世界之河海,而华商亦定分驻于世界之各隅"。③"泰西""寰区""宇宙""东洋""西洋""世界"等词并存("寰区"和"宇宙"由于更加宏阔,实际指称人群全体或统治区域的概率还要略低于"天下"),正是

---

① 郭嵩焘:《伦敦与巴黎日记》,钟叔河、杨坚整理,岳麓书社,1984,第190、332 页。

② 上海书局编《记闻类编·运会说》,《中国近代史资料丛刊·洋务运动》第 1 册,第 596 页。

③ 《申报》1875 年 2 月 25 日,第 1 页。

转折初期的鲜明特征。值得注意的是，盛赞同治皇帝功绩时，取法泰西已经与取法历代具有同等的正当性，甚至是远过前代的砝码，这对有"师古"传统的中国来说，有不小的意义。①

王尔敏指出，其时国人对外之认识，曾有若干程度的醒觉，并有具体可见的进展。先是向外对现实世界的求知，即寻求应对外人的手段，最终则引起国人因中西比较而有向内之反省。而向内反省与对域外知识的探求，实为同一行动的内外两面，两者紧紧关联。凡经对外接触，知能的取得与内心的感悟，往往同时发生。② 的确如此，此一时期许多士大夫更加眼光向外，对新的外部形势提出许多宏观性的观感，并开始摸索应对的方案，其核心就是自强。至于如何自强，则各方看法不一。

1874 年 11 月，总理各国事务恭亲王奕䜣等奏请亟宜切筹海防，提出练兵、简器、造船、筹饷、用人、持久等六项主张（常被称为"海防六条"），请求"饬下南北洋大臣、滨海沿江各督抚将军，详加筹议，将逐条切实办法，限于一月内奏覆"。③ 清廷允准，关于海防的讨论遂于次年展开。

浙江巡抚杨昌濬在奏折中称，"各国以船炮利器称雄海上，已三十余年，近更争奇斗巧，层出不穷，为千古未有之局"，而"日本以贫小之国，方且不惜重资，力师西法"，进

---

① 罗志田曾指出，近代中国总是试图"走向世界"，出现了一个区别于"古代"的根本性转变，即国家目标的外倾。见罗志田《走向世界的近代中国——近代国人世界观的思想谱系》，《文化纵横》2010 年第 3 期。

② 参见王尔敏《十九世纪中国士大夫对中西关系之理解及衍生之新观念》，《中国近代思想史论》，社会科学文献出版社，2003。

③ 奕䜣：《奏陈海防亟宜切筹暨胪陈紧要应办事宜数条请饬议》，《近代中国对西方及列强认识资料汇编》第 2 辑第 1 分册，第 516~519 页。

而提出"堂堂中夏，当此外患方殷之际"，不能"因循坐误，以受制于人"。他认为"西人作事，不精不已，不成不置，其坚忍之性，殆非中国之所及，亦非中国所不能行"。①"各国"和"西人"的称呼相对客观，褪去了"夷人""外夷"的轻视色彩，而"贫小之国"的日本，也成了立论的依据。

福建按察使郭嵩焘上条陈议论海防六条，"推求中外情势所以异同与所宜为法戒者"，拟定急通官商之情、通筹公私之利、兼顾水陆之防、先明本末之序等四条"本源之计"，"欲循用西洋之法以求日进于富强，未有能舍此而可收效一时者也"。并说：

> 窃闻总税务司赫德之言曰："中国大要有二，其一曰内事，其二曰外防。内事非外人所敢置议，外防有边防、有海防，吾所陈者海防一事而已。"其意盖欲以西洋之规模，施之中国，而以海防引其端。

郭氏对"西洋规模施之中国"有自己的见解，强调"西洋立国有本有末，其本在朝廷政教，其末在商贾，造船、制器相辅以益其强，又末中之一节也"。②

刘锡鸿通读郭嵩焘所写条陈之后，评议其得失，提出：

> 自强者自立也，非谓当如外洋日以兵为事自示强悍

---

① 《同治十三年十一月初四日浙江巡抚杨昌濬奏》，《中国近代史资料丛刊·洋务运动》第1册，第64页。
② 《福建按察使郭嵩焘条议海防事宜》，《中国近代史资料丛刊·洋务运动》第1册，第136~142页。

也。赏罚严明，用人得当，以立天下之纲纪，则人才自奋，吏治自修，民生自遂，财赋自裕，兵力自强，外夷亦自慑服，何事纷纷他求。①

"自强不息"本是古训，没有人会旗帜鲜明去反对，刘氏"自强者自立也"的解释对于击破效法外洋式的自强，却并非完全站不住。刘氏此论，仍是立足中国即天下的固有思维，在当时不乏同调者。强汝询便声称："论国之贫富者，在人才之盛衰，而不在财用之赢绌；观国之强弱，在政事之治乱，而不在兵力之众寡，从未闻觇国者徒以器械为重轻者也。且西洋之强，岂专恃乎器哉？"② 两江总督李宗羲对此颇为赞同，更断言"欲自强而必倚西人以为强，亦必不可恃矣"。③

在给李鸿章的信中，刘锡鸿又称：

> 自古驭夷之道，羁縻勿绝，虽英哲之君，值隆平之世，亦不出此。盖天子体天以覆育天下，华夷罔非其民，能免民于兵燹，虽屈己亦且为之，非如匹夫彼疆尔界，徒欲自快其胜心也。④

---

① 刘锡鸿：《读郭廉使论时事书偶笔》，《中国近代史资料丛刊·洋务运动》第1册，第300页。
② 强汝询：《海防议》，《中国近代史资料丛刊·洋务运动》第1册，第360~361页。
③ 李宗羲：《奏覆总署所议练兵简器造船筹饷用人持久各条》，《近代中国对西方及列强认识资料汇编》第2辑第2分册，第714页。
④ 刘锡鸿：《复李伯相书》，《中国近代史资料丛刊·洋务运动》第1册，第275页。

仔细品读刘氏含有多个"夷"字的文字，却又可以发现其中贯穿着一种"华夷罔非其民"的"大气"，由此便主张不必"彼疆尔界"，不必贪图"自快其胜心"的自强。不管是用语还是思维价值取向，刘氏的言论都透露出古色古香的气味。但时代毕竟不再是那个天朝上国抚驭万夷的时代了，泰西也不再是弱小而低级的夷狄，所谓"千古非常之创局"，并非空论。欧洲各国"环地球九万里之中，无不周游贩运，中国亦广开海禁，与之立约通商"，天下早已"一变而为华夷联属之天下"。① 如李鸿章所说，"居今日而曰攘夷，曰驱逐出境，固虚妄之论；即欲保和局，守疆土，亦非无具而能保守之也"，深谙办事人甘苦的他还是强调"自强之道，在乎师其所能，夺其所恃耳"。②

作为李鸿章的幕僚，薛福成替李氏作答彭孝廉书，称赞道"来书谓世界日开，其机自外国动之，其局当自中土结之，实为远识至论"。③ 这里的"世界"意思上还是"世运""世道"的老调，而其范围则是囊括中外的全球无疑，且其重心则在泰西。基于这样的认识，薛氏自能认识到"自强"的必要，他在给友人的回信中说：

> 来书又谓今之自强，不过摹仿他人之强，夸耀他人之强，与自字义相反允矣。然使因恶他人之强，而遂不愿自

---

① 《易言·论公法》，夏东元编《郑观应集》上册，上海人民出版社，1982，第66页。

② 李鸿章：《奏陈筹议制造轮船未可裁撤》，《近代中国对西方及列强认识资料汇编》第2辑第1分册，第197页。

③ 《代李伯相答彭孝廉书》（1876年），丁凤麟、王欣之编《薛福成选集》，第104页。

强，此又因噎废食、讳疾忌医之见也。今有数人并驾于通衢，一人行百里未息；一人望尘追逐，仅至乎中道；一人恭他人之我先，不屑碌碌随人后，终不离故地一步。夫其仅至乎中道者，诚宜以不能争先为耻，然犹愈于跬步未移而自以为高者也。①

薛氏的意思，形势比人强，既然已落人后，只有迎头赶上，模仿无可厚非。刘锡鸿就未必认同这一点，他出使期间与同处弱势的波斯藩王交谈，对于后者称中国"知敛退而不知奋进，故易弱其国也"不以为然。刘氏认为孔子"足食、足兵"之教就是富强，"但所以致富强者，准绳乎仁义之中，故其教为万古所不能易"。波斯藩王说："我两国亦何尝不求前进，但西人之前进也百步，我之前进仅数步，故觉瞠乎其后，势利远不及耳。"刘氏则答曰："绝迹而奔者，人喜其捷，而不知有颠陨之虞。缓步而行者，人苦其迟，而不知无倾跌之患。水雷火炮，惨杀生灵，以此为雄，他日必反受其害，君何慕为？"②义利之辨，是传统士大夫的老调重弹，正是在这样的思维下，刘锡鸿似乎并不觉得薛福成所担忧的"终不离故地一步"有何不可。

　　这些不同主张背后，是时人对新的中外形势的不同认识。1875年，吏部右侍郎袁保恒就较为乐观地保持固有天下观念的认识，认为"轮船既通中国，千古夷夏大局为之一变"虽

---

①　薛福成：《答友人书》，《近代中国对西方及列强认识资料汇编》第3辑第1分册，第323~324页。

②　刘锡鸿：《英轺私记》，朱纯、杨坚校点，岳麓书社，1986，第140~141页。

是忧患的开始,也是"圣主混一寰区,统驭万国之机","群夷之畏威怀德,归心效命,亦当自兹始,在我谋之得其道而已"。[①]1879年,贵州候补道罗应旒奏称:

> 天地自然之运会,至于今而一变其局,使各国相通,有如周列国之世,而成此大列国矣。当仿周列国之治,内修政事,外联和好以治之;亦如外洋交通之各国,遵守万国公法以治之;抑或联我属国朝鲜、琉球、缅甸、暹罗、越南、廓尔喀为一体,各期自强,身手一气,如日耳曼五十国公会之法以治之。[②]

周列国之治、万国公法之治、日耳曼五十国公会之法之治,罗氏在这里提出了三种囊括中外、穿梭时空的模式,眼界已经大开,思想资源亦已大大改变,不再局限于三代以降、周秦以来,但基本出发点还是类比春秋时期来认识当下。

更有人在此种比附中,直接将自己置于万国之上。这样的一厢情愿直到1891年还不乏其人,《申报》刊出的《古今天下时局论》有言:

> 方今中外同盟,星轺络绎,五洲万国合作一家,舟车往来,已遍地球之上。……东吞西并,弱者更弱,强者益强,风气之开,实为鸿荒奠定以来所未有。就天下大势而

---

① 袁保恒:《请饬中外臣工益求长策折》,《近代中国对西方及列强认识资料汇编》第3辑第1分册,第249页。

② 《罗应旒奏折》(节录),《近代中国对西方及列强认识资料汇编》第3辑第1分册,第69页。

论，为春秋时一大战国，美比之于楚，英比之于晋，德法比之于燕齐，俄比之于秦，日本比之于宋，土印度比之于中山韩魏，其堂堂上国可称正一统之周者，其惟我中华乎。……各大国意气自雄，不知鹿死谁手，欧亚两洲，地势相连，至战祸纷陈，自有杰起之英蚕食鲸吞，成大一统之势，迨大统既定，然后图美洲阿洲，是世界极盛之时，亦天下必然之理。①

以春秋战国比附欧洲通商各国，王锡祺和王韬均指认首创自张斯桂的《万国公法序》，所谓"间尝观天下大局，中华为首善之区，四海会同，万国来王，遐哉勿可及已。此外诸国，一春秋时大列国也"，② 将中国置身局外。这种比附在那一时期不乏同道，如黎庶昌说"大抵西洋今日各以富强相竞，内施诈力，外假公法，与共维持，颇有春秋战国遗风，而英实为之雄长"。③ 春秋战国对应的只是西洋。《申报》此论乃"就天下大势而论"，不以欧洲为限，虽包括中国，又明确指出中国"乃其堂堂上国可称正一统之周者"。已有学人指出将西方国际秩序比附春秋战国并立之势的同时以周宗室自许，实是并未视中国为多元世界的一元。④

　　国人一方面并未真正将自己视为世界的一部分，另一方面

① 　《古今天下时局论》，《申报》1891 年 11 月 22 日，第 1 页。
② 　张斯桂：《使东诗录》，费成康校注，岳麓书社，1985，第 153 页；王韬：《扶桑游记》，第 408 页。
③ 　黎庶昌：《西洋杂志》，第 540 页。此外，郭嵩焘、郑观应、彭玉麟、崔国英等人均有程度不同的比附或预想。
④ 　林学忠：《从万国公法到公法外交——晚清国际法的传入、诠释与应用》，上海古籍出版社，2009，第 211 页。

又不得不面对世界，甚至还要努力走向世界。以周室自许还有些理想的安慰，在万国公法的问题上，则更显现实的凄寒。《万国公法》在中国的译印源于蒲安臣的建议，其并推荐丁韪良主持其事。恭亲王奕䜣的奏折中称之为《万国律例》，总理各国事务衙门 1864 年刊印时最终定名为《万国公法》。[①] 对此，郑观应论道：

> 若我中国，自谓居地球之中，余概目为夷狄，向来划疆自守，不事远图。通商以来，各国恃其强富，声势相联，外托修和，内存觊觎，故未列中国于公法，以示外之之意。而中国亦不屑自处为万国之一列入公法，以示定于一尊，正所谓孤立无援，独受其害，不可不幡然变计者也。……夫地球圆体，既无东西，何有中边。同居覆载之中，奚必强分夷夏。如中国能自视为万国之一，则彼公法中必不能独缺中国，而我中国之法，亦可行于万国。[②]

中国之法"行于万国"的前提是"自视为万国之一"，即融入别人的游戏圈子，前者只是美好愿景，后者才是当务之急。"地球圆体"的直观形象成为取消中国居中（同时意味最高）地位的有力理由。成为别人首先必须学习别人，王韬在为郑氏作跋时已经看出其主张"一切所以拯其弊者，悉行之以西法。

---

① 参见王尔敏《总理衙门译印〈万国公法〉以吸取西方外交经验》，《弱国的外交——面对列强环伺的晚清世局》，广西师范大学出版社，2008。
② 《易言·论公法》，夏东元编《郑观应集》上册，第 67 页。

若舍西法一途，天下无足与图治者"，"是将率天下而西国之也"。①

1891 年，薛福成愤愤于各国"独不许中国在欧洲及南洋设立领事"，致函总理衙门总办袁昶，认为这是"明明不以万国公例待中国"。② 次年，薛氏又撰《论中国在公法外之害》，论道：

> 泰西有《万国公法》一书，所以齐大小强弱不齐之国，而使有可守之准绳。各国所以能息兵革者，此书不为无功。然所以用公法之柄，仍隐隐以强弱为衡，颇有名实之不同。……虽然，各国之大小强弱，万有不齐，究赖此公法以齐之，则可以弭有形之衅。虽至弱小之国，亦得借公法以自存。……中国与西人立约之初，不知《万国公法》为何书。有时西人援公法以相诘责，秉钧者尝应之曰："我中国不愿入尔之公法。中西之俗，岂能强同；尔述公法，我实不知。"自是以后，西人辄谓中国为公法外之国，公法内应享之权利，阙然无与。……公法外所受之害，中国无不受之。③

秉钧者一句"尔之公法"更形象体现此公法原本就是外在之物，是泰西之所有。薛氏对其功利和势利性质也了然于心，但迫于时势，只能加入。

---

① 《易言·跋》，夏东元编《郑观应集》上册，第 165~166 页。
② 《答袁户部书》，丁凤麟、王欣之编《薛福成选集》，第 368~369 页。
③ 《论中国在公法外之害》，丁凤麟、王欣之编《薛福成选集》，第 414~415 页。

小　结

如同春秋战国时无力统治"天下"的周室，身处"地球"，近代中国不得不一点点弃"天下"而就"世界"。前者的文野之判逐渐被消解，后者的强弱之辨愈加明显。"三千年未有之变局"下，"天下"与"世界"在用语上互相渗透，在观念上彼此纠缠。眼光向外是作为弱者的近代中国在世界体系下的不得不然，置身局外，则显示古代中国天下观念的强大惯性。在世界一体化持续深入的过程中，强弱主导的弊端也在不断显现，而文化主导的天下观念，在中国实力迅猛增强的今天，其积极意义仍值得借鉴。

第三章 基本面貌：甲午战争前后的
"世界"图景与强弱观念

传统的天下观念到近代无法维系，中国一步步被纳入欧美主导的世界体系。与之相关，原本只有虚化含义的"世界"一词，在洋务运动时期，依托"地球"的衔接，逐渐落实到全球地域指称，并被赋予种种新的意象，寄托国人崇尚西方的价值判断和学习西方、融入西方的迫切追求。这一过程是缓慢的、持久的，在与"天下""万国""地球"等词虚实互用的新旧杂陈中，体现出变革时期"天下"与"世界"两种体系的相互纠缠。指称的变化，不仅涉及语言，更关乎观念，并有其现实基础。探讨"世界"在洋务运动后中外形势的急剧变化之下，具有了新的含义之后，有怎样的进一步发展，又产生了什么意义，带来什么影响，与哪些因素相关，不仅可以历史地还原、立体地再现这一重要观念的演化过程，更能深化对近代中国对内对外相互观念的认识，思考其中的利弊得失。

第一节 甲午战前中日对"世界"运用的
异同与关联

金观涛、刘青峰利用数据库检索注意到，"世界"的使用频率在 1895 年前后开始快速上升，在 1899 年首次超过"万国"。[①] 这种逆转式的变化，当非偶然，回到历史场景，提示着甲午战争对中国对外观念的影响。甲午一战，中国惨败于"蕞尔小国"，朝野震动，李鸿章因此备受物议。美国传教士林乐知却认为胜败乃兵家常事，微瑕不掩全瑜，为李鸿章打抱不平，进而感慨"中国略知外事，实与日本同时，假使亦于此三十年中有进而无退，日本方敬畏之不暇"，"无奈自视过高，而以蛮夷待欧美"，才会"凌夷以至今日"。[②] 诚然，中日两国的大门几乎同时被西方列强打开，而日本学习西方之全面、深入与迅速，实非中国所能及。[③] 洋务运动开始时，仅措手于洋枪洋炮等器物层面，还要顾及"夷夏大防"。而日本自明治维新后"结交欧美"，"无一不取法于泰西"，"乃至目营心醉口讲指画，争出其所储金帛以购远物，而于己国之所有，弃之如遗，不复齿数，可谓骛外也已"。不过在黄遵宪看来，虽然骛外，毕竟利大于弊，日本若非如此，则"至今仍一洪荒草昧未开之国耳"。[④] 傅云龙则更批评其"效西如不及，当变而变，不当变亦变"，"欲知彼而不知己，是之谓骛外"。[⑤]

---

① 金观涛、刘青峰：《从"天下"、"万国"到"世界"——兼谈中国民族主义的起源》，《观念史研究：中国现代重要政治术语的形成》，第 226~251 页。将"世界"作为中国现代重要政治术语，表明他们已经意识到"世界"不仅仅是一个客观的地域指称和描述。

② 蔡尔康等：《李鸿章历聘欧美记》，张英宇点，张玄浩校，岳麓书社，1986，第 34~36 页。

③ 相关研究可参见李少军《甲午战争前中日西学比较研究》，湖北人民出版社，2007。

④ 黄遵宪：《日本国志》卷 4《邻交志》，光绪二十四年浙江书局重刊本，第 2 页。

⑤ 傅云龙：《游历图经馀纪》，王晓秋标点，史鹏校订，岳麓书社，1985，第 191 页。

"骛外"一词的确抓住了明治日本的关键。或可作为表征之一的是，日本对"世界"颇为现代的运用也走在中国的前头。一般认为日本最早刊行的世界地图，是以利玛窦地图为原型、诞生于 1645 年的《万国总图》，此时尚未见"世界"之名，不过还是冲破其固有的以中国、日本、印度为中心的"三国世界观"，认识到三国之外的西洋世界，"慕夏"观念发生根本变化。[①] 赵德宇依据日本开国百年纪念文化事业会编《锁国时代日本人的海外知识——世界地理·西洋史文献解题》制作的"江户时代世界史地文献年表"显示，早在 17、18 世纪兰学和幕末洋学流行期间，日本就出现了以"世界"命名的各种地图。[②] 这里面可能有相当部分是原图没有名称，后来追加成的"世界"。此类倒述在"世界"问题上处处可见，中日皆然。不过日本近代意义上的"世界"运用，还是较中国为早。可以确证的是，《海国图志》的 60 卷本和增补的百卷本分别于 1851 年、1854 年传入日本，数年之内出现 20 余种翻印或翻译的选本，杉木达在 1854 年译印的《海国图志美理哥国总记和解跋》中称其"于世界地理茫无所知的幕末人士"功不可没。[③] 同年，平山谦二郎在阅读了罗森所撰《南京纪事》和《治安策》后用汉文回信，说道：

---

①　关于利玛窦地图在日本的影响，参见江静《利玛窦世界地图在日本》，《浙江大学学报》2003 年第 5 期。

②　赵德宇：《西学东渐与中日两国的对应——中日西学比较研究》，附录。

③　杉木达：《海国图志美理哥国总记和解跋》上册，常惺箽，1854。转引自王晓秋《魏源〈海国图志〉在日本的传播和影响》，《改良与革命：晚清民初史事新探》，北京大学出版社，2012。王文详细考证了《海国图志》在日本的翻印情况，探讨了其影响，并引用了盐谷宕阴在《翻刻海国图志序》中的感慨："呜呼！忠智之士，忧国著书，不为其君所用，而反被琛于他邦。吾不独为默深悲矣，而并为清帝悲之。"

全世界中各国布棋，贤君英主，必不乏其人矣。先着鞭以奉行天道者，谁也？方今世界形势一变，各国君主当为天地立心、为生民立命之秋也。向乔寓合众国火轮而周游乎四海，有亲观焉者乎？若不然，请足迹到处，必以此道说各国君主，是继孔孟之志于千万年后，以扩于全世界中者也。①

这两处的"世界"，近代形态已相当明显。后者见于罗森《日本日记》，金观涛、刘青峰将其认定为中国方面最早的近代意义上"世界"，② 或许是误将其当作罗森本人的文字。不过，若转变视角，其虽不是出自中国人之手，却是较早见于中国人之眼的（何况还是用汉文写成），仍然值得注意。"世界"与"天下""万国""地球"等多个词语新旧杂陈，观念交织，正是这一时期中日两国的共性。

再往后，在日文和西文的对应中，"世界"的地域指向和人文特征得到进一步规范化的明确。1874 年刊行的《广益英倭字典》中，"world"对应"世界、地球、人间、天、世事、國、全世界、暮シ、諸人"等义项，③ "暮シ"意为生计、生活。推敲其含义可以发现，"world"既表示地球这样的明确地域，又包含其中的人类活动及国家意识，其首个对译词"世界"在上述义项的背景中越来越成为日本一个重要的概念。1881 年

---

① 罗森：《日本日记》，第 36 页。
② 金观涛、刘青峰：《观念史研究：中国现代重要政治术语的形成》，第 558~559 页。
③ 鹿田等编『廣益英倭字典』大屋愷敂・田中正義・中宮誠之藏版、1874 年、第 952 页。

永峰秀树训译的《华英字典》中"world"之对应大体延续此种思路，① 此后日本的各类英华、英和字典基本不出此格局。

日本人将英和字典的输入与习学视为输入西学的重要一环。1883 年井上哲次郎为德国传教士罗存德于 1866 年在香港出版的《英华字典》增订版作序时称："西学之行于我邦，未曾有盛于今日也，而英学实为之最矣，盖英之文运天下殆无比。此我邦人之所以修其学也欤。"在井上看来，要学英学，必须有字典，过去虽有若干种，但均不如罗存德所编之字典，只是该字典价格昂贵不易寻得，所以才有此增订印行。他最后说道："今夫修英学、磨智识者益多，则我邦之文运骎骎乎进，遂至与英国东西对立，分镳并驰，亦未可知也。"② 输入西学，前提是认可彼邦"天下无此比"，归宿则是要与之相当，"东西对立"。

近代中国的知识与制度转型，东洋因素如影随形，对中国人思想世界的塑造颇为广泛。③"世界"是其中相对隐晦却又复杂深沉且具有全局色彩的一个。除了时间上的早和范围上的广，还有使用层级上的高。日本明治天皇于 1868 年颁布的五条誓文中的最后一条即为"智識ヲ世界ニ求メ"，④ 已经是基本国策中的正式表述。

反观此时的中国，在相当长的时间内，近代意义的"世界"还只是一个相对民间的词语，既不够普及，也不够正式。

---

① 永峰秀樹訓訳『華英字典』竹雲書屋、1881 年。
② 羅布存德原著、井上哲次郎訂增『訂增英華字典』藤本氏藏版、1883 年。罗布存德即罗存德。
③ 相关论述可参见桑兵《近代中国的知识与制度转型》，经济科学出版社，2012，总说。
④ 「御誓文之御寫」『太政官日誌』第 5 卷、第 32~33 頁。

虽然取法外洋逐渐实践开来，但层面尚浅，认识亦有所保留。同治末年，针对法国人毕路安对日本"十余年来，不惟国政多所更张，即民间风俗亦多改从西法"的称赞，张德彝还辩驳道："天下各国政教，咸有所本，固当不失本来面目。至火器车船等，因西国多以战争为心，在他国自不得已而仿行之。其他似不必然，因无事更改也。"① 此时中国的"世界"也只是在虚实之间偶尔出现指称全球的新用法，且多与西洋事物相关。此后，中日两国的学习西方以不同的速度继续深入扩大，"世界"的此种使用亦随之明确和加强，其中日本的影响后来居上，大有超越西洋之势。

1887 年 5 月 2 日，《申报》刊登《东妇改装》，称日本自崇尚西法后，男女衣冠莫不仿效西人，"外国妇人见之，惊为世界上尽是同类，不禁起敬，而日本女子亦遂喜于效顰矣"。② 6 月 11 日的《东报汇译》则称"长崎县私立卫生会社杂志内译外国新闻一条，统计世界盲者不下百万人"，③ 这是较早的全球统计中的"世界"，源头虽在西洋，媒介却是日本。1889 年 11 月 22 日，又刊登"古今无比世界独步东洋奇伎开演"的广告，④ 12 月 14 日的《东报汇译》则有"世界上第一大腹贾"的说法，⑤ 是为较早的"世界第一"。1892 年 3 月和 1893 年 9 月，还出现了"美国阁龙世界博览会""北美西加哥世界

---

① 张德彝：《随使法国记》，第 360 页。
② 《东妇改装》，《申报》1887 年 5 月 2 日，第 2 页。
③ 《东报汇译》，《申报》1887 年 6 月 11 日，第 9 页。
④ 《古今无比世界独步东洋奇伎开演》，《申报》1889 年 11 月 22 日，第 5 页。
⑤ 《东报汇译》，《申报》1889 年 12 月 14 日，第 2 页。

博览会"的说法。①

外力激发的洋务运动展开约三十年后，时人心态发生显著变化。1890 年 8 月，有人"闻英人在重庆通商，中国业已允准，所拟条约俟两国批准互换，即可开办"，投书《申报》表达欢喜之情，认为"泰西各国之贫富，视乎商务之盛衰，国家视商务独重"，感慨"昔时中国闭关自守，几不知九州以外复有世界"。② 商务较之火器车船，当然更进一步，已经进入张德彝从前认为"无事更改"的范畴。

面对已经足够强大的西方列强及其展现出的强劲态势，同处东亚，同为后发国家，同样处于应对变局地位的中日两国，不难找到结合点。早先黎庶昌便鉴于"西洋今日各以富强相竞，内施诈力，外假公法，与共维持"的情势，提出"东联日本，西备俄罗斯，而于英法等大邦择交一二，结为亲与之国，内修战备以御外侮，扩充商贾以利财源"。③ 1891 年 7 月，中日民间人士继兴亚会与亚细亚协会后，又发起东邦协会，关于其宗旨，明确提出：

　　一言以蔽之，方今察世界状态，西人东渐之势，如水滚滚，昼夜不舍，此际我国果在何地位欤？非为东道主人欤？我邦既为东道主人，则太平洋权利宜悉我属，非欤？是今日所以创建东邦协会，非欤？④

---

① 《蛉洲问俗》，《申报》1892 年 3 月 23 日，第 3 页；《蛉州琐缀》，《申报》1893 年 9 月 30 日，第 2 页。
② 《闻重庆通商喜而书此》，《申报》1890 年 8 月 15 日，第 1 页。
③ 黎庶昌：《西洋杂志》，第 540 页。
④ 《盛会重兴》，《申报》1891 年 7 月 29 日，第 1 页。

西人如火如荼的东渐，构成"世界状态"的基本面，成为后发国家思考前途命运的最大背景，并暗中规定了发展方向。

形势变迁，固有的夷夏观念必然受到冲击。汤寿潜在仍然题名为"夷势"的文章中认为"大抵中国之锢病，总坐自视太高，视夷太卑"，邹衍九州之说以及舜时十二州之分，使"华夷之界斩然"。但是"势无强弱，以人为强弱。自弱，虽华不能加强；自强，虽夷不能加弱"。如今"华夷之界已铲除"，不必措意。而且"势，无定者也。始既视夷太卑，终必视夷太高，至于视夷太高，而夷之视我且不值一映，将不留余地以处我矣！"①

夷夏大防松动，推崇西法也就顺理成章，宋恕1892年向李鸿章进献其所作《六字课斋卑议》时说道：

> 夫易服更制，一切从西，策之上也；参用西法，徐俟默移，策之中也；不肯变通，但责今实，策之下也。上者欲言而未敢，下者谐俗而羞言；兹所言者，皆不上不下，居策之中，视今日之政，则已为甚高，较西国之法，则犹未免卑，故命日"卑议"。②

"一切从西"以及"参用西法"之"西法"，显然已经不是枪炮制作所能含括，大有追随日本一路"骛外"而去之势。本质上还是因为时人逐渐意识到西洋今非昔比："往者中国之法与无法遇，故中国常有以自胜；今也彼亦以其法与吾法遇，而吾法乃

① 汤震：《夷势》，《近代中国对西方及列强认识资料汇编》第3辑第2分册，第513~514页。
② 《上李中堂书》（1892年5月30日），胡珠生编《宋恕集》，第503页。

颓堕蠹朽瞠乎其后也，则彼法日胜而吾法日消矣。"① 以至于连并不守旧的梁启超也曾戏言感慨："古人所恶者，离乎夷狄，而未合乎中国；今之所患者，离乎中国，而未合乎夷狄。"②

　　强弱的话语在讲究道德伦常、世道人心的中国传统之下，尚难一下子占据主流。黄庆澄 1893 年东游日本时，见到华商张某，"问东人交谊若何"，张某答云"三十年前，华人旅居者备乘优待，其遇见我国文人学士尤致敬尽礼，今则此风稍替矣"。又道"倭俗素质朴，未通商前人人安分守业，几乎道不拾遗；近则内地之人，尚有不失庐山真面目者，其口岸人口庞杂，俗渐浇诈，盗窃之事亦间有所闻"。黄氏由此感慨"世风不古，中外类然"，③ 还说"东人论学，动辄曰集万国之长。庆澄尝观其学校，途径之阔，诚未可厚非。然过于夸大，往往多似是而非语"。④

　　不过，黄氏的这些感慨与保留，只能与时代主流渐行渐远，尤其在发生甲午战争这样的"皇古以来未有之奇窘"之后。⑤ 虽然也有人担忧"人人读西书习西法为当务之急，是明明以中国世界忽变而为西国世界矣"，认为"见异思迁，莫此为甚"，⑥ 却抵不过越来越明显的强弱态势的压迫。汪康年等

---

① 《原强》，王栻主编《严复集》第 1 册，中华书局，1986，第 11~12 页。

② 新会梁启超：《论学校一：总论（变法通议三之一）（续）》，《时务报》第 6 册，1896 年 9 月 27 日，第 343 页。

③ 黄庆澄：《东游日记》，王晓秋标点，史鹏校订，岳麓书社，1985，第 323 页。

④ 黄庆澄：《东游日记》，第 341 页。

⑤ 匡庐居士：《中国为天下至富之国说》，《秦中书局汇报》第 9 册，1898 年 4 月。

⑥ 《论中西之学宜并取兼收》，《申报》1895 年 8 月 17 日，第 1 页。

发起成立中国公会，章程中即申明"本会应专讲求中国之所以贫弱、西国之所以富强，深思熟究，俾共明晓"。[①]

第二节　甲午战后强弱观念的升级
与夷夏之局的松动

光绪前期，伴随来自东西洋的强劲风潮，"世界"地域指称逐渐落实，且成为一种观念，被用来更加丰富生动地描述乃至思考一种新的中外局面。这一过程与国力强弱观念的深化升级不无关联。

中外对比的强弱观念产生于洋务运动初期。1867年李鸿章还在私下抱怨"中土大夫不深悉彼己强弱之故"。[②] 到1878年，起复不久的张树声进京觐见，在回答慈禧太后如何应对洋人时说"总贵我能自强，庶免彼族要挟"，而"自强之策，不外从前总署所陈海防六条"，并申论：

> 中国声明文物，高出万国之上，自强之道，除练兵、造船、简器数端外，原不必一一效法西人。然中国礼义政教奉行日久，事事皆成具文；西人富国强兵，精益求精，事事必求实际，此外国所以日强中国所以日弱也。[③]

---

① 《中国公会章程》，汪林茂编校《汪康年文集》上册，浙江古籍出版社，2011，第2页。

② 李鸿章：《复陈筱舫侍御》，《中国近代史资料丛刊·洋务运动》第3册，第591页。

③ 张树声：《戊寅年召对恭纪》，《中国近代史资料丛刊·洋务运动》第3册，第609页。

十余年的光阴，让中土大夫渐渐感受到强弱差别，同时又谨守就事论事的界限，限定在兵船数端，总体上依然保持堂堂华夏的优越感。此时仍然有士大夫"限于方域，囿于见闻，语及环球各国交通之通例、富强之本计，或鄙夷而不屑道"[①]。或许是有感于国际交涉的实例，或许是外人的言论刺激，走出国门的崔国因最有切肤之感。他于1891年说道："惟两强相遇，则有理者可以求伸；以弱遇强，虽有理而无益也。此谋国者之所以贵自强也。"[②]"有理而无益"乃是十分沉痛的几个字，显示出强力的不可抵挡。

强弱观念的升级深化，进而影响到国人对全局的思考，从而让"世界"更加充满紧张感，主要还是在甲午以后。马勇指出，甲午战后，国人的反应不是探讨战争失败的主客观原因与背景，而是企求一种根本解决方案，甚至觉得战败源于清政府几十年来基本国策的战略错误，批评洋务新政治标不治本，不足以从根本上解决中国的问题。[③] 注重实效的激越批判，根源则在于充分意识到强弱悬殊下的不利态势而试图有所改变。

战争刚刚结束，康有为即上书光绪称，"今之为治，当以开创之势治天下，不当以守成之势治天下；当以列国并立之势治天下，不当以一统垂裳之势治天下。盖开创则更新百度，守

---

① 崔国因：《出使美日秘日记》，胡贯中、刘发清点注，黄山书社，1988，第46页。

② 崔国因：《出使美日秘日记》，第259页。崔氏出使期间逐渐形成以强弱定优劣的思维，越来越感到自强的重要，日记中不止一次感慨"甚矣，立国之贵自强也"，甚至慨叹"当今之世，有理而无势，实不能以理屈人也"。见该书第366、390页等处。

③ 马勇：《甲午战败与中国精英阶层的激进与困厄》，李世涛主编《知识分子立场：激进与保守之间的动荡》，时代文艺出版社，2000，第106页。

成则率由旧章。列国并立则争雄角智，一统垂裳则拱手无为"，进而主张"万国所学，皆宜讲求"。① 这已经是战略性的大转变，远非过去的华夷体系所能梦见。梁启超1896年在《〈西学书目表〉序例》中明确说"国家欲自强，以多译西书为本，学子欲自立，以多读西书为功"，劝人对已有之约300种西书，"择其精要而读之，于世界蓄变之迹，国土迁异之原，可以粗有所闻矣"。② 在他看来，对于女子也该"使其人而知有万古，有五洲，与夫生人所以相处之道，万国所以弱强之理"。③ 1897年为《经世文新编》作序时又说"无器不变，亦无智不新，至今遂成一新世界焉"，称赞该书"多通达时务之言，其于化陋邦而为新国有旨哉"。④

同年，孙中山在与宫崎寅藏、平山周的谈话中说道：

> 方今世界文明日益增进，国皆自主，人尽独立，独我汉种每况愈下，滨于死亡。……呜呼！今举我国土之大，人民之众，而为俎上之肉，饿虎取而食之，以振其蛮力，雄视世界。……余为世界之一平民，而人道之拥护者，犹且不可恝然于此，况身生于其国土之中，尝直接而受其苦痛者哉！……余固信为支那苍生，为亚洲黄种，为世界人

---

① 《上清帝第二书》，姜义华、张荣华编校《康有为全集》第2集，中国人民大学出版社，2007，第37、42页。
② 新会梁启超：《〈西学书目表〉序例》，《时务报》第8册，1896年10月17日，第490页。
③ 新会梁启超：《论学校六：女学（变法通议三之六）（未完）》，《时务报》第23册，1897年4月12日，第2页。
④ 新会梁启超：《经世文新编序》，《时务报》第55册，1898年3月22日，第1~2页。

道，而兴起革命军，天必助之。①

这里展示的是一个变动不居、破旧立新而又充满弱肉强食危机
感的"世界"，已非地域指称所能尽意。虽革命与改良的旨趣
不同，人强我弱之下呼唤根本变革的思路却是一致。

　　1898 年，郑观应在《答邱凤源孝廉论盛世危言公法》中
写道："公法知难笔舌争，富均力敌始通行。只因律例分繁
简，遂使中西失重轻。化弱为强明理势，用彝治夏转升平。"②
中西既已失轻重，化弱为强就必须"用彝治夏"，取径已很显
然。他在《大舞台曲》中唱道"世界竞争大舞台，以优胜劣
霸图恢"；③ 在《乙未感事》中则感慨"世界循环若转轮，天
涯何处避嬴秦。鹰瞵虎视来欧种，蚕食鲸吞伺亚人"，"世界
如棋一局输，谁教边境祸堪虞"。④ 在在可见强弱之感。

　　激越如谭嗣同者，最能体现强烈反差。起初，他还颇为赞
同李大亮所说的"中国如本根，外夷如枝叶"，"天下之患，
不在外夷，在中国也"，不满于"今之谈者，以为患莫大乎外
夷，而荒中国之大计以殉之"。⑤ 在早年所作《治言》中，谭
氏还认为天地之主张毕竟是纲维，故"夷狄之富，不足以我

①　《与宫崎寅藏平山周的谈话》（1897 年 8 月中下旬），广东省社会科学院
　　历史研究室、中国社会科学院近代史研究所中华民国史研究室、中山大
　　学历史系孙中山研究室合编《孙中山全集》第 1 卷，中华书局，1981，
　　第 172~174 页。

②　《答邱凤源孝廉论盛世危言公法》，夏东元编《郑观应集》下册，第
　　1318 页。

③　《大舞台曲》，夏东元编《郑观应集》下册，第 1332 页。

④　《乙未感事》，夏东元编《郑观应集》下册，第 1360~1361 页。

⑤　《石菊影庐笔识·思篇》，蔡尚思、方行编《谭嗣同全集》（增订本），
　　第 145 页。

虚；夷狄之强，不足以我孤；夷狄之愤盈而暴兴，不足以我徂；夷狄之阴狡而亟肆，不足以我图"；后来则称该篇为"最少作"，"于中外是非得失，全未缕悉，妄率胸臆，务为尊己卑人一切迂疏虚骄之论，今知悔矣"。①富强的"夷狄"终于让他放弃了"尊己卑人"，甚至有感于中西强弱之此消彼长，宣称"夫华夏夷狄者，内外之词也，居乎内，即不得不谓外此者之为夷。苟平心论之，实我夷而彼犹不失为夏"，②说是走到反面似乎也并不为过。1898 年，他还对"洋务"之名深致不满：

> 自中外开通以后，因俗间呼海为洋，于是有洋务之名。凡一切来自他国者，与本国所有而少新颖者，悉以洋字冠之。浸淫既久，遂失其本义，而流为弹抵詈辱之名，其实了无所谓洋务，皆中国应办之实事。为抵御他国计在此，即不为他国，亦不能竟废此也。③

洋务运动从名到实都不能让谭氏感到满足，"为抵御他国计"与"中国应办之实事"渐有趋同之势，难舍难分，外因已经在内因里打下深深的烙印。此种认识，与甲午后强弱观念升级背景下"世界"话语的上升密不可分。

强弱的现实较量之下，具有文化和伦理判断的夷夏观念发生松动。在论说这一层时，地理的辨析还是重要方式，揭示出客观地理与观念认知的微妙关系。戊戌后，梁启超自陈"昔

---

① 《治言》，蔡尚思、方行编《谭嗣同全集》（增订本），第 231~236 页。
② 《上欧阳中鹄书》，蔡尚思、方行编《谭嗣同全集》（增订本），第 165 页。
③ 《壮飞楼治事十篇·治事篇第一·释名》，蔡尚思、方行编《谭嗣同全集》（增订本），第 435 页。

之梦梦然不知有大地，以中国为世界上独一无二之国者，今则忽然开目，憬然知中国以外，尚有如许多国，而顽陋倨傲之意见，可以顿释矣"。[①] 而旨在"启民智"的南学会的第一、二次讲义也以"世界以人为贵"和"世界之国只以数十计"为论述的出发点。[②] 可见，从"天下""万国"到"世界"的转变并不只是换了个名词而已。

正是这一时期，日本的"世界"意象再次通过报刊传递给中国而加强其地域指向。1897年11月《实学报》刊登译自《大阪朝日新闻》的两则短文《加奈陀之学校（矮氏谈话）》和《德国帆船》，前者说加奈陀教育发达，"屈指世界中文明之国，必日本乃得与之比肩，盖日本在世界为第一，加奈陀即在其次"；后者则有"世界之商船总数""今世界无比之巨舶"等语，[③] 充满排序比较的意味。12月则有译自《东京日日新报》的《世界之砂糖产出及消费数》和译自《东京日日新闻》的《本年世界之产金见积数》，[④] 则为世界范围的物产统计。次年，《菁华报》在"中外近事"栏目下刊登短文《世界最大煤矿》，[⑤] 同年《湘报》第138号转载该文，置于"各国新闻"

① 《戊戌政变记》，汤志钧、汤仁泽编《梁启超全集》第1集，中国人民大学出版社，2018，第501~502页。
② 《南学会第一、二次讲义》，吴振清、徐勇、王家祥编校整理《黄遵宪集》下卷，第404页。
③ 《加奈陀之学校（矮氏谈话）（译大阪朝日新闻）》《德国帆船（译大阪朝日新闻）》，《实学报》第9册，1897年11月。
④ 《世界之砂糖产出及消费数（译东京日日新报）》，《实学报》第10册，1897年12月；《本年世界之产金见积数（译东京日日新闻）》，《实学报》第11册，1897年12月。
⑤ 《中外近事·世界最大煤矿》，《菁华报》第2期，1898年，第11页。

条目下。《集成报》第 27 期"各国近事"栏目下出现《世界轮帆各船计数》一文，称"凡全地球之上，合海内外统计之，共得轮船总一万一千二百七十艘"，① "世界"与"全地球"之等量代换已经显然。再过一年，《湖北商务报》出现多条题名"世界"的物产统计或形势概览，其中既有译自日本者，也有自行组织者，有的范围囊括全球，有的只是全球范围内有数几个国家的统计。② 到世纪之交的 1900 年，《商务报》出现译自日本《实业报》的《世界各国棉花情况》一文，③《清议报》则有《世界铁路之增加》《世界产铜之数》《世界产酒数》等短文。④

　　具有东洋背景的统计语境中的"世界"以及"世界之最"，相对于之前偶一见之的"地球第一"和"世界之最"，有两个方面的推进：一是范围更加宽泛，除了枪船炮等有关战争胜负的器械，还有其他各种物产，甚至深入日常生活的细枝末节；二是统计的语境让高下的判断更有依据（虽然未必完全精确），而非之前笼统模糊的一时感慨。而各类统计中明显

---

① 《各国近事·世界轮帆各船计数》，《集成报》第 27 期，1898 年。

② 《商务表·世界产金额增加表》，《湖北商务报》第 26 期，1899 年；《世界海运进步之形（译时事新报，东十月）》《客年金产出额及其用途》，《湖北商务报》第 34 期，1899 年；《商务表·一千八百九十九年全世界各国产金清额表》，《湖北商务报》第 36 期，1899 年。该报第 17 期《译东报：世界象牙卖买（译大阪朝日新闻·东七月）》中有"日本素不产象，故人皆以象牙为不易得之物。然世界之广，我所绝无之物，彼或充滥于市场矣"及"西班牙国王掌握世界海运利权之时"之语。

③ 《商情·世界各国棉花情况》，《商务报》第 13 期，1900 年。

④ 《世界铁路之增加》，《清议报》第 36 期，1900 年；《世界产铜之数》，《清议报》第 50 期，1900 年；《世界产酒数》，《清议报》第 57 期，1900 年。

包含的比较和排列色彩，① 应当与列强并立局势下后发者争先恐后的意识不无关系。小而易变的日本尤其如此，大而稳定的中国终于也不得不如此。正是在此种背景下，"世界"的地域指称再次得到加强，基本完成其转变，此后这种用法逐渐普遍化。这也让"世界"这个看似客观的地域指称被注入紧张的比较意识。

"世界"话语的快速普及，凸显出如何看待国力强弱的分歧。早在甲午战前，广州广雅书院山长朱一新不满于康有为"炫于外夷一日之富强"而用夷变夏，认为"百工制器是艺也，非理也"，"今以艺之未极其精，而欲变吾制度以徇之，且变吾义理以徇之，何异救刖而牵其足，拯溺而入于渊"。② 后来，御史文悌在弹劾康有为的奏折中说："惟中国此日讲求西法，所贵使中国之人明西法，为中国用以强中国，非欲将中国一切典章文物废弃摧毁，全变西法，使中国之人默化潜移，尽为西洋之人，然后为强也。"③ 吏部主事王仁俊更明确地宣称："我中国以名教立国者也，强弱势也，因国弱而忘君父之伦，践土食毛者万不容作是想。"④ 他们都承认当下的"弱"，

---

① 桑兵就清末新政后学界的情况指出，近代以来，习惯于自我比较的中国人越来越放眼世界，观念上由反顾变为前瞻。清末新政虽未能缩小与世界的差距，但在进入世界体系的同时，增强了具体领域的可比度。进步人士在亡国灭种危机下，更加注重用世界眼光考察本民族的国际地位，以横向比较的强烈反差激励自我，警醒社会（桑兵：《晚清学堂学生与社会变迁》，学林出版社，1995，第 160~161 页）。这种比较在 19 世纪末已经出现，日本的影响十分显然。

② 《朱侍御答康有为第四书》，苏舆编《翼教丛编》，上海书店出版社，2002，第 10~11 页。

③ 《文仲恭侍御严劾康有为折》，苏舆编《翼教丛编》，第 30 页。

④ 《王干臣吏部〈实学平议〉》，苏舆编《翼教丛编》，第 30 页。

却并不认为已经到了生死攸关的地步。他们也不拒绝为了"强"而有所变革，却坚持制度义理、典章文物是不可触碰的底线。而观其用语，也都是"外夷""西洋"之类，全不类维新人士动辄"世界"。

叶德辉的意见或许更能触及根本。南学会第五次讲义明确表示"诸君既知地圆，便从此可破中外之见矣"，[①] 叶德辉显然不能接受，他在读了皮嘉祐所作《醒世歌》后，对其中"若把地球来参详，中国并不在中央""地球本是浑圆物，谁居中央谁四旁"等句表示不满，致函其父皮锡瑞，反驳道："无中外独无中西乎？"并质问："若以国之强弱、大小，定中外、夷夏之局，则春秋时周德衰矣，何以存天王之名？"[②] 他提出"中外华夷之界，不必以口舌争，亦不得以强弱论也"。[③] 在与友人的书信中，他又说道：

> 夫强邻逼处，势利之口亦乌足凭？甲申之役，法败而中胜，则中国进于文明；甲午之役，中溃而日兴，则中国沦于半教。驴鸣狗吠，讵日知时？蚕食鲸吞，无非肉弱。非我族类，仇视宜然。独怪今之谈时务者，若祖若父本中土之臣民，若子若孙皆神明之嫡脉，而亦幸灾乐祸，人云亦云，问之此心，天良胡在？[④]

---

① 《南学会讲义·论学者不当骄人——第五次讲义》，蔡尚思、方行编《谭嗣同全集》（增订本），第 401 页。

② 《叶吏部与南学会皮鹿门孝廉书》，苏舆编《翼教丛编》，第 167 页。

③ 《叶吏部〈非幼学通议〉》，苏舆编《翼教丛编》，第 136 页。

④ 《叶吏部答友人书》，苏舆编《翼教丛编》，第 175 页。

已有论者指出，这充分体现叶德辉对甲午战后国人对战争的反思更倾向于赞扬日本而不是谴责日本的愤激，根源则是不赞成以战争之胜负来分别先进与否的强力逻辑。① 罗志田指出正是这种以强弱分夷夏的认知，造成后来一些中国人自认野蛮，其中不无西潮的影响。②

自认野蛮不代表自甘野蛮，终究还是想要变得强大以至文明。罗志田认为，时务学堂时期的梁启超于《读〈孟子〉界说》中提及西人"进种改良"之说，学堂学生易鼐撰写被叶德辉称为"迎合长官"的《中国以弱为强论》，③ 提出合种通教的建议，是早期中国人解决"进入世界"的设想。④ 叶德辉对此极为敏感，认为合种、通教诸说乃康梁之大谬，较之民权、平等、改制等尤甚，"此等异端邪说，实有害于风俗人心，苟非博观彼新旧之书，不知康、梁用心之所在"。⑤

大约同时，唐才常在《通种说》中主张与欧洲人通婚以改良中国人种，"人之必合种而后善者，乃天然之理也"。他列出种种理由论述道：

---

① 张晶萍：《守望斯文：叶德辉的生命历程和思想世界》，中国社会科学出版社，2011，第86~87页。

② 罗志田：《再造文明之梦——胡适传》，四川人民出版社，1995，第24页。

③ 在给皮锡瑞的信中，叶德辉认为该文"所论并非出于本心，乃袭《时务》议论中之残唾，参以癸巳年《申报》宋存礼所上合肥相国书，识者当鄙其学之陋，不当讶其论之新"（《叶吏部与南学会皮鹿门孝廉书》，苏舆编《翼教丛编》，第168页）。宋存礼即宋恕。

④ 罗志田：《理想与现实：清季民初世界主义与民族主义的关联互动》，《近代读书人的思想世界与治学取向》，北京大学出版社，2009，第57~58页。罗志田已经注意到"世界"的外在性，即实际上是西方所主导的体系，中国并不在其中，所以才需要进入其中。

⑤ 《叶吏部与俞恪士观察书》，苏舆编《翼教丛编》，第177页。

佛家之理，虽云一世界有一佛主化，及云众生是佛，佛即是众生；……夫星球恒河天，尚将以灵魂通之，而岂同堕尘球之躯壳，必界中外、严种族，始自怙其骄悍之习矣。……地学家谓世界生人，至今不过五千年，与孟子所谓尧舜之时，草木畅茂，禽兽繁殖者吻合。……夫人世界之有，不过五千余年，而其中之由简而繁，由粗而精，而蛮野而文明者，已若是之纷纭蕃变，不可遏抑。则又安能谓西人之制作度数后于中国，必不足以陵驾中国，而铲吾种类耶？……今夫世俗之子，荣古而虐今，贵耳而贱目，尊旧而卑新，比比然矣。西人则以新学、新国、新世界相夸耀，而鄙吾支那为旧国，为老国，为天弃之国。①

该文的主张，较梁启超、易鼐的说法更加细致明确，尤需注意的是其中形形色色的"世界"，佛教、西人因素俱在，且与"新"的关联甚紧。实际上，佛教"世界"各自独立和层层分际的灵活性，使其在近代的转变运用灵活自如。此外，唐氏在《命使根原》中也是很轻松地从"佛家言大地山河了了到眼，又有三千世界，恒河沙数世界，每世界一佛主之"转换到"吾华世界"述说中国的。②

在《通种说》的姊妹篇《强种说》中，唐氏最后总结说："然吾为中国画强种之策，则仍有望于命世之英，先举以上所言之番俗，荡涤而澌除之，以存于世界日进文明之会。"并特

---

① 《通种说》，中华书局编辑部编《唐才常集》（增订本），刘泱泱审订，中华书局，2013，第222~226页。

② 《使学要言·命使根原》，《唐才常集》（增订本），第135页。

意说明"世界日进文明，举全球大段言，不以中国不文明而
阻其运也。苟中国至此而犹不文明，则自速其种之亡耳"，①
大有"世界"前进不我待的紧迫感。在一些人看来，"世界日
进文明"，中国必须赶紧参与以免被"全球之大段"甩下，这
才是最大的时代主题。

　　由此，对于甲午战争的敌人日本，赞扬比谴责更有意义。
后来杨度甚至认为"外界之风潮不急，则内界之团力不生"，
所以中国之获得新生，"萌于甲午一役"，中日之邦交，甲午
之后反而更密切，就是因为"白人之势力弥漫全球，我黄人
不能不相提携、相结合，以与争竞而求自立之道"。②这正是强
弱主导下华夷之辨荡然无存的表现。

　　杨度此说并非孤立。1898 年 4 月 28 日《申报》刊登的
《兴亚论》，便有鉴于"日本维新变法以后，格物制造灿然更
新，得列于泰西平等之国"，主张国人集中心力"近效日本以
为兴亚之机，并当连结日本以成兴亚之局"，以求在"地球之
变局，即地球之开运"的情况下实现"环球世界为吾黄种成
一统之治"。③日本经过维新变法，"得列泰西平等之国"，言
下之意，在"环球世界"中，中国尚未与泰西平等。稍早之
前，南学会的讲义中描述暹罗地位之升降，也具有这种等级
观念，称其国"昔薛叔耘《钦使日记》中，已称为宇内第三
等国，今其国君游历泰西各国，共倡实学，各国爱之重之，

---

①　《强种说》，《唐才常集》（增订本），第 228 页。
②　《支那教育问题》，刘晴波主编《杨度集》，湖南人民出版社，1986，第
　　52 页。
③　《兴亚论》，《申报》1898 年 4 月 28 日，第 9 页。

国势由此更见兴盛,且将升为第二等国矣"。① 指出游历泰
西,共倡实学,还需各国爱之重之,才能升等,可见中国、
日本、泰西俨然变局中的地球上的三个层次,在那个充满竞
争的"环球世界"中,以西为师、悬西为的,是改变地位的
不二法门,日本已经做出榜样,如暹罗者境况也在改变,中
国亦当如此。

1900 年,梁启超为中国之积弱追根溯源,原因之一为
"自数千年来,同处于一小天下之中,视吾国之外,无他国
焉",由此生出二弊,"一则骄傲而不愿与他国交通,二则怯
懦而不欲与他国争竞",在"今日交通自由竞争最烈之世界"
中,必然无法维系,而须有所改变,② 进而鼓舞国人积极交
通,勇于争竞。国人有此认识,先行一步的日本人更是警惕非
常。同年《清议报》以《中国人种侵略世界》为题刊登译自
竹越与三郎著《支那论》第四编,该文主旨在于说明中国人
乃是"世界最易繁殖之人种也","今日欧洲之文明,徐输入
中国","彼等直追白皙人种之迹,而发起膨胀于世界"。译者
在文末表示"阅者读此篇亦可窥外人妒中国之一斑矣。吾人
有此绝大招忌之物,惹外人之凶暴压力",激励国人"振奋自
保"。③ 强弱观念之下等级分明,意识紧张,"世界"并不单
纯,也并不安宁。

---

① 《南学会讲义·论中国情形危急——第一次讲义》,蔡尚思、方行编《谭
嗣同全集》(增订本),第 398 页。
② 新会梁启超任公:《积弱溯源论(未完)》,《清议报》第 77 册,1901
年 4 月 29 日,第 4883 页。
③ 〔日〕竹越与三郎:《中国人种侵略世界》,《清议报》第 40 册,1900 年
3 月 31 日,第 2598~2600 页。

第三节　"世界"的主观认定和自由伸缩

强弱相形的大背景下，"世界"并不是一个单纯的地域指称，而是充满争竞色彩，关涉中国在其中的安放和对未来的展望。最有意思的是，这个看似包含广泛的"世界"并非一定指称全球，而带有极强的主观认定和自由伸缩的特征，是否在"世界"之内，还需视具体情况而定。这个"世界"常常并不包含中国，中国自外于"世界"，中国与"世界"的两分，就此产生。这也是今日习见的"走向世界""中国与世界"等观念的根源所在。

1899 年，梁启超在《论支那宗教改革》中将康有为的哲学分为二端："一曰关于支那者，二曰关于世界者是也。"他先只论其一"关于支那者"，"关于世界者"则留待他日，[1] 中国与"世界"两分已见端倪。此种两分，更多是思维方式上的分别看待，并非事实上的截然无关。实际上，梁氏相当注意二者的联系，认为中国乃"今日世界之大问题，为万国之所注目者"。[2] 在《答客难》中，他先比较"世界主义"与"国家主义"的差别：前者"无义战，非攻""属于理想""属于将来"，后者"尚武敌忾""属于事实""属于现在"，接着指出"吾中国人之国家主义，则虽谓之世界主义可也"，理由是"今日世界之事，无有大于中国之强弱兴亡者。天下万国大政

① 梁启超：《论支那宗教改革》，《清议报》第 19 册，1899 年 6 月 28 日，第 1 页。
② 任公：《论支那独立之实力与日本东方政策》，《清议报》第 26 册，1899 年 9 月 5 日，第 5 页。

治家所来往于胸中之第一大问题，即支那问题是也。故支那问题，即不啻世界问题；支那人言国家主义，即不啻言世界主义"。①

"世界"与"国"紧密相连，透露出一个重大转变。中国本是以文化相尚，文化优先于政治，文野之判压倒强弱之别，国家在文化面前甚至是第二位的事情。近代以后"世界"话语兴起的同时，作为强弱单位的"国"的概念凸显，从而习惯于以物质的、经济的、政治的标准来分别文野，区分先进后进。王赓武指出，辛亥革命之后，"国家"的观念逐渐加强，文化的意识被冲淡，国家成了时代的主题，即便是讲文化也是从国家强弱存亡的角度来讲，国家成了文化的基准。② 许纪霖亦注意到"到了近代，超越的天下价值祛魅，国家理性成为最高原则"。③ 这与"世界"话语的快速上升和充分渲染不无关联，其趋势早就萌发于 19 世纪末期，甲午之战不无推助之功。④ 照后来陈独秀的追述，他是到甲午海战被日本打败，到庚子年八国联军入侵，"才晓得，世界上的人，原来是分做一国一国的，此疆彼界，各不相下。我们中国，也是世界万国中

① 任公：《答客难》，《清议报》第 33 册，1899 年 12 月 23 日，第 3 页。
② 王赓武：《离乡别土——境外看中华》，台北，"中央研究院"历史语言研究所，2007，第 39~40 页。
③ 许纪霖：《现代中国的家国天下与自我认同》，《复旦学报》2015 年第 5 期。
④ 陈廷湘发现，甲午战后的近二十年，中国有识之士对外部世界的见解发生了根本性变化，古代天下观已经大体消退无余，几乎完全为世界竞争进化观所取代，国家意识达到空间的高度。他们将人类世界视为遵循森林原则的天然竞技场，并就此将中国的危机意识推向极致，完全进入世界各国相互竞争的新图式，并就此图式鸟瞰中国的态势（陈廷湘、周鼎：《天下·世界·国家：近代中国对外观念演变史论》，"前言"第 2 页，第 182、190 页）。

之一国，我也是中国之一人"。① 1898 年有人在《中国官音白话报》上"论人在世界上共有五种事体"，其中一项即为"于地方国家有关系"。② 梁启超在 1900 年的《呵旁观者文》中宣称："人也者，对于一家而有一家之责任，对于一国而有一国之责任，对于世界而有世界之责任。一家之人各各自放弃其责任，则家必落；一国之人各各自放弃其责任，则国必亡；全世界人人各各自放弃其责任，则世界必毁。"并批评旁观者中的浑沌派"不知有所谓世界，不知有所谓国"。③

不论是强调在"世界"眼光下思考国家事务，还是注目于由国家构成的"世界"，都内在地决定了"世界"以及"世界形势"的主要内容。所谓"世界形势"，往往无非各国之实力与彼此之关系，尤其是国际竞争关系。1899 年《亚东时报》译自《东京日日新闻》的《论近日世界形势》重在说明"有事之日，列国以军火相争，无事之日，列国以工商相争。而见其影响与大势变迁者，商战甚于兵战"。④ 而同年《申报》的《论日本商务》中，"世界大势"主要是指英日等国在国际贸易方面的消长。⑤

进入 20 世纪之后，"国"与"世界"的联系更加紧密，竞争意识更浓。1901 年 10 月《南洋七日报》刊登"论说"《论世界上之一国》，文如其题，开篇便指出："合千万民而成

① 《说国家》（1904 年 6 月 14 日），任建树、张统模、吴信忠编《陈独秀著作选》第 1 卷，上海人民出版社，1993，第 55 页。
② 《论人在世界上共有五种事体》，《中国官音白话报》第 12 期，1898 年。
③ 任公：《呵旁观者文》，《清议报》第 36 册，1900 年 2 月 20 日，第 2313、2315 页。
④ 《论近日世界形势（录东京日日新闻）》，《亚东时报》第 12 期，1899 年。
⑤ 《论日本商务》，《申报》1899 年 10 月 24 日，第 1 页。

一国，则一国即千万民相和之共积也；合千万国而成世界，则世界即千万国相和之共积也。"将国与世界相联系，并以国观世界，认为国中有一人驾驭千万民，世界中也有一国驾驭千万国。接着又从历史说起，"洪荒之世界，无所谓民也，无所谓国也"，也就没有竞争之事，后来国家出现，彼此之间分分合合，为"中古以降之世界"。"至于近世，殆步步与中古以上合，又推而至于其后，数愈散理愈繁，世界上几有不堪设想者，而欲其仍结千万民千万国成一大团体，恐不可得。盖至首末两端相会于一点，即无所谓世界之说也。"① 言下之意，无国不成世界，无国家间之竞争亦不成世界。

激烈竞争的落脚点，还是本国的存亡与安危。1900 年，《清议报》刊登添田寿一所著《清国与世界之安危》，认为外交重于内政，"盖内政有时可改革，而外交则一误难挽，悔莫可追"。并指出中国已经继土耳其之后成为"世界外交中心点"，"夫保全清国者，非特为同种同文之人与东洋之平和而已，抑亦人类之幸福，关系世界将来之最大问题也。故谓支那之安危即世界之安危亦无不可"。② 中日两国重视外交，又都以中国为世界之焦点，颇可见时人之关切。

1901 年，梁启超在《中国史叙论》第八节"时代之区分"中提出了著名的三时代论，以上世史为"中国之中国"时代，"即中国民族自发达、自竞争、自团结之时代也"；以中世史为"亚洲之中国"时代，"即中国民族与亚洲各民族交涉繁赜，竞争最烈之时代也"；以近世史为"世界之中国"时

---

① 《论世界上之一国》，《南洋七日报》第 4 期，1901 年 10 月 6 日。
② 〔日〕添田寿一：《清国与世界之安危》，《清议报》第 35 册，1900 年 2 月 10 日，第 2267、2272 页。

代，"即中国民族合同全亚洲民族，与西人交涉竞争之时代也"。[①] 由此，梁启超为李鸿章作传时说道"李鸿章有生以来，实为中国与世界始有关系之时代，亦为中国与世界交涉最艰之时代"。不管是感慨李鸿章之外交术"在中国诚为第一流"，"置之世界，则瞠乎其后"，还是推崇其不仅为"数千年中国历史上一人物"，更堪称"十九世纪世界史上一人物"，[②] 均为此种思路之体现，且又暗示"世界"在中国之上。

同年，梁启超回忆《清议报》的历史并论报馆之责任，认为"清议报时代，实为中国与世界最有关系之时代"，所以"请先言中国"，"请更言世界"，分别从中国和世界两个角度分述中外重大史事。最后总结"二十世纪世界之大问题有三"："一为处分中国之问题，二为扩张民权之问题，三为调和经济革命（因贫富不均所起之革命日本人译为经济革命）之问题。其第一题各国直接于中国者也。其第二题中国所自当从事者也。其第三题各国间接于中国，而亦中国所自当从事者也。"此三大问题，虽名曰"世界"，实则中国存亡进退之大事，而又与各国关系密切者，各国直接间接的作用，都成为"中国所自当从事"的依据。在"世界之中国"的时代，中国与西人交涉竞争，中西分立，而西人又是"世界"的主导。中国与"世界"，就这样暧昧不明，似分未分，一而二，二而一。在此，梁氏还提出：

---

① 任公：《中国史叙论（续完）》，《清议报》第 91 册，1901 年 9 月 13 日，第 3~4 页。

② 《中国四十年来大事记》（即《李鸿章传》），汤志钧、汤仁泽编《梁启超全集》第 2 集，第 395、440、450~451 页。

> 有一人之报，有一党之报，有一国之报，有世界之报。以一人或一公司之利益为目的者，一人之报也；以一党之利益为目的者，一党之报也；以国民之利益为目的者，一国之报也；以全世界人类之利益为目的者，世界之报也。中国昔虽有一人报，而无一党报、一国报、世界报。日本今有一人报、一党报、一国报，而无世界报。若前之《时务报》《知新报》者，殆脱一人报之范围，而进入于一党报之范围也。

并祝愿《清议报》"全脱离一党报之范围，而进入于一国报之范围，且更努力渐进以达于世界报之范围"。① 不难看出，所谓世界报并不只是客观上涵盖全球，也带有一种后来所谓世界主义的价值取向。"世界"作为更高的存在，与党、国构成递进关系。

梁启超"世界之中国"的提法在当时并非绝响。稍后，黄节（署名黄纯熙）旗帜鲜明地提出"世界之国家主义"，所谓"团国家而成一世界之国家"。在他看来，"世界之竞争也，其始必优胜而劣败，强存而弱亡，迨夫文明进于极点，则优者既胜而使劣者俱优，强者既存而使弱者俱强"，以竞争而进于无争，即是"世界之国家结果"。因此特别指出其所谓"世界之国家"不同于"宗教家言天国、言大同、言一切众生，所谓博爱主义、世界主义者"。因为"求个人之平等，不如求个国之平等"，而"求个国之平等，则宜造乎不平等之国家，欲

---

① 　任公：《本馆第一百册祝辞并论报馆之责任及本馆之经历》，《清议报》第100册，1901年12月21日，第1~8页。

造乎不平等之国家，则宜造吾世界之国家"。①

"世界之中国"以及"世界之国家主义"的"世界"似乎有一种形容词的意味，这在当时的中日两国十分普遍。1902年，日英联盟成立，日本人就此论述所谓"世界的外交主义"称：

今日之国家，以外交手段为优胜劣败之中心点，今日之外交手段，以世界的外交主义为优胜券。故国于世界者，必不可无世界的外交。我日本之利害的关系区域，原未弥蔓于世界，然既与世界的英国缔造同盟，岂可仅注意于极东一局，不四顾全球，细察其对手国之情势，以与白种鏖战于二十世纪运动场乎？

该文所谓"世界的外交主义"是伴随"民族帝国主义"而发生的，当说到斯拉夫人有"世界主义之特质，不能自我满足于小天地"时，其"世界主义"明显为对外之扩张。② 蔡元培也认为日英联盟之成立"当为世界主义之发端，而黄白二种激剧之竞争且由是而潜化"，同时激励国人"破黄白之级，通欧亚之邮，以世界主义扩民族主义之狭见"。③ 蒋智由在爱国女学校开学演讲中所提出的由身家主义、国家主义

---

① 黄纯熙：《世界之国家主义》，邓实辑《光绪癸卯政艺丛书》，沈云龙主编《近代中国史料丛刊续编》第 28 辑，台北，文海出版社，1976，第 104~108 页。

② 《世界的外交（日本新闻）》，《游学译编》第 2 册，1902 年 12 月。

③ 《日英联盟》（1902 年 3 月 13 日），高平叔编《蔡元培全集》第 1 卷，中华书局，1984，第 160~161 页。

"放而大之"而成的"世界主义"则体现人类平等的期望。①

可见，早期的"世界主义"即是在此意义上的一种松散结合，并未凝固成后来的内涵。大体而论，讲西方列强时，重在指出其世界范围内的军事和经济扩张，带有殖民主义的意味，多就已有之事实而言，其中不无日本人的影响；讲中国时，则重在呼吁积极进行对外交往，参与世界活动，或是表达天下大同、各国平等的愿望，多就将来之理想而言。这既有中日两国理想信念的差异，又都反映了"世界"的主观认定性，折射出曾经的泱泱大国在弱势之下的窘境。

非但中国与"世界"若即若离，同一思路下，美国和日本也常常出入于那个竞争的"世界"。在《论帝国主义之发达及二十世纪世界之前途》中，作者指出美国原本信守共和不侵略主义，近年来却"吞古巴，并夏威，败西班牙，服小吕宋"，抛弃华盛顿开国之祖法，"以与列强竞争于世界舞台之上"。② 而作为"世界后起之秀，而东方先进之雄"的日本，③更是"甲午战胜以后"，才"赫然列于世界大国之林"的。④由此可见日本在时人中的影响。黄炎培晚年追忆其在南洋公学特班就读时蔡元培之教学情况称：

师之言曰：今后学人须具有世界知识，世界日在进

① 蒋智由：《爱国女学校开学演说》，朱有瓛主编《中国近代学制史料》第2辑下册，华东师范大学出版社，1989，第614页。

② 《论帝国主义之发达及二十世纪世界之前途》，张枬、王忍之编《辛亥革命前十年间时论选集》第1卷上册，三联书店，1977，第55页。

③ 《论民族竞争之大势》，汤志钧、汤仁泽编《梁启超全集》第2集，第705页。

④ 《英日同盟论》，汤志钧、汤仁泽编《梁启超全集》第2集，第687页。

化，事物日在发明，学说日新月异，读欧文书价贵，非一般人之力所克胜。日本移译西书至富，而书价贱，能读日文书，则无异于能遍读世界新书……犹忆第一次辩论题为"世界进化，道德随而增进乎？抑否乎？"……斯时吾师之教人，其主旨何在乎？盖在启发青年求知欲，使广其吸收，由小己观念进之于国家，而招之为世界。①

虽为日后之追记，但从行文看，颇能反映当时情况。无疑，所谓"世界知识"，乃是西洋新知，西洋是根源，日本为学生中的先进，中国则尚在其后。1902 年 3 月 15 日，蔡元培起草《师范学会章程》，以"保持我国固有之文明，而吸采世界新出之理论，以为荣养之资，冀达粹美之域"为宗旨，② 同样也是置中国于"世界"之外而学习吸收其新知。

无独有偶，杨度为"世界竞争之中心点"的中国所设计的蓝图便是"一跃而与日本齐，再跃而于西洋各国齐，由此而追他日之日本，他日之西洋，长此焉以至于无穷"，要"一洗数千年之昏暗，而为民族历史生未有之光荣，于世界历史占最优之地位"，就必须"考求他国文明所自来，而发起歆慕之心、嫉妒之心，以与争荣于二十世纪之文明史"。③ 三阶级分明如是，"世界"场景的外在感和中国道路的外来性如是。此诚如梁启超所言"今者中国改革之动力，非发自内而发自

————————

① 《黄炎培记蔡元培先生教学情况》，朱有瓛主编《中国近代学制史料》第 1 辑下册，第 537~538 页。

② 高平叔撰著《蔡元培年谱长编》上册，人民教育出版社，1996，第 234 页。

③ 杨度：《〈游学译编〉叙》，《游学译编》第 1 册，1902 年 11 月。

外",乃"哥伦布开辟新陆以来,麦志伦周航全球以后,世界之风潮,由西而东,愈接愈厉"的结果。① 面对"世界风潮之所簸荡、所冲激,已能使得吾国一变其数千年来之旧状"。梁启超甚至感到振奋,称"进步乎,进步乎,当在今日矣"。② 甚至清廷高级官员亦如是说。1902 年,出使英国的载振途经日本期间,在中国公馆的学生欢迎会上演说"为学大旨"即称"世界之变迁到今日而极,凡中国从前所谓训故词章,各种旧学皆无所用于世"。③

同年,"热心东亚,生平宗旨一以拯救同种,普渡男女为己任"的日本女教育家下田歌子在华族女学校演说,自称其家"数世皆通汉学",故其少时,只从事于中国经籍子史之学,长而游学西洋,方"得识文明之教化",后"因世界大势相迫日甚,恨国中女学不昌,终不能成一国完全之教育,故极力提倡"。④ 与之极为相似的是,梁启超在评论南洋公学学生退学事件时也说,若学生"终无半点国民思想",便是"今日世界摩激之风潮,固不许尔尔;今日我国民进步之程度,固不许尔尔"。⑤ 前者是自外于"世界",去西洋才得见文明,因"世界大势"之逼迫而奋力前进;后者也是置身"世界"之外,以"世界摩激之风潮"为前进的推动力,可谓异曲同工。

---

① 中国之新民:《敬告当道者》,《新民丛报》第 18 号,1902 年 10 月 16 日。
② 中国之新民:《新民说:论进步(未完)》,《新民丛报》第 10 号,1902 年 6 月 20 日。
③ 载振:《英轺日记》卷 12,清光绪铅印本,1902,第 7~8 页。
④ 《寄书》,《大陆》第 1 期,1902 年 12 月 9 日。
⑤ 梁启超:《南洋公学学生退学事件》,《新民丛报》第 21 号,1902 年 11 月 30 日。

并非巧合，空间维度的"世界"可伸可缩的强烈主观认定色彩，还数日本人有贺长雄说得最为明确。他在《世界大势通观》中先说"夫人游于海外，当始归时，必云有一种之感触曰：无他，世界大势，滔滔乎进于一定之方向，能乘之者盛，后之者衰"。然后就所谓"世界大势"特别辨析："世人动辄云世界万国，故如地球上有无数邦家"，"此四十六国，即为现在之世界生活者，视察其情势，得通观世界之大势矣"。这里明确"世界大势"的重心所在，"世界"的范围随之松动，客观中生出许多主观。接下来，又将诸国分为三种，其一是社会生活发达而未为国家生活者，如朝鲜、暹罗、波斯、阿富汗等，虽然也算是国家，但是基于种族而成立，对外则不能平等相待；其二是为国家生活而未入国际团结者，如南美二十共和国、欧洲诸小文明国等，对内则以国家意识相凝聚，对外则平等相待；其三是既成国际团结之形者，如英、法、德、俄等国，从互相保护彼此人民往来和通商贸易自由，到联合而成一个团体。三者之实力及文明程度递增。字里行间，并不掩饰对第三类的向往。在文章最后更说道，日本虽已进入第二阶段，但若"不与世界激烈竞争，又不注意此竞争之结果"，则难免不为"世界大势"所容，还是要从第二状态进至第三状态，这才是真正的"世界"。①

"世界"的自由伸缩，除了与中国的分分合合外，还体现在可以根据语境指称和分别不同的地方。早在 1879 年，由津田仙、柳泽信大、大井镰吉同译的《英华和译字典》中，"world"义项之下就特意将 the old world 解释为旧地，即亚西

——————————

① 〔日〕有贺长雄：《世界大势通观》，《政学报》第 2 期，1902 年 4 月。

亚、欧罗巴及亚非利加,将 the new world 解释为亚美利加。①
后来 1883 年的《订增英华字典》和 1886 年的《英和和英字
汇大全》均延续此种分别。② 梁启超 1899 年在文章中特意说
明"前者哥仑布之开美洲,谓为新世界";③ 1902 年在《论民
族竞争之大势》的注释中说"欧人常称西半球为新世界",④
同年在解释其文中"旧世界与新世界之通商渐盛"一语时,
又特意注明旧世界指欧洲,新世界指美洲,⑤ 范围略有差别。
"新世界"除了抽象笼统的指称,还有美洲这一实指,并与
"旧地""旧世界"相对。⑥ 这种情况既是以"世界"传统用
法的灵活为基础,又与日本的影响紧密相关,从而展现出新的
形象。

小　结

　　空间维度的"世界"并非客观静止,而是主观认定的,

---

① 　中村敬宇校正、津田仙・柳澤信大・大井鎌吉同訳『英華和譯字典』山
　　内輔、1879 年、第 1686 頁。

② 　羅布存德原著、井上哲次郎訂増『訂増英華字典』、第 1202 頁;市川義夫
　　編訳、鳩田三郎校訂、河原英吉校字『英和和英字彙大全』如雲閣藏版、
　　1886 年、第 745 頁。

③ 　哀时客:《论近世国民竞争之大势及中国之前途》,《清议报》第 30 册,
　　1899 年 10 月 15 日, 第 2 页。

④ 　中国之新民:《论民族竞争之大势(续第二号)》,《新民丛报》第 3 号,
　　1902 年 3 月 10 日。

⑤ 　中国之新民:《生计学学说沿革小史(未完)》,《新民丛报》第 9 号,
　　1902 年 6 月 6 日。

⑥ 　有时"新世界"就是新地点,没有明确的指向,如《萃报》1897 年第
　　13 期"中事新闻"栏目下录自《国闻日报》的《觅新世界》一文。这
　　种用法体现出传统用法的延续。

是可以自由伸缩的，且有新旧之别，充满竞争的紧张之感。不同的语境下，中国常常出入其中，透露出面向世界、走向世界的设计和努力。早在 1901 年，梁启超曾借赞扬诸葛亮提出"世界外之世界"的概念："于群雄扰攘四海鼎沸之顷，泊然置其一身于世界外之世界，而放炯眼以照世界，知自己之为何人，知世界之为何状，己与世界有如何之关系，知己在世界当处如何之位置。"并说"寻常人能入世界而不能出；高流者能出世界而不能入；最高流者，既入之，复出之，既出之，复入之，即出即入，非出非入"。① 所论不无见地。只是后来的历史恰恰表明，近代中国在很长的时间内扮演着"能入世界而不能出"的寻常者。之所以能入而不能出，实是因为国人充分意识到那个与自己若即若离的"世界"的紧张性。甲午战败的强烈震动，激发出前所未有的强弱相形下的危机感，促使充满紧张意象的"世界"渐渐汇聚成浩浩荡荡、势不可挡的潮流，描绘出国人焦虑与希望并存的心理图景。"世界"近代含义的基本面貌就此完全显现。

---

① 　梁启超：《世界外之世界》，《清议报》第 100 册，1901 年 12 月 21 日，第 5 页。

第四章　时空交融：1900 年前后国人的
"世界"想象与"世纪"情结

　　关于"世界"近代含义的转化并展示多重样态的具体时间节点，金观涛、刘青峰注意到，"世界"的使用频率从1895 年前后开始快速上升，1899 年首次超过"万国"，大约同时，"世纪"一词开始被用作百年单位。他们还指出，"世界"所指涉的社会组织蓝图常常注重进化和进化机制。"世界"将随时间而进化的观念注入"去中心化"的万国观中，使一个表达世界在本质上是时间性的新词——"世纪"被广泛使用。[①] 这一观察不但提示了"世界"的时间性及其意义，而且敏锐地注意到"世界"与"世纪"的关联。[②] 进一

---

① 金观涛、刘青峰：《从"天下"、"万国"到"世界"——兼谈中国民族主义的起源》，《观念史研究：中国现代重要政治术语的形成》，第 226~251 页。

② 闾小波集中探讨了梁启超对"世纪"观念的运用，揭示了这种运用中寄托的梁氏对世纪之交的中国更好地走向世界的预期。严昌洪大致勾勒了中国"世纪"概念的日本渊源，高度概括了 19、20 世纪之交中国人对于新世纪的关注以及对今后世界和中国历史走向的分析。王鸿的成果更为集中地探讨了晚清士人的"二十世纪"意识，将"二十世纪"看作晚清思想界风靡一时的概念，揭示了其输入晚清思想界的知识历程及其与"十九世纪史"的关系，探索了这种前所未有的"世纪"交替的时间感造成的时人在中国现实和欧洲历史之间的徘徊。分别参见闾小波《梁启超的世纪情怀》，《二十一世纪》1999年 2 月号；严昌洪：《世纪的觉醒——上世纪之交中国人对 20 世纪的认知》，《华中师范大学学报》2001 年第 5 期；王鸿：《时间与历史：晚清士人的"二十世纪"意识》，《人文杂志》2019 年第 8 期。

步追问的话，"世界"与"世纪"勾连的详情与表现如何、意义何在，"世界"超越固有的"天下""万国"等词语恰恰在 19、20 世纪之交，是巧合还是另有缘由，均需进一步细致梳理。

第一节　"世界"与"世纪"

按照公元纪年，1900 年是一个跨世纪的年份。对于习惯了帝王和干支纪年的中国人来说，则是于此前后在观念上第一次遇到"世纪"。"世纪"一词在中文里原指帝王纪年或朝代变迁。直到 1897 年，《利济学堂报》所刊《利济教经》的"世纪章第十六"还是此种用法。① 而同年，梁启超已经开始了新的用法，其言曰："西人以耶稣纪年，自一千八百年至九百年谓之十九世纪，凡欧洲一切新政皆于此百年内浡兴，故百年内之史最可观。"② 既对"世纪"加以明确界定，也对最近百年做出充分肯定。1898 年的《〈清议报〉叙例》中，梁启超称英、法、奥、德、意、日等国为"十九世纪之雄国"，认为有谭嗣同等志士为变法流血救国于危亡，则"安知二十世纪之支那，必不如十九世纪之俄、英、德、法、日本、奥、意乎哉？"再次在百年时间单位的意义上使用"世纪"。该文开篇即称"挽近百余年间，世界社会，日进文明，

① 《利济教经》，《利济学堂报》第 1 期，1897 年。
② 新会梁启超：《论学校七：译书（变法通义三之七）（未完）》，《时务报》第 27 册，1897 年 5 月 22 日，第 5 页。

有不可抑遏之势",① 虽无"世纪"之名，但以百年为时间单位的意识以及对最近百年的赞颂相当明显，并奠定了全文的基调。可以说，近代意义的"世纪"，一开始就体现出明显的线性时间观和后胜于前的思维定式，以及落后之中国在此时间序列中奋起直追的希冀与期待。"世纪"观念在试图"走向世界"的近代中国，深刻影响着国人的时空观和历史观。

时间指向是"世界"与"世纪"联系的内在因素。佛典中的"世界"原本就兼具时空维度，所谓"世为迁流，界为方位"② "世谓同居天地之间，界谓各有彼此之别"③，这种时空双重属性在近代得到延续。1893 年 7 月 24 日，《申报》刊登名为《不成世界》的短文，指控上海英租界花烟馆林立，浮靡堕落，很快引起反应。7 月 26 日，对"不成世界一语大有怅触"的某人以《世界说》为题来稿专门论述"世界"，认为"夫上下相承谓之世，壤地相别谓之界，世以时言，界以地言，时因地为转移，地因时为变迁，故世界二字合而不分。言世界者，莫盛于释家，言乎小，则以一粒粟中可藏世界，言

① 《横滨〈清议报〉叙例》，《清议报》第 1 册，1898 年 12 月 23 日，第 3~4 页。闾小波《梁启超的世纪情怀》（《二十一世纪》1999 年 2 月号）和谌晓白《时间的社会文化史——近代中国时间制度与观念变迁研究》（社会科学文献出版社，2013，第 25 页）均认为这是梁氏第一次使用"世纪"，二字，未当。王鸿已经指出这一偏差，他所指出的梁氏初用"世纪"的时间也正是前文所引的 1897 年 5 月 22 日，他还找到 1889 年 5 月 31 日《申报》"东报述西事"栏目一篇文章中的"世纪"，谨慎地作为早期晚清报刊从日文翻译出"世纪"的用例。不过，闾文确认"世纪"二字因梁氏之文而大行于中国，则是事实。
② 赖永海、杨维中译注《楞严经》，第 158 页。
③ （清）陈廷敬等编撰，王宏源新勘《康熙字典》（修订本），社会科学文献出版社，2008，第 4 页。

乎大，则三千世界大千世界至于极乐世界，则又人人所欣慕而不可得至者也"。①"世界"这种可大可小的自由伸缩特征，既具备进一步落实和明确的可能，也蕴藏人为发挥和主观定义的余地，时间、空间两个维度皆然，这正是"世界"近代含义发展的特色。

传统意义上"世界"的时空指向都是虚幻而笼统的，主要言说对象不是佛教独特的世界观，就是世俗意义上的世道、世间、境界、领域等，无所不包而又含糊不清。到近代，虚化含义继续保留和发展的同时，"世界"的空间指向落实到全球，有了更明确的人类社会内涵，形成与古代含义的根本性不同。作为区别于过去"天下"体系的集中体现，"世界"含义的近代演变是长期而缓慢的，它萌发于同治末年，蓬勃于甲午战争前后，成熟和定型则在1900年前后。对内而言，1900年前后的各种"世界"表述已经基本囊括今日"世界"含义的各个面相；对外而言，与"天下""万国""泰西""西洋"等同类词语相比，"世界"已经占据绝对优势，成为主流。而之所以定型于这一时间点，根本上取决于洋务运动以后中外形势的急剧变迁和国人对国家发展方向的预设。甲午战败强弱观念的刺激，戊戌变法夭折的失落，"庚子西狩"的震荡，塑造了国人心中日新月异又压力重重、急欲有所作为又举步维艰的"世界"图景，而隐隐使这一切变得鲜活和急迫的，则是"世纪"这一新的时间观念和视角。

1899年，梁启超提出"世界开明之度日进"，"以中国四

---

① 《不成世界》，《申报》1893年7月26日，第3页；《世界说》，《申报》1893年7月26日，第1页。

百兆人之资本劳力，插入于全世界经济竞争之场，迭相补助"，乃是"二十世纪全世界一大进化之根原，而天运人事所必不可避者也"，并且"此进化之关键，惟我中国人种得而掌握之"。他还颇有信心地认为"规以地势，参以气运，则中国人于来世纪必为世界上最有势力之人种"。① 不过，这更多是满怀期待的激励之语，同年，他又不无忧心地说道：

> 十九世纪二十世纪之间，全世界之文明将进一级，而必有战祸以先之焉。此必不能逃之数也。其战祸之必因中国而起，又众所共见也。然发之在今日，则中国获保全，战而有益于世界者也；发之在他年，则中国必糜烂，战而无益于世界者也。②

可以看到，早期"世纪"主要还是在讲西方事物时（虽然同时会涉及中国）出现，专讲中国事情时则不尽然。1901年，梁启超对纪年方法之采择有明确说明：

> 犹太人以创世纪所言世界开辟为纪元。自耶稣立教以后，教会以耶稣流血之年为纪元。至第六世纪，罗马一教士乃改用耶稣降生为纪元，至今世界各国用之者过半。

他认为中国的帝王纪年"最野蛮"，不当沿用，耶稣纪元就全球范围虽占优势，但通行民族与人数均嫌不足，并且"耶稣

---

① 哀时客梁启超：《论中国人种之将来》，《清议报》第 19 册，1899 年 6 月 28 日，第 1~5 页。
② 《戊戌政变记》，汤志钧、汤仁泽编《梁启超全集》第 1 集，第 580 页。

虽为教主，吾人所当崇敬，而谓其教旨遂能涵盖全世界，恐不能得天下后世人之画诺"，何况"泰东史与耶稣教关系甚浅"，终究不便采用，所以还是主张用孔子纪年。[①] 梁氏此时对西方宗教文化色彩浓厚的耶稣纪年还有所保留，不过此论出于《中国史叙论》，主要还是面向过往。最终，教旨未能涵盖全世界的耶稣还是以其纪年通行于世界，选择的标准并非自然时间（如季节变换）或物候特征，而是其使用者的广泛性甚至其国力的强弱。[②] 这与"世界"近代含义转变和流行的现实基础可谓异曲同工：正是在人强我弱的实力较量之下，以文化为主导的"天下"观念才渐渐让位于以强力为主导的"世界"话语。

1899年12月19日，梁启超应美洲华侨之约自东京出发游历美洲，旅途之中作诗十余首。此时正处世纪之交，梁氏对时空十分敏感，在诗作中颇多着墨。《壮别》一首有"世纪开新幕，风潮集远洋"一句，并分别作注曰"此诗成于西历一千八百九十九年十二月二十七日，去二十世纪仅三日矣""泰西人呼太平洋为远洋，作者今日所居之舟来日所在之洋，即二十世纪第一大战场也"，[③] 不只展现时空交融，还蕴含激烈的国家竞争。巧的是，梁启超刚好于1899年12月31日，也就是19世纪的最后一天夜晚到达檀香山。他在《二十世纪太平

---

① 任公：《中国史叙论（续完）》，《清议报》第91册，1901年9月13日，第2页。

② 参见黄金麟《历史、身体、国家：近代中国的身体形成（1895～1937）》（新星出版社，2006）第四章第二部分"世界时间的采纳"。黄文主要论述了阳历、纪年和钟点三个方面。

③ 《壮别二十六首》，汤志钧、汤仁泽编《梁启超全集》第17集，第588页。

洋歌》中写道：

> 少年悬弧四方志，未敢久恋蓬莱乡。誓将适彼世界共
> 和政体之祖国，问政求学观其光。乃于西历一千八百九十
> 九年腊月晦日之夜半，扁舟横渡太平洋。……蓦然忽想今
> 夕何夕地何地，乃是新旧二世纪之界线，东西两半球之中
> 央。不自我先不我后，置身世界第一关键之津梁。①

此处梁氏采用的正是耶稣纪年，"腊月晦日"是在用中俗称西
历，表明此时梁氏已经完全采用了西方的时间计量。"新旧二
世纪之界线"和"东西两半球之中央"分别从时和地两方面
定位，共同构成"世界第一关键之津梁"。

1901 年，他还作有《十九世纪之欧洲与二十世纪之中
国》，以欧洲 19 世纪改革与革命的历史，激励国人效法。②
"世界"在与"世纪"的关联中时间性之凸显，以及由此激发
的紧迫感与参与意识，渐为时人所分享。《国民报》第 1 期刊
出的《二十世纪之中国》展望 20 世纪中国的前景，充满一种

---

① 《二十世纪太平洋歌》，汤志钧、汤仁泽编《梁启超全集》第 17 集，第
602 页。全集编者将该文系于 1901 年，有误。梁氏抵达檀香山的日期，
《梁启超年谱长编》有明确记载，为农历十一月二十九日，即公历 12 月
31 日。前引间小波文已经注意到梁氏抵达的日期，但同时又将《二十世
纪太平洋歌》的写作时间推断为 1900 年 1 月 30 日，原因是将文中的
"腊月晦日"认定为农历，由此换算而来。综合考量，"腊月晦日"与
"西历一千八百九十九年"连用，并非中西历法混同（虽然这种情况也
不少见），而是用中国的俗名描述西方的历法。梁氏到达檀香山的时间，
也正是他写作《二十世纪太平洋歌》的时间，即 1899 年 12 月 31 日。
《梁启超年谱长编》亦将该文系于 1899 年，而非 1900 年，更非 1901 年。
② 梁启超：《十九世纪之欧洲与二十世纪之中国》，《清议报》第 93 册，
1901 年 10 月 3 日，第 3~4 页。

逆水行舟不进则退的紧迫感，所谓"弱肉强食，优胜劣败，天演之公例也，今日固势力竞争之世界，不日进化，则日退化，无天可怨，无人可尤，我中国之自取之也"，或是仍为"老大帝国"，或是"二十世纪将为支那人的世界"，其衡量的标准、在意的评价，又都是"欧美、日本人"的观感与想象。① 而秦力山也在《支那灭亡论》中说"支那今日尚是欧洲十四五世纪时之世界，与今日欧洲之世界，其文明之程度相隔尚五六百载"，② 共时性的中国与欧洲存在历时性五六百年的差距，时空交融的"世界"把现时的不足同时变成进步的空间和方向，忧心所在，即是希望所在。③

此时，"世纪"的新含义尚未普遍运用，但以百年为期来纵观历史发展的意识，已渐渐兴起，时人所用的名称有"稘""期""周""世"等。④ 严复的《〈原富〉中西译名表》中，century 还是译作"稘"；⑤ 在《天演论》的按语中，则称这种百年时间单位为"期"，曰"十八期""十九期"。⑥ 直到 1902年，《鹭江报》主笔冯葆瑛论述"新世界之变迁"时说道：

---

① 《二十世纪之中国》，张枬、王忍之编《辛亥革命前十年间时论选集》第 1 卷上册，第 65~67 页。
② 《支那灭亡论》，《国民报》第 4 期，1901 年 8 月 10 日。
③ 王鸿的文章对于晚清思想界勾连 20 世纪的中国设想与 19 世纪的欧洲历史的种种表现，揭示和分析甚详。见《时间与历史：晚清士人的"二十世纪"意识》，《人文杂志》2019 年第 8 期。
④ 王鸿的《时间与历史：晚清士人的"二十世纪"意识》（《人文杂志》2019 年第 8 期）考察"世纪"一词的译介过程，指出晚清传教士群体更倾向于以"周"对应"century"，来华日本人和留日学生则多从日文翻译以"世纪"对应"century"。
⑤ 《〈原富〉中西译名表》，王栻主编《严复集》第 4 册，第 1058 页。
⑥ 《天演论》，王栻主编《严复集》第 5 册，第 1345 页。

"十八九周以来，人种之竞争，政治之思想，见诸泰西列史上者，皆新世界变迁之创局也。"① 此处的"新世界"并非时人一般所指的美洲新大陆，而是一种充满新意的笼统境域，全文在新的线性时间观照下，热情表达了对西方近百年来变迁创局的向往。1903 年的《湖南巡抚赵大中丞劝诫高等学堂肄业生文》则称百年为"世"。②

时空的结合转换，在中国早已成为习俗，如说两地之间的距离，除以里计外，还会说若干天、若干年的路程。如此衔接，将流动的时间加入静止的空间，也就赋予了空间人事的因素。③ 如果说这是时空结合的一般情况，那么"世界"与"世纪"这一新的纪年方式的结合，不仅使前者的时间指向从佛教过去、现在、未来的虚空转变成关乎人类社会的实际，更在此基础上体现了清季国人向西方求索、求新求变的价值追求：欧美有数的几个强国代表着"世界"，后起的中国需要凭借"世纪"这一维度，阶梯般赶上欧美那个"世界"。

第二节　世纪之交的"世界"系列报刊

"世纪"与"世界"关联的一个突出表现是，1900 年前后集中出现大量以"世界"命名的中文报刊。报刊本身就是近代以来从西方传入的新事物，使国人信息和思想的传播更快、视野更广。"世界"成为报刊命名的时髦词语，体现其时

---

① 冯葆瑛：《新世界之变迁》，《鹭江报》第 20 册，1902 年 12 月 20 日。
② 《湖南巡抚赵大中丞劝诫高等学堂肄业生文》，《申报》1903 年 7 月 27 日，第 2 版。
③ 杨庆堃：《中国近代空间距离之缩短》，《岭南学报》1949 年第 1 期。

空双重、虚实两面含义在近代的新发展。

先是，1898年出使在外的张德彝"考伦敦现售各报大小共计一千九百九十九种"，"将各报按名按时详录"，其中就有《世界报》《左右世界报》《世界虚浮报》《世界国报》《世界突报》《世界小孩劝善报》《世界画报》《世界读书报》《世界传道报》《世界火车报》《世界升平喜音报》《世界福音年报》等名目。[①] 这些都还是中国人对国外报纸名称的翻译，同时翻译成"天下"的亦复不少。此一时期日本方面出现《世界之日本报》《商业世界》《少年世界报》等，另外还有《少年世界》一书，为11—13岁少年使用的读本，作者为高山林次郎、松林孝纯。

1900年以后，也就是跨世纪以后，中文报刊以"世界"命名开始蔚然成风，[②] 有《教育世界》（1901，上海）、《世界繁华报》（1901，上海）、《新世界学报》（1902，上海）、《翻译世界》（1902，上海）、《童子世界》（1903，上海）、《黑暗世界》（1903，上海，为《国民日日报》副刊）、《科学世界》（1903，上海）、《花世界》（1903，上海）、《世界公益报》（1903，香港，并有附张《世界一喙报》）、《女子世界》（1904，上海）、《小说世界日报》（1905，上海，同年改名《小说世界》）、《游戏世界》（1906，杭州）、《新世界小说社报》（1906，上海）、《新世界报》（1906，广东，立宪派创办）、《世界日报》（1906，旧金山）、《世界画报》（1907，巴

---

① 张德彝：《稿本航海述奇汇编》第7册，第78~129页。
② 这是一个空前但不绝后的现象，近代中国另一次集中出现以"世界"命名的刊物是在二战前后，其时代背景不言而喻。详细统计情况见本书附录。

黎)、《小说世界》（1907，香港）、《世界》（1907，巴黎）、《卫生世界》[1907，（日本）金泽]、《医学世界》（1908，上海，介绍西医）、《新世界画册》（1909，上海）等。

以上各种包含"世界"之名的报刊，大多分布在十里洋场的上海，还有海外，透露出中外交往的层次与"世界"话语风行程度的关系。从名称看，大体又可分为两类，一类是"世界"后置，如"某某世界"的形式，这更多的是传统用法的遗留，如明清时期大量出现的，意为某一领域，其中不无对"新"的标榜；一类是以"世界"开头，更多地体现近代以来的新用法，表示全球范围，有时则较为虚化和笼统，着重于视野的扩大，乃至关注重心的转向。即便"世界"后置的传统用法，此时得以在报刊这一新载体大量出现，也值得注意。这既说明了"世界"固有含义的生命力，可以向新事物延伸，又显示在世纪之交，虚实相济的"世界"在人们思想和认知中出现的高频率。"世界"虚实两面的含义，并不是相冲突而是相辅相成的关系。

分析这些刊物的名称、立意和内容，可以发现不少集中而有意思的信息。1901 年 5 月，罗振玉发起创办专门研究教育法及教学法的《教育世界》，其序例解释名称道：

> 土积而成山岳，水积而成川流，人才组合而成世界。是世界者，人才之所构成；而人才者，又教育为之化导者也。无人才不成世界，无教育不得人才。方今世界公理不出四语：曰优胜绌败。今中国处此列雄竞争之世，欲图自存，安得不于教育亟加之意乎？爰取最近之学说书籍，编

译成册，颜之曰：教育世界，以饷海内学者。[1]

在传统用法的基础上，又添加了所谓"优胜绌败"的"世界公理"新要素。该刊宗旨之一为"载各国良法宏规以资则效"，因此大量翻译日文书刊，介绍日本学制以及教科书。具体内容上，该刊 1902 年 12 月第 40 号刊有译自日人古川花子的《二十世纪之家庭》；1904 年 2 月第 69 号"丛谈"栏目下有"世界最古之地图"和"世界最古之格言集"；1904 年 10 月第 85 号"外国学事"栏目下有"世界第一之女子大学"，称"世界各国之女子大学，惟美国为数最多，然言其规模较大者，则不得不首推英国"；1904 年 11 月第 87 号的"外国学事"栏下则有"世界最大之校舍"；1904 年 12 月第 89 号的"外国学事"栏下则有"世界最大之小学校"和"世界最大之水族馆"；1905 年 3 月第 94 号"杂纂"下有"世界树木之王"；1905 年 10 月第 110 号"杂纂"下有"世界最大之冰块"；1907 年 6 月第 150 号"杂纂"下有"世界各国言语之势力"，内称"据西人调查，方今世界言语势力，第一中国语，次印度语，次英语，次德语，次西班牙语，次法语。英人则谓，二十世纪内，英语必为世界通用之语"；1907 年 11 月第 162 号"科学丛谈"栏目下有"世界雨量"。一方面，这些"世界"用法相当成熟，与今日无异；另一方面，放眼世界比较高下、统计多寡，也是今日各种"世界之最"的滥觞。

---

[1]　《〈教育世界〉序例》，朱有瓛主编《中国近代学制史料》第 2 辑上册，第 20 页。

1902 年 12 月，支那翻译会社编辑的《翻译世界》在上海创刊发行，其第 1 号的《支那翻译会社设立之趣意》称"本社以养成人民世界的知识为公责，研究一切学理而沟通之，翻译地球各国国文之书"；《本编之内容》则称"以导引中国人民之世界知识为注意"。①　其主要内容为翻译日本及欧美的大学教科书，涵盖哲学、政治、经济、法律、教育、宗教等方面。

1902 年，陈黻宸创办《新世界学报》，《序例》开篇即云："世界之立，文化之成，权而论之，大要有二，曰政曰学。学者所以学政也。"作者认为，本来"中国言学尚己"，但在"四千年未有之一大开辟"、全球交通日益密切的情况下，还是应该"通内外之邮，汇古今之全，风驰电激，薄影而飞，鼓自然之动力，借以操纵世宙，俾并出于一途"。即便做不到，也应该"舍我所短，效人所长，与列强诸巨子相驰骋上下于竞争场中"。并就名称解释道："本报名《新世界学报》，犹言'新学报'也，取学界中言之新者为主义。'世界学'连读，'新'字断，与'世界'不连读。"②　强调"世界学"这一主观设定的概念，同时也是努力的对象，"新"则是动词，代表行动的方向；主旨为"取学界中言之新者为主义"，从而"通内外之邮，汇古今之全"，沟通中外学术，以求立足于"世界"，实质则是按照西方学术的体系重新条理中国学问。此"世界学"云云，即是中国学术与西洋学术的融合，其方向是朝着"世界""走出去"，实际的做法则是将西

---

① 《支那翻译会社设立之趣意》《本编之内容》，《翻译世界》第 1 号，1902年 12 月 1 日。

② 《新世界学报序例》，《新世界学报》第 1 期，1902 年 9 月。

洋学术"拉进来"。[1]

在上海出版、创刊于 1903 年 4 月、爱国学社学生所编日刊（后又改为双日刊、旬刊）《童子世界》，以青少年为主要对象，希望能培养"童子之自爱爱国之精神"。第 8 期登载的《论〈童子世界〉之缘起并办法》解释刊名道："中国之病，在乎闭塞；对病发药，在乎交通；交通之道，厥惟报章。于是同人集议倡办斯报，欲以世界之重担，其肩一分，即定名为《童子世界》。"解释为何是日刊，则道："此报定名曰童子世界，宜顺童子之性情，字多而期远，一则盼切甚苦，二则长篇取厌，不如日报之按日而文短，有鼓舞而无厌倦之为得也。"此处恰好将时人呼吁救亡的急切和由此导致的不耐烦心态明白道出。而其第 1 期刊登的钱瑞香所撰《论童子世界》呼吁在亡国危机下，人人要对国家有责任感，童子为受国民教育者，更与存亡关系重大，"然则二十世纪中国之存亡，实系于吾童子之手矣，则虽谓二十世纪之世界，为吾童子之世界也亦宜"。[2] 1903 年 4 月 10 日第 5 期刊出钱氏的《论童子为二十世纪中国之主人翁世界》，与之呼应。这里的"世界"意味着占据主导作用，体现了强烈的进取精神和紧迫感。从第 31 期起，

---

[1]　孙青指出，该刊欲按所谓"世界学"，即当时西方日趋制度化的学科分类样式来"通古今中外学术"。"政治学"作为《新世界学报》的常设栏目，此时早已被摘去"西政"之"西"的帽子，人们期望它同样能为中国本土政治内容提供解释。"政治学"既然被视为普适性的"世界学"之一，一旦面对中西异质文明下不同的政治内容，就必须找到某种统一的模式和范畴来加以处理。参见孙青《从"西政"到新"世界学"——"西学东渐"与政治学中国本土谱系的初建》，《东アジア文化交涉研究》第 2 号，2008 年 12 月。

[2]　钱瑞香：《论童子世界》，《童子世界》第 1 号，1903 年 4 月 6 日，"论说"。

增加"学说"栏目浅述中西各著名思想家学说，增加"时局"栏目论述中外重要政事，"以为国民当头棒喝"。

1903年8月创刊于上海的《科学世界》声称以"发明科学基础实业，使吾民之知识技能日益增进"为宗旨，以"原理"和"实习"两大类传播数学、天文、物理、化学、地质、机械、土木、化学、电气等新式西方科学知识。其第6期刊出的《现今世界其节省劳力之竞争场乎》，提出"今且由汽机世界一变而为电机世界矣，然而犹未已也"。①

还有1904年创办的《女子世界》，以引导女子参加政治活动为职志，包括"译林"栏目在内，刊登许多介绍西方女子政治活动的文章。其第1期发刊词开篇即说"二十世纪之中国，有文明之花也"，也就是女国民，并认为"二十世纪之中国亡矣，弱矣。半部分之男子，如眠如醉又如死"，故"今日为中国计，舍振兴女学，提倡女权之外，其何以哉？谓二十世纪中国之世界，女子之世界，亦何不可？""女子世界出现于二十世纪最初之年，医吾中国庶有瘳焉。"② 同期的《女子世界颂词》则称：

> 壮健哉，二十世纪之军人世界。沉勇哉，二十世纪之游侠世界。美丽哉，二十世纪之文学美术世界。吾爱今世界，吾尤爱尤惜今二十世纪如花如锦之女子世界。女子世界妄自今日始。二十纪前之中国，固男子世界也。恶有男

---

① 虞和钦：《现今世界其节省劳力之竞争场乎》，《科学世界》第6期，1904年1月，"论说"。

② 金一：《女子世界发刊词》，《女子世界》第1期，1904年1月17日。

子世界，固奴隶世界也。……然则欲再造吾中国，必自改造新世界始，改造新世界，必自改造女子新世界始。[1]

这里罗列出多重"世界"，与"童子世界"一样，强调的是主导地位，凸显的是鲜明特征，更是一种积极作为的主动意识。

与此同时，1900 年之后，还有大量以"世界"命名的期刊专栏，数量比报刊更多。[2] 与"世界"报刊不同的是，这些专栏名称中的"世界"，几乎全都是表示全球地域的新含义，指涉世界范围的地理、时事和新闻，如"世界大事""世界要闻""世界新闻"等。这是因为栏目名称更与内容息息相关，自然也就多取其全球地域含义了。

这些形形色色的某某世界在此一时期集中出现，铺天盖地卷来，寄托的是跨世纪的人们对中国未来的期许以及在其中的担当。这些刊物几乎无一例外地都在放眼全球取用知识资源，为"二十世纪之中国"出谋划策。"某某世界"的"世界"，既有取材范围上涵盖全球的名副其实，更有导向上突出某个领域、某类人群的旗帜鲜明。今日为某某世界，眼下之意便是应当如何，或者某群体应当如何。而这种应当，又常常是横向放眼全球的比较和纵向展望"二十世纪"的结果。"世界"与"世纪"的此种结合蔚然成风，其强大的社会效应不容忽视。

---

① 初我：《女子世界颂词》，《女子世界》第 1 期，1904 年 1 月 17 日。
② 详见本书附录。

第三节　面向"世界"和以"世纪"为单位
关注未来

从一开始，梁启超笔下的"世纪"，就常常与"世界"相关联。在他开始娴熟运用"世纪"观念之后，"二十世纪世界舞台"就成了他思考富国强兵等关乎国运的重大问题的基本时空范畴。[①]"二十世纪世界舞台"在空间上是从中国到全球的扩大，在时间上则是清晰提炼出前后相继的线性感，正是在这种线性感的驱动下，"世界"变得灵动起来，被塑造成等级分明、变动不居的图景，促使求新求变的风气在 1900 年前后十分普遍。唐才常从"一切微尘国，现一切相，成一切法"的佛氏之言说到明暗新旧之间的相对性，强调"世界无止境，新世界之心力无止境"，表现出"新世界"的强烈决心与意志。唐氏还认为其微言大义"竖亿劫，横冰海，通星球，世可界而素王之道不可界"，原因即在于其作为"公理"的大同之道，"一国新而一国大同，万国新而万国大同，一世新而一世大同，万世新而万世大同"。[②] 这里充分表明"世界"的时间指向，恰恰是在流动的时间中，新旧之别才得以凸显。

此类专意求新的思想后来引起孙宝瑄的注意，他直指"谈新旧不论是非，今日浮浪子一大弊也"。让唐氏颇有底气的公理，在孙氏看来恰恰不存在。"夫是非之所在，公理之所在也。无是非，则无公理；既无公理，则此世界成何世界？"

---

① 梁启超：《富国强兵》，《清议报》第 100 册，1901 年 12 月 21 日，第 4 页。

② 《觉颠冥斋内言自叙》，《唐才常集》（增订本），第 3 页。

他之"痛心于今之世界者"，就是"有势利而无公理也"。①

新旧相形之下，常常是对本国情形的不忍卒言。宋恕提出"周后明前中国之世界不可问矣"，在具体论说宗教问题时又说道"无教者，禽兽之世界也；坚守旧教者，初开之世界也；好从新教者，文明之世界也"。②并在批阅学生习作时说："神州自秦人师戎翟之法，长夜数千年，成一上下交征利、毫无公理之世界；而泰西政教日新月异，岂但不可与秦后之神州同年语，即持较秦前之神州，亦实远过！"③中西比较之下，似乎高下立判，"世界"以其灵活性，在时空转换上十分自然，而对"新"的向往自然寓于其中。

在时间维度中展开的"世界"，当然不可能一成不变，而必须与时俱进。④1896年，梁启超在《变法通议》中宏观描绘"世界"的变迁，以强调古今之异和变革的必要，曰"有生以来，万物递嬗，自大草大木大鸟大兽之世界，以变为人类之世界，自石刀、铜刀、铁刀之世界，而变为今日之世界"。⑤同年，李鸿章历聘欧美时，陪同的驻英公使罗丰禄受托在英国电报总局答谢致辞时也说"我辈今在变动不居、周流六虚之世界，互相争竞之至理，极急而不可解"，呈现的则是更为具体的情境下紧张感更强的流变之"世界"。有流变，便无法固定，自然生出新旧之别。在苏格兰山馆与英人集会时，罗氏代

---

① 孙宝瑄：《忘山庐日记》上册，第441页。

② 《六字课斋津谈》，胡珠生编《宋恕集》，第50、79页。

③ 《〈论习〉批》，胡珠生编《宋恕集》，第243页。

④ 金观涛、刘青峰在前引文中提出"万国是静止的，世界是流变的"，颇有所见。

⑤ 新会梁启超：《论学校七：译书（变法通义三之七）》，《时务报》第29册，1897年6月10日，第3页。

作答词，他"揆形度势"比较中英两国，亦隐然将"新世界"归于英国，而将"旧朝廷"归诸自己。[1]

对西方所代表的"新世界"的热心追逐，常常伴随对古老故国的遗弃，这当中蕴含一种思维深处的转变。中国人作文有下学上达的传统，论述具体事情的时候，往往喜欢引入一些比较宏观高远的主题，形成整体与具体的照应，增强说服力。近代以前多尊古，援引先王先贤之言或者说古来如何，来壮大声势树立依据。这种习惯到19世纪末依然存在，但近代急剧变迁的中外形势，逐渐使古圣先贤的言论不再权威，当下的局势尤其是外国的现实才是中国思想和行动的依据。吕碧城宣称："无论古圣大贤之所说，苟其不合乎公理，不洽乎人情，吾不敢屈从之。"[2]

更进一步，"今之世界"逐渐成为论说各种问题的开篇语、总结语或总题眼，大有蓬勃之势，涉及军事、经济、教育、政治各方面。早在1890年，黄遵宪致函蔡毅若说道"西人以上古为金银世界，近今为铁世界，盖以万物万事，无一不需此也"，[3] 一方面在时间的维度中展开了"世界"，另一方面点出了此前已经出现、此后愈来愈盛的"某某世界"的内在含义，即以某某事物为最重要、最不可缺少，乃至成为主导。1898年，谭嗣同"今日之世界，铁路之世界也"的表述，大

---

① 蔡尔康等：《李鸿章历聘欧美记》，张英宇点，张玄浩校，第123、136页。

② 吕碧城：《敬告中国女同胞》，李保民笺注《吕碧城诗文笺注》，上海古籍出版社，2007，第134页。

③ 《致蔡毅若观察书》，吴振清、徐勇、王家祥编校整理《黄遵宪集》下卷，第448页。

体相类。^①　甚至奏折中都出现此种用法，如 2 月 19 日恭亲王奕
䜣等奏称"今则制造枪炮，考校准头，精益求精，西人谓之药
弹世界，弧矢诚不足以威天下"，^② 湖北学政王同愈也说"诚
以今日之天下，西人所谓药弹世界，不得不借以图存"，^③ 既
有西人的影响，又有"天下"的余波。

　　此势与时俱进，长盛不衰。1902 年，蔡锷称："各国之政
治家、新闻家以及稍具知识之士，莫不曰：今之世界，武装平
和之时代也。"^④ 显示此论的外国背景以及"世界"的时间性。
同年，上海格致书院的课题中有"论说十九周为汽机世界，
二十周为电气世界说"。^⑤ 1903 年，梁启超宣称"二十世纪之
世界，商战世界也"。^⑥ 1904 年，吕碧城论说"教育为立国之
本"时便是按照"今日之世界，竞争之世界也"，中国竞争不
胜在于愚弱，愚弱在于缺乏教育的基本逻辑展开。^⑦ 如何之
"世界"的格式化表述成为论述具体问题的大前提。1906 年 2
月 28 日，孙宝瑄比较俾斯麦"今日之世界，黑铁与赤血主持
之也"和夏穗卿"今日之世界，黄金与白刃主持之也"，提出

---

① 《论湘粤铁路之益》，蔡尚思、方行编《谭嗣同全集》（增订本），第
　　422 页。
② 清华大学历史系编《戊戌变法文献资料系日》，上海书店出版社，1998，
　　第 519 页。
③ 《续录湖北王宗师遵旨敬陈管见变通武科举折》，《申报》1898 年 9 月 6
　　日，第 2 页。
④ 《军国民篇》（1902 年），毛注青、李鳌、陈新宪编《蔡锷集》，湖南人
　　民出版社，1983，第 34 页。
⑤ 《上海格致书院二月分课题》，《申报》1902 年 3 月 11 日，第 3 页。
⑥ 《新大陆游记节录》，汤志钧、汤仁泽编《梁启超全集》第 17 集，第
　　198 页。
⑦ 吕碧城：《教育为立国之本》，李保民笺注《吕碧城诗文笺注》，第
　　143 页。

自己"今日之世界,黄金与黑铁主持之也"的论断。[1] 以上可见此种论说方式的风行,渐渐格式化,因时因地因人因事而异,处处可用。

白话中也有类似表现。1905 年 9 月,有人在《第一晋话报》上撰文说:"现今的世界成了一个战商的世界,这句话我知道也很有几年了。"[2] 1906 年 5 月,《海城白话演说报》的发刊词以"今日是什么世界,中国是什么时势"开篇。第 1 期便刊登有题为《今日是什么世界》的文章,最后"归总一句话,这就叫作死活争竞的世界"。[3]

值得注意的是,以上"世纪"与"世界"时间性之凸显,大多是面向未来。总体来看,古代中国的"天下"观念虽然可以至大无外,但总体上还是指向华夏本体,惟其如此,近代以来越来越具有强劲存在感的西洋无法为过去的"天下"所包含,取而代之的是"世界"这一旧而新、虚而实的词语。但"天下"观念依然有其强大的惯性,不可能遽去,于是"天下"和"世界"之间不一定非常确切但总体十分明显的分工渐渐形成:追溯过去、单论中国常用"天下",展望未来、放眼全球常用"世界"。过去未来的时间维度和中国全球的空间维度就此紧密连接。

而过去与未来取向之不同,在孙宝瑄看来正是"中西学问之分界",所谓"中人多治已往之学,西人多治未来之学。曷谓已往之学?考古是也。曷谓未来之学?经世格物是也"。

---

① 孙宝瑄:《忘山庐日记》下册,第 839 页。

② 副墨子:《商战两字里面的解释》,《第一晋话报》第 3 期,1905 年 9 月 13 日。

③ 《今日是什么世界》,《海城白话演说报》第 1 册,1906 年 5 月。

这一感慨是他在读完严译《天演论》后发出的，孰轻孰重、孰优孰劣不言而喻。果然，不久之后，他便提出"世运不日进则日退。西人日进，故多是今而非古；中人日退，故多尊古而卑今"。[①] 一旦面向未来，经世格物的方向就不能不发生变化。实际上，"世界"和"世纪"取向的重全球、重未来的根本出发点还是对当下中国命运的高度关切。只有在未来的视角下，当下不甚如人意的中国才能在竞争激烈的"世界"中找到一个鼓舞人心的安放点。发表于《外交报》第1期的《审势篇》即以"世运大进，竞趋文明，列强之兴，惟顺其轨，今明诏亦云取外国之长矣"为中国"匪独可存，且将盛大"的理由。[②] 梁启超则在主旨鲜明的《说希望》一文中说道：

> 天下之境有二，一曰现在，一曰未来。现在之境狭而有限，而未来之境广而无穷。英儒颉德之言曰："进化之义专在造出未来，其过去及现在，不过一过渡之方便法门耳。故现在者非为现在而存，实为未来而存。是以高等生物皆能为未来而多所贡献，代未来而多负责任。其勤劳于为未来者，优胜者也；怠逸于为未来者，劣败者也。"[③]

小　结

或许可以说，面对当时几乎全方位的我不如人，不太可能

---

① 孙宝瑄：《忘山庐日记》上册，第156、213页。
② 《审势篇》，张枬、王忍之编《辛亥革命前十年间时论选集》第1卷上册，第104页。
③ 梁启超：《说希望》，《新民丛报》第31号，1903年5月10日。

数年间数十年间发生根本性的重大变化，放眼人类发展的漫长历史，一百年便能脱胎换骨可以给人许多振奋，"世纪"这一带有西方色彩和新的成分的时间单位对于时人来说不长不短恰到好处。如此，时空含义正在转变中的"世界"在世纪之交遇上"世纪"，加速了转变的完成，丰富了内涵，扩大了影响。在"进化"的感召下，两者携手面向未来，为古老的中国带来了颇为外在的那个"世界"的压力与希望，使从章学诚到晚清公羊家注重经世、强调致用塑造起来的单向不可逆的线性时间在更广阔的"世界"视野下得到强化。尽管有张之洞希望以六经沟通古今，塑造有别于线性时间观的"时间共同体"，从文教角度构建国族共同体的努力，① 终究抵挡不住"世纪"与"世界"互相强化出来的以实力为主导的时空观。② 1900 年前后，中国人更加主动而坚定地走向"世界"，面向新的"世纪"，从而与固有的"天下"体系渐行渐远。

---

① 陆胤：《张之洞与近代国族"时空共同体"——从〈劝学篇〉到癸卯学制》，《开放时代》2017 年第 5 期。
② 正如王鸿所指出的，"世纪"观念体现的时间与历史的关系，与其说是自然生长的，不如说是人为嫁接的。王汎森也曾精辟指出，中国被"未来"绑架了。相关论述参见王鸿《时间与历史：晚清士人的"二十世纪"意识》，《人文杂志》2019 年第 8 期。

第二篇

观 念 运 用

第五章 古典新知:《春秋》三世说
与"世界进化"

"世界"在"世纪"之交完成时空两方面含义的近代转变,与进化论相结合,迅速流行开来。语义转化的完成,也是观念运用的开始,其中必然伴随相关内涵的灌注。已有人注意到,"世界"作为流变和演化的观念取代万国观时,正是社会达尔文主义在中国盛行之际,"世界"所指涉的社会组织蓝图常常注重进化和进化机制。① 这当然是中外交流的结果,但并不代表"世界"观念的演化与运用跟传统思想资源没有关系。恰恰就是在此前后,康有为、梁启超等人开始广泛运用三世说来阐释历史、论述当下、指引未来,并将进化的观念融入其中。再加上三世说之"世"与"世界"之"世"有天然的语义关联,时间的接近、进化内涵的相通、词语的共有,提示关于二者之间是否存在实际的互动与关联,值得具体考察。

---

① 金观涛、刘青峰:《从"天下"、"万国"到"世界"——兼谈中国民族主义的起源》,《观念史研究:中国现代重要政治术语的形成》,第 226~251 页。

第一节　三世说中"进化"意涵的凸显

《春秋》三世说的历史演进与意蕴内涵，包括晚清公羊学集大成者康有为及其弟子梁启超的运用演绎（以及其中与进化论的关联），学界研究已经较为深入细致。有人着眼于对历史的诠释，如陈其泰铺陈晚清公羊学者面对时代剧变，将三世说与天演论等西方政治学说糅合的努力。与面向过去不同，干春松专门论述了康有为三世说运用中理想的、未来的维度，并评价其得失。陈徽历时性地梳理了三世说不断演进与充实的过程，注意到清代公羊家对进化论的引入使三世说成为通古达今和革故鼎新的象征。① 至于康、梁二人的差异及其原因与影响，尤其在过去、当下和未来三个维度，"天下"和"世界"两种观念体系上的分别，仍有较大的讨论空间。

三世说源自《春秋公羊传》，后经董仲舒、何休等人的发挥，后者将"内外之辨"融入其中，赋予三世说拨乱反正之新义，三世说由是具有了王道论和历史观的色彩，但仍不具备进化意涵，甚至实际带有"循环"或"退化"色彩，直到晚清康有为、梁启超等人那里才被朝着"进化"的方向引导。这一点，陈徽、王东杰结合吕思勉、王汎森等人的研究已经辨

---

① 陈其泰：《19世纪中国学者关于历史演进的理论》，《史学史研究》2010年第2期；干春松：《康有为的三世说与〈大同书〉》，杨国荣主编《思想与文化》第16辑，华东师范大学出版社，2015；陈徽：《公羊"三世说"的演进过程及其思想意义》，《孔子研究》2016年第2期。此外，常超的《"托古改制"与"三世进化"：康有为公羊学思想研究》（北京大学出版社，2015）亦辟专章讨论康有为的三世进化说。

析甚明,① 是为三世说古今含义的一大分际,且与曾风靡一时、至今影响深远的进化观密不可分,关键的节点正在19世纪末20世纪初。

康有为将进化观融入三世说,内涵丰富,体系完备,早在万木草堂时期的教学活动中即已显露。成于1896年的《万木草堂口说》有言,"以天地分三等:一等为混沌洪濛之天下;一等为兵戈而礼乐初开之天下;一等为孔子至今,文明大开之天下",② 即《春秋》三世之义也。三者之间优劣高下显然,呈递进关系。这一时期的《董氏春秋学》《礼运注》亦体现出三世进化说。

也是在1896年,万木草堂的学生梁启超说"吾闻之《春秋》三世之义,据乱世以力胜,升平世智、力互相胜,太平世以智胜",并以此为基准,轻松连接到"近百年间,欧罗巴之众,高加索之族,借制器以灭国,借通商以辟地,于是全球十九,归其统辖",认为这就是"智之强也",进而论道"世界之运,由乱而进于平,胜败之原,由力而趋于智,故言自强于今日,以开民智为第一义"。③ 梁启超的三世进化说,当得自康有为。相对于康就"天下"立言的一般学理性论述,梁的运用有着更直接的现实关怀,既参照欧洲近事,更落脚于中国的"言自强于今日"。

---

① 王东杰:《"价值"优先下的"事实"重建:清季民初新史家寻找中国历史"进化"的努力》,《近代史研究》2012年第3期。陈徽还提出,龚自珍突破了公羊家自何休以来拨乱反正理解三世说的观念限制,而使三者之间呈现出由低至高、由质而文的"发展"或"进化"的色彩,而三世进化说大成于康有为。

② 《万木草堂口说》,姜义华、张荣华编校《康有为全集》第2集,第146页。

③ 《变法通议·论学校一·总论》,汤志钧、汤仁泽编《梁启超全集》第1集,第34页。

次年，在致书严复时，梁启超再次提到三世说，认为"凡世界，必由据乱而升平，而太平"，并称：

> 地学家言土中层累，皆有一定。不闻花刚石之下有物迹层，不闻飞鼍大鸟世界以前复有人类。惟政亦尔，既有民权以后，不应改有君权。故民主之局，乃地球万国古来所未有，不独中国也。西人百年以来，民气大伸，遂尔浡兴。中国苟自今日昌明斯义，则数十年其强亦与西国同，在此百年内进于文明耳。故就今日视之，则泰西与支那，诚有天渊之异，其实只有先后，并无低昂。而此先后之差，自地球视之，犹旦暮也。地球既入文明之运，则蒸蒸相逼，不得不变，不特中国民权之说即当大行，即各地土番野猓亦当丕变，其不变者即渐灭以至于尽。此又不易之理也。南海先生尝言，地球文明之运，今始萌芽耳。譬之有文明百分，今则中国仅有一二分，而西人已有八九分，故常觉其相去甚远；其实西人之治亦犹未也。然则先生进种之说至矣，匪直黄种当求进也，即白种亦当求进也。①

古今中外的联系如是之自然，"只有先后，并无低昂"，中西黄白都须朝同一个方向前进。在康有为"地球文明之运"的宏观论述之下，梁的运用更有现实针对性。

除宏观论述外，梁启超对三世说的运用还体现在某些具体问题上。在《论中国宜讲求法律之学》中，他便以三世说论

---

① 《与严幼陵先生书》，汤志钧、汤仁泽编《梁启超全集》第 19 集，第 533~534 页。

述中国律法之当变，在此阶梯之中更看出中西的差距。不过，承认落后之外，又有一番说辞：

> 世界之进无穷极也，以今日之中国视泰西，中国固为野蛮矣。以今日之中国视苗、黎、僮、瑶及非洲之黑奴、墨洲之红人、亚来由之棕色人，则中国固文明也。以苗、黎诸种人视禽兽，则彼诸种人固亦文明也。然则文明野番之界无定者也，以比较而成耳。

比较而成，相对而定，在"世界"中观看，泰西未必已达极致，中国仍然有机会，梁启超的这种弹性思维，在"法律"这一具体问题上有所体现。因此他最后表示"愿发明西人法律之学，以文明我中国，又愿发明吾圣人法律之学，以文明我地球，文明之界无尽，吾之愿亦无尽也"。不过这层弹性，还是笼罩在一个原则之下的，即所谓"文明野番之界虽无定，其所以为文明之根原则有定"。[1]

在梁启超主讲的时务学堂内部，夹杂着"世界"观念的三世说成为重要的教学内容，用来引导学生思考这个变化中的"世界"。学生杨士辉问："春秋三世之义，既闻命矣。然世界日进于善，何以三代至春秋而乱，春秋至战国而愈乱，战国至今而愈乱，岂乱者必有其治乎，何世道之日趋日下也?"中文教习叶觉迈在批语中重申"世界日趋于太平，此必然之理"，理由是从上古到今世，人之智慧日巧，制度亦皆如此，并强调

---

[1]　《论中国宜讲求法律之学》，汤志钧、汤仁泽编《梁启超全集》第 1 集，第 425~426 页。

"若不信此说，则世界日趋于上之义，终不能通"，① 俨然已经是不必证明的真理。

1898 年，梁启超在《读〈春秋〉界说》之"界说九"中阐释"《春秋》立三世之义，以明往古来今天地万物递变递进之理，为孔子范围万世之精意"，并具体举出几组变迁：莓苔之世界、海绒螺蛤之世界、大草大木之世界以及飞鱼飞鼍之世界、骨节脊袋动物之世界、立兽之世界、人类之世界；石刀期之世界、铜刀期之世界、铁刀期之世界；打牲之世界、游牧之世界、种植之世界、工商之世界；不火食、不粒食之世界，到苗黎、红番、黑蛮之世界，到埃及、印度初辟时及中国洪水初平时之世界，再到中国三代汉唐及西方希腊、波斯、罗马之世界，直至今日欧美各国之世界，认为其中"有大三世、小三世，有前三世，有今三世，有后三世"，总之"其义皆在于三世"，意在指出"世界日进于善，既为自然不易之理"。② 这就是叶德辉所指控的"九论世界之迁变，隐援耶稣《创世记》之词，反复推衍"，③ 他并批驳道：

> 三世之说，《公羊》后学之言，其说已不尽可信。此更袭西人《创世记》之文及佛经轮回之旨，本其师说，渎乱圣经，吾恐世界未进于太平，中华已沦于异教矣。④

---

① 《学生札记若干》，朱有瓛主编《中国近代学制史料》第 1 辑下册，第 310 页。
② 《读〈春秋〉界说》，汤志钧、汤仁泽编《梁启超全集》第 1 集，第 310~311 页。
③ 《叶吏部与俞恪士观察书》，苏舆编《翼教丛编》，第 177 页。
④ 《叶吏部〈正界篇〉》，苏舆编《翼教丛编》，第 93 页。

在叶德辉看来，三世之说本就有些异端（叶氏将其定位为
"只可谓经师家法，不得谓圣作精神"①），梁之运用，更加入
了西人和佛教因素。且不论三世说在经学里的正邪，梁氏在新
的历史情境下的运用，加入了西方因素，则是不争的事实。
1899年的《文野三界之别》干脆直接借"泰西学者"之名划
分"世界"的文野：

> 泰西学者，分世界人类为三级。一曰蛮野之人，二曰
> 半开之人，三曰文明之人。其在春秋之义，则谓之据乱
> 世、升平世、太平世，皆有阶级，顺序而升。此进化之公
> 理，而世界人民所公认也。

文野本是天下观的重要内容，如今"泰西学者"的三分法，
结果恰好与过去相反。梁氏似乎认可这一点，并将其与三世说
联系起来，所以才有"皆有阶级，顺序而升"这一时空交融
中的线性规划。另一方面，此种借助传统资源、紧密当下时势
的规划，最终还是落脚于对中国的改造，所以他在介绍完
"世界文野阶级之分"后，特别呼吁"我国民试一反观，吾中
国于此三者之中居何等乎？"② 也正由于此，他的三世进化说
使人产生对中华命运的担忧，尽管是否会"沦于异教"是个
见仁见智的问题。

　　叶德辉指出梁启超之发挥三世说乃是"本其师说"，诚
然，但又不只如此。梁氏并不是一个只会墨守师说、亦步亦趋

---

① 《叶吏部与段伯猷茂才书》，苏舆编《翼教丛编》，第180页。
② 《文野三界之别》，汤志钧、汤仁泽编《梁启超全集》第2集，第52页。

的学生，对于师说，梁氏有促进之力，更有张大之功，在三世进化说上，也是如此。据汤志钧的研究，康有为之所以屡言进化，与研读《天演论》有关，而康之了解到天演论，又出于梁启超的推荐。早在《天演论》正式出版前，梁启超就已经读到译稿，"有感动超之脑气筋者"，遂于 1897 年 4 月对康有为提起。康有为在戊戌政变失败后辗转香港、日本、加拿大、新加坡等地，1900 年 2 月在新加坡与自号"观天演斋主"的邱菽园一起诵读《天演论》，共同唱和，十分感佩，以至称赞严复"译《天演论》，为中国西学第一者也"。[①] 此一时期创作的《大同书》《春秋笔削微言大义考》《中庸注》《孟子微》《论语注》《大学注》等著作经常有天演、进化等概念出现，最显著者如《孟子微》曰"《春秋》要旨分三科，据乱世、升平世、太平世，以为进化，《公羊》最明"，[②] 而《大同书》更是历来学人论述康有为三世进化说的重点。当然，如同汤氏已经指出的，康有为的三世说本创立于《天演论》问世以前，后者的进化观念只是对他的三世说有所影响，使其前后有所调整，并不能说是决定性因素。因此梁启超在此问题上的推介，作用不宜夸大。

事实上，梁启超不仅推动了康有为三世进化说的成熟与丰富，更在此问题上大力表彰乃师的贡献，既使康有为以三世讲进化的形象深入人心，也在此过程中传播了自己的思想。1899年他归纳康有为所发明的孔子教旨，第一条即是"进化主义"，其言曰：

---

① 《与张之洞书》，姜义华、张荣华编校《康有为全集》第 5 集，第 314 页。
② 相关背景参见汤志钧《大同"三世"和天演进化》，《史林》2002 年第 2 期。

　　《春秋》之立法也,有三世:……其意言世界初起,
必起于据乱,渐进而为升平,又渐进而为太平,今胜于
古,后胜于今,此西人打捞乌盈士啤生氏等,所倡进化之
说也。支那向来旧说,皆谓文明世界,在于古时,其象为
已过。《春秋》三世之说,谓文明世界,在于他日,其象
为未来。谓文明已过,则保守之心生。谓文明为未来,则
进步之心生。[①]

1901年梁启超作《南海康先生传》时,更因康有为"独发明
《春秋》三世之义,以为文明世界,在于他日,日进而日盛",
遂认定"中国自创意言进化学者,以此为嚆矢焉"。[②] 1902年
他在《论中国学术思想变迁之大势》中又说道:"夫三世之
义,自何邵公以来,久暗曶焉。南海之倡此,在达尔文主义未
输入中国以前,不可谓非一大发明也。"[③] 在达尔文主义传入
之前,即有此发明,则更见其难能。梁氏对乃师的表彰,不仅
立意高,而且抓得住关键,可谓苦心孤诣。

　　将三世说与进化论相关联的意义在于指出中国前进的方向
之所在,进化首先是变化,而变化的实际方向,又是泰西。正
如罗志田所指出的,康有为创造性地把公羊三世说由历时性变
成共时性,使"天下"平顺地过渡到"世界"这一现代对应
观念,既指出了落后的事实,也给予了进步的希望。[④]

---

①　《论支那宗教改革》,汤志钧、汤仁泽编《梁启超全集》第2集,第13页。
②　《南海康先生传》,汤志钧、汤仁泽编《梁启超全集》第2集,第371页。
③　《论中国学术思想变迁之大势》,汤志钧、汤仁泽编《梁启超全集》第3
　　集,第100~101页。
④　罗志田:《天下与世界:清末士人关于人类社会认知的转变——侧重梁
　　启超的观念》,《中国社会科学》2007年第5期。

只是，如果仔细分辨的话，三世进化说固然开启于康有为，却张大于梁启超，后者的影响也远远超过前者，若要探讨该说的实际影响，梁氏更是重点。这里潜藏着一个差异，即"天下"和"世界"观念的分别，这既是康、梁师弟二人在三世说表述上的差异，也是近代以来国人对外认识和对自身发展道路思索与从前的重大不同。

第二节　"世界进化"与中国命运

仔细比较康、梁二人的三世进化说可以发现，在梁启超笔下，"世界"是一个频频出现的关键概念，而康有为较少用到近代意义上的"世界"，他更倾向于"天下""大同"这些字眼。《大同书》中当然也有用到"世界"，如"无国而为世界""议员但为世界人民之代表""夫退化则为世界莫大之害""举世界之人，公营全世界之事""全世界人皆平等"等，但这些用例多少还带有古代运用中含糊、笼统的色彩，至少不能坐实为近代意义上的"全球"，钱穆就认为"《大同书》首曰'入世界观众苦'，此等描写，乃佛书滥套耳"。[①]

向来都是证有易，证无难，何况"世界"这样一个古今含义杂陈且今人认知已经混合到自然难辨的词语。因此，有无与多寡是一个方面，在所见的用例中，还必须分辨其语境和重心以及背后的考虑，如此才能大体说明康、梁二人在"世界"观念方面的差异。

---

① 钱穆：《中国近三百年学术史》下册，商务印书馆，1997，第 738 页。钱穆还认为《大同书》的意涵不过两端，平等博爱乃西说，去苦求乐则陈义甚浅，对这本康氏"自身创作"而非"整理旧学"的著作评价不高。

值得注意的一点是,有研究者将梁启超"世界既进步之后,则断无复行退步之理。即有时为外界别种阻力之所遏,亦不过停顿不进耳,更无复返其初"的概括径直当作康有为自己的认识和表述。①这一方面说明梁启超对乃师学说的提炼、转述与宣扬更加醒目和精彩,另一方面也说明"世界"这个词或者说观念对于今人而言更加熟悉和重要。无独有偶,萧公权认为晚清知识分子中,在完全厌恶效法"夷学"的保守派和主张无条件西化的极端派中间,还有一小群人认为中西之别仅是表面的,因此变革过时的政治、经济、教育制度不是西化,而是世界化——不过是把中国文化提升到世界共同的水平,而康有为就可以归入这一类人。② 其实在很大程度上,所谓"世界化"的真正内容和实际方向,正是西方。萧氏认为世界化倾向的人比传统派和纯西化派要体面得多,这只是后来人的观感;就当时而言,毋宁说是康有为之类的人"天下"体系的烙印尤深,还没有完全适应"世界"观念的内涵。概言之,康有为与"世界"的关联,要么是他人的指认,如梁启超,要么是后人的追认,如萧公权等研究者们。

根源还在于,近代意义上的"世界"不仅落实到"全球",更与国家意识紧密相关。而古代的天下观念,虽不能说完全没有国家意识,但至少相对于文化认同,还是要淡薄得多,与以经济和政治为主导的国家体,毕竟异趣。王赓武指出,辛亥革命之后,国家的概念逐渐加强,文化的意识则被冲淡,国家成了时代的主题,即便是讲文化也是从国家强弱存亡

---

① 陈慧道:《康有为〈大同书〉研究》,广东人民出版社,1994,第475页。

② 萧公权:《康有为思想研究》,汪荣祖译,新星出版社,2005,第281~282页。

的角度，国家成了文化的基准，① 所论十分精辟。而这一切，在辛亥十余年前已见端倪。作为强弱单位的"国"的概念的凸显，从而习惯于以物质的、经济的、政治的标准来分别文野，区分先进后进，与"世界"话语的兴起几乎同步。

康有为、梁启超二人在国家意识上，有着显著的不同。梁启超称康有为"以为欲任天下之事，开中国之新世界，莫亟于教育"，"先生教育之所重，曰个人的精神，曰世界的理想"，同时指出"先生教育之大端，固可以施诸中国，但其最缺点者有一事，则国家主义是也"，因为"个人的精神"与"世界的理想"，"斯二者非不要，然以施诸今日之中国，未能操练国民，以战胜于竞争界也"，还是"美犹为憾"。② 竹内弘行认为梁氏此处指出康有为缺乏国家主义，简明扼要，击中要害。③ 有研究者指出，牟宗三对康有为对于国家和家庭的否定保持警惕，萧公权也认为康的乌托邦设计在世界化的同时，削弱了中国性和儒家性，康的大同难免泛滥无归。④ 与之形成对比的是，在一个流动而紧张的"世界"面前（梁本人意识到这个"世界"，而不是他人或后人的阐释），梁启超似乎更加注重"国家"和"民族"在其中的处境如何以及应当如何，曾强调"夫世界者，变动不居者也。一国之形势，与外国之

---

① 王赓武：《离乡别土——境外看中华》，第39~40页。

② 《南海康先生传》，汤志钧、汤仁泽编《梁启超全集》第2集，第362、366页。

③ 〔日〕竹内弘行：《关于梁启超师从康有为的问题》，〔日〕狭间直树编《梁启超·明治日本·西方——日本京都大学人文科学研究所共同研究报告》（修订版），社会科学文献出版社，2012，第28页。

④ 干春松：《康有为的三世说与〈大同书〉》，杨国荣主编《思想与文化》第16辑。

关系，亦月异而岁不同者也"。①

　　与此相关的是，康有为的三世进化说，更多的是对未来说法，而不是对当下立言。照皮锡瑞的说法，《春秋》本就有现世主义和未来主义两重维度："圣人作《春秋》，因王灵不振，夷狄交横，尊王攘夷，是现世主义，不得不然者也。而王灵不振，不得不为后王立法；夷狄交横，不能不思用夏变夷。为后王立法，非可托之子虚乌有，故托王于鲁以见义；思用夏变夷，非可限以种族不同，故进至于爵而后止。此未来主义，亦不得不然者也。"② 文野之辨被放入流动的时间里，夷夏就有沟通的可能。而康有为的三世进化说正是未来主义的发扬，只不过夷夏的定位有所改变。梁启超说道："先生之治《春秋》也，首发明改制之义。……次则论三世之义。……小康为国别主义，大同为世界主义；……凡世界非经过小康之级，则不能进至大同；而既经过小康之级，又不可以不进至大同。孔子立小康义以治现在之世界，立大同义以治将来之世界。"③ 对于《大同书》，则说道："有为虽著此书，然秘不以示人，亦从不以此义教学者，谓方今为'据乱'之世，只能言小康，不能言大同，言则陷天下于洪水猛兽。"④

　　泛滥无归与着眼未来，有针对性与立足当下，本是一体两面，而就当时中国的所处环境而言，难免后者更能引起注意。

① 《俾斯麦与格兰斯顿》，汤志钧、汤仁泽编《梁启超全集》第 2 集，第 44 页。
② 《经学通论》，吴仰湘编《皮锡瑞全集》第 6 册，中华书局，2015，第 524~525 页。
③ 《南海康先生传》，汤志钧、汤仁泽编《梁启超全集》第 2 集，第 367~368 页。
④ 《清代学术概论》，汤志钧、汤仁泽编《梁启超全集》第 10 集，第 276 页。

1897 年，孙宝瑄在读了欧榘甲的《春秋公法序》后，也认为《春秋》三世之说有如铜墙铁壁，毫无疑义，并发挥道：

> 以今时势言之，其国者，所居国也；诸夏者，凡欧、美、亚有教化之国也；彝狄者，亚洲之黎、瑶、苗、羌、蒙古、生番，非、澳、美诸洲之红、黑人诸种皆是也。今犹据乱世，故诸国虽已文明，犹争雄不相下，所谓内其国，外诸夏，以力胜也。迨升平时，诸强国皆联约弭兵，或尽变民主；而未受教化之种，犹待钳勒，未能平视。所谓内诸夏，外彝狄，以智胜也。至太平时，榛塞尽辟，教无弗被，学无弗讲，种无同异，人无知愚，悉皆平等。所谓内外远近，大小若一，以仁胜也。①

中文古典的叙述与当下国际形势的连接更加细致，现时局势判断之外，还有对未来的设想，与梁启超的思路颇为接近。照村尾进的研究，孙宝瑄与梁启超读书方法近似，经常互相参看西学、佛学和诸子、经书，并且好用"据乱世""升平世""太平世"等词，② 宜乎其与梁氏有类似思路。并非巧合的是，西学、佛学与诸子、经书，正是"世界"一词近代发展的三个互相关联的板块，且于斯为盛。

在进化的观念下，三世说变历时性为共时性，始于康有为，盛于梁启超。时人的运用和梁启超一样，常常关注的是

---

① 孙宝瑄：《忘山庐日记》上册，第 149~150 页。
② 参见〔日〕村尾进《万木森森：〈时务报〉时期的梁启超及其周围的情况》，〔日〕狭间直树编《梁启超·明治日本·西方——日本京都大学人文科学研究所共同研究报告》（修订版），第 40 页。

中国的命运和道路。秦力山在《支那灭亡论》中说"支那今日尚是欧洲十四五世纪时之世界,与今日欧洲之世界,其文明之程度相隔尚五六百载",① 共时性的中国与欧洲却存在历时性五六百年的差距,"世界"让时空转换变得如此圆融,现时的不足同时也是进步的空间和方向,忧心所在即是希望所在。

杨度亦有具体的发挥。他以日本为例,认为"国民之感情,其必由锁攘主义变为欧化主义而归于国粹保存主义者,皆其进化以渐所必经之阶级而无可逃避者也"。中国"方在锁攘时代,求其人于欧化且不可得,若遽以国粹保存主义施之,则愈以长其自尊之心而缚其进化之力,不能进取而思保守",如此"蚩蚩蠢蠢之民而与世界各民族同立于生存竞争之地,不亡何待焉?"杨度对此提出的办法是"以日本之两主义后先相继者,吾以之同时并重,以相反之理为相救之法:一以导国民之进步而采他人之长,一以固国民之团力而存一己之善"。如果这样的"融贯"不可得,"然而国民之感情有必经于欧化一级之势",那就只有"以两主义分为两派,分掌教育之精神,而合力以造成国民之性质。随处开放即随处提撕,随时慕人即随时顾己,庶国民之思想通于外而不为所摄,其气力团于内而不为所缚"。② "同时并重"所体现的,也许并不是何种理性的兼顾融合,而是略带茫然的无所适从。杨氏也知道国民之思想既通于外就容易被外所摄,但他更担心的显然还是自尊心太强

---

① 《支那灭亡论》,《国民报》第4期,1901年8月,"时论"。
② 《〈日本学制大纲〉后序》,刘晴波主编《杨度集》,第72~73页。这种变前后相继为同时并存的思维和以欧化为必经阶段的前提预设均值得注意。

而"缚其进化之力",正由于后一层担忧更甚,所以听起来无比中肯的主张实际上往往正落入其所担忧的前者(被外所摄)而不自觉。

无论三世说多么鼓舞人心,中外强弱悬殊的压力,还是不难感觉得到。而天演进化的链条之下,一元化的思维渐强,等级分明下的落后之感更加凸显,三世说固然具有某种安慰作用,但面对现实想象未来,进化观念更多带来的还是紧迫感乃至存亡感。梁启超便颇为赞同西方天演家所言之"世界以竞争而进化,竞争之极,优者必胜,劣者必败"的"天下之公例"。① 这种紧张感,在汪大燮那里更加显然,其在致堂弟汪康年的信中说,"往后世界日益逼窄,人头日穷","环球劲浪大作,一发难收,而盲人瞎马,半夜深池,至今日而极矣"。②

1901 年,梁启超为《清议报》一百册祝贺时,特别点出该报特色之一为"厉国耻",即"务使吾国民知我国在世界上之位置,知东西列强待我国之政策,鉴观既往,熟察现在,以图将来,内其国而外诸邦,一以天演学物竞天择优胜劣败之公例,疾呼而棒喝之,以冀同胞之一悟"。③ 正是"我国在世界上之位置"和优胜劣败的法则,决定了"棒喝"的必要,而棒喝的内容,不是别的,正是"天理学物竞天择优胜劣败之公例"。

---

① 《论商业会议所之益》,汤志钧、汤仁泽编《梁启超全集》第 2 集,第 23 页。
② 上海图书馆编《汪康年师友书札》第 1 册,上海书店出版社,2017,第 699 页。
③ 《〈清议报〉一百册祝辞并论报馆之责任及本馆之经历》,汤志钧、汤仁泽编《梁启超全集》第 2 集,第 355~356 页。

在三世说的启发下，出现许多大同小异的变种。广泛接触各类新学图书及报刊的孙宝瑄1898年在日记中记道："天演家言以人胜天，盖以天为势也，自然也，无知也；以人为理也，当然也，有知也。世界日进，必使理胜势，当然胜自然，有知胜无知。"1901年又说道："生存竞争之世界，其始争力也，其继争智也，又进则争仁。争愈久，所争愈文明。今日地球，盖由争力之期，渐入于争智之期也。"① 均为三世进化思维下的连贯现势与未来的总体判断，且贯穿着"天演家言"。

1902年9月27日，孙宝瑄在友人处看到新出版的《新世界学报》，认为"其中议论多袭梁饮冰之绪余，惟陈介石文章当有可观"。② 而这一期就刊登有汤尔和的《弭兵篇》，其中说道：

> 且天下古今进化之公例，曰力世界、智世界，而其极则归于仁世界。中国之程度何等乎？彼以力世界亡我而有余，而况遇我以智世界。吾中国而欲言弭兵乎，则必继今以往，日出其心思才力以进于智世界，而白人之进化，固无穷期，吾知不追及之于仁世界不已也。③

汤氏之论，争先恐后的紧迫感更加明显。以孙氏对三世说背景的了解和运用的娴熟，汤氏之论恐怕即在"袭梁饮冰之绪余"之列。

---

① 孙宝瑄：《忘山庐日记》上册，第274、337页。
② 孙宝瑄：《忘山庐日记》上册，第573页。
③ 汤尔和：《弭兵篇》，《新世界学报》第1期，1902年9月2日，"兵学"。

一时间，《新世界学报》上依托三世说宣讲"世界进化"蔚然成风。黄式苏称："今之世界，何世界哉？虽由力界而邮于智界，而实未足以翘仁界之影响。"[①]"世界"作为时间链条上一个一个的阶段或程度（即"界"）存在的含义甚明。黄群则"分世界为三大别，一仁暴之世界，一智愚之世界，一强弱之世界"，并扼要指出："仁暴之世界尚情，智愚之世界尚理，强弱之世界尚势。尚情之世界智愚不足言，是谓治世；尚势之世界仁暴不必言，是谓乱世；尚理之世界，上不能言仁暴，而下不屑言强弱，是谓由乱之治之世。"[②] 三世说的色彩甚明，而"世界"也是高频词。

王中江已经注意到"'三世'进化历史图式"的表现与影响：通过把历史划分为"后来居上"的不同阶段，展示历史不可逆转的直线性进步和进化，是欧洲启蒙时代以来很常见似乎又很廉价的一种做法。把"世界"看成一个"成长"的故事，有意无意间表现了"现代人的傲慢"和孤芳自赏心理。[③] 在这里，王氏特意提出"世界"并加以引号，可见他已经感觉到这是一个十分重要的历史观念，而非一个寻常名词。在当时的情景下，进化论影响下的"现代人的傲慢"首先是通过面对西方之中国人的紧张乃至自卑表现出来的。严复于1902年有感于"物竞之风潮甚大，优者必胜，劣者必僵"，高度概括道："中与西之言治也，有其必不可同者存焉，中之言曰，

---

① 黄式苏：《大大同说》，《新世界学报》第5期，1902年10月31日，"心理学"。

② 黄群：《奴隶》，《新世界学报》第7期，1902年11月30日，"法律学"。

③ 王中江：《进化主义在中国的兴起：一个新的全能式世界观》（增补版），第99~104页。

今不古若，世日退也；西之言曰，古不及今，世日进也。惟中之以世为日退，故事必循故，而常以愆忘为忧。惟西之以世为日进，故必变其已陈，而日以改良为虑。"①"世界进化"与中国命运便是这样难解难分。

小　结

"世界"在 1900 年前后迅速实现近代意义的转变，主要是中外联系更加紧密的背景下中国受到更多外国影响的结果。浓厚的外来和外在色彩却并不意味着不能与中国本土资源相结合，否则不可能在一个文化悠久的国度产生深远而重大的影响同时那么顺畅和自然。固有的思想资源三世说，与泰西学说进化论相结合，与当下局势相因应，共同作用，有机融合，使"世界"一词转变落实成地域指称之后，又逐渐被叙述成流动的过程、"进化"的图景，是为"世界"观念塑造中的重要一环。至此，"世界"已经不仅是一个客观描述的名词，更成为一种具有体系的集合观念，"进化观"可谓其核心。"世界进化"包含"进化的世界"和"世界的进化"双重暗示，即由进化而来，且需要继续进化。这一古今中外的思想互动，既体现了传统资源的活力，也反映了近代中国的窘境。

同时，反思的声音也从未消沉。就是鼓吹三世进化、推动"世界"观念演化和流行甚为得力的梁启超，在摘录西村茂树之言论时也注意到进化论等泰西学说"有一定之主义""无散

---

① 《主客平议》，王栻主编《严复集》第 1 册，第 116~117 页。

漫之患",却不免"拘泥主义之失",如进化论者"欲据进化之理以尽世界万事万物",凡此种种均是"先画一定义于己之胸中,而欲强世界之大现象大变化以悉从我,是大不可也",①似乎有所反省。无奈大势已成,上船容易下船难。

---

① 《西村博士自识录》,汤志钧、汤仁泽编《梁启超全集》第4集,第8~9页。

第六章　话语权势：清季民初的"世界知识"与"世界观念"

直到今日，作为固定的组合，"世界知识""世界观念""世界眼光""世界水平"，以及各种"世界级"，仍是对规格、层次的褒扬与赞美的常用语。从词语上讲，这是"世界"近代含义转变后，其主观认定、可大可小的鲜明特征和推崇西方、学习西方的价值倾向的表现。从根源上讲，则是近代中外形势变迁的结果。"世界"既有放眼全球的宏观，也有偏向欧美的重心，代表的不只是眼界的扩大，更是方向的确定，集中体现了近代中国人在屡遭西方列强压制下由被动抗拒到主动融入的艰难求索。"世界知识"（或称为"智识"）和"世界观念"最早出现于清季民初时人笔下，探寻这些表述的实际所指、作用影响和思想根源，不仅可以丰富对"世界"这一重要观念近代演化与运用具体过程的认识，还能深入把握近代中外形势变迁下国人思维取向上理论依据和话语权势的演变，从而深刻认识自身民族文化精神话语建立之艰难过程和重要意义。

第一节　清季"世界观念""世界知识"的
实质内容

　　"世界观念"和"世界知识"作为固定组合概念的提出，一开始就与外人外事关系密切。1903 年，《中外日报》广告称新出之德国布勒志原著、叶浩吾译《世界通史》一书"有世界观念者不可不人手一编"。① 镜今书局对该书的简介则称"生乎今世界而不知环球之大势者，谥之曰盲。知环球之大势而不能寻其起原，探国家兴亡之轨道，究人群进化之阶段者，亦无以促文明而应时变"。② 可见，该书之所以对"世界观念"有重要性，在于其中包含了国家兴亡、人群进化的事迹，而这些事迹又与当下中国的国运密切相关。

　　1907 年 3 月 6 日，《申报》刊出《世界之全智》一文，称"方今环球各国，友谊较前益睦，而商务与外交间彼此往还亦联结愈坚"，且"印刷家年出新书数千百种，类皆利用民生且其势力至大，并得借以流布世界之智识，各国人民日见亲密"。③ "世界之智识"的重心在于各国间的商务与外交，多赖书籍传播，且能导各国人民于亲善。同日，又有《世界之国民》一文，称"世界之国民者，必正直无偏，能具世界之全智，从不拘限于其祖国也"。④ 5 月 3 日，推介《环球胜地名画录》，则称"我国人士，近日渐有世界观念，争思游历外洋，

---

① 《中外日报》1903 年 9 月 10 日。
② 《镜今书局新出要书》，《中国白话报》第 1 期，1903 年 12 月。
③ 《世界之全智》，《申报》1907 年 3 月 6 日，第 6 版。
④ 《世界之国民》，《申报》1907 年 3 月 6 日，第 6 版。

以扩闻见"。① "世界观念"与扩张对外见闻互为因果。9 月 25
日，刊登《大英百科全书》广告，称该书为"世界智慧之金
库"，"欲得世界大概之知识"，除亲身阅历，浏览此书最为有
效。② 10 月 23 日，再次以《中国之大幸》为题推介该书，称
"大英百科全书者，世界智识之总数也，于泰西世界智识，尤
为详尽"。③ "世界智识"不仅是求知范围的扩大，还有泰西这
一重心所在。

西人亦在鼓荡。李提摩太于 1908 年 12 月推介《万国历史
汇编》一书，特别说道："世界事理自无而有，其辨别也难，
循迹以求，其效法也易。"称该书"譬黑夜之灯光，既导人避
泥淖，且俾人遵循大路，而至所欲至之室。中国昔为文明首
出，今退居他国后，其必求日跻也明矣，而是书实开导中国左
右世界之力，与万国同底太平也"。④ "世界事理"与"世界知
识"名不同而实接近。

一时，"世界知识"成为时人的熟语，时人对此不仅引
介，还积极呼吁，不仅用来规划现实，还用之倒述往事。1908
年，蒋智由发表《社会国家相关进化论》提出，中国欲得善
良之国家，首先不可不明白人民对于国家权利义务之观念，还
需要"有世界之知识、公共之道德"。⑤ 同年，鞠普《论习惯
之碍进化》也提出"世界交通，自有世界之学，斤斤自守，

---

① 《环球胜地名画录》，《申报》1907 年 5 月 3 日，第 6 版。
② 《申报》1907 年 9 月 25 日，第 13 版。
③ 《中国之大幸》，《申报》1907 年 10 月 23 日，第 14 版。
④ 《书万国历史汇编后》，《申报》1909 年 1 月 14 日，第 1 张第 6 版。
⑤ 蒋智由：《社会国家相关进化论》，《政论》第 3 号，1908 年 4 月。

亦徒见其小耳"。① 次年，江义修《论阅华商联合报之有益》
称该报可以"使阅者知中国国家现处商战世界之地位为何等，
中国国人现处商战世界之人格为何等，庶几由比较而感觉之，
由感觉而激刺之，各各奋其营业之精神，共图改良，扫除个人
观念之积习，而唤醒其国家观念与世界观念，以期进于发挥光
大之商场"。② 又据《申报》报道："前湖南巡抚陈宝箴以戊戌
案牵涉免官。近闻两湖同乡京官以陈富于世界知识，而又学有
本原，实为近世督抚中所罕觏，爰拟联名呈请都察院代奏，援
许景澄、袁昶等五臣之例恳请开复原官，加恩予谥。"③

1910 年，梁启超撰写《说常识》，将常识分为"本国常
识"和"世界常识"。"世界常识"的提出，可被视为对"世
界知识"重要性和必要性的拔高，而梁启超对"世界常识"
的界定，既明确显示了其基本内容所在，又将其与国家意识直
接关联。其言曰：

> 为国民之一分子，而于国中必需之常识不能具备，则
> 无以自存于其国。为世界人类一分子，而于世界上必需之
> 常识不能具备，则无以自存于世界。……夫个人而常识缺
> 乏，则其人不能自存于世界；一国之人而皆常识缺乏，则
> 其国不能自存于世界。……以吾所见，全国中大多数之愚
> 民，其常识之分量程度去标准太远者不必论，其所称学士
> 大夫者，可分为二种：其一，则略有本国之常识，而于世

---

① 鞠普：《论习惯之碍进化》，《新世纪》第 50 期，1908 年 6 月 6 日。
② 江义修：《论阅华商联合报之有益》，《华商联合报》第 2 期，1909
年 3 月。
③ 《京师近事》，《申报》1909 年 5 月 29 日，第 1 张第 4 版。

界之常识一无所知者，普通一般官吏及老师宿儒是也。其一，则略有世界之常识，而于本国之常识一无所知者，普通一般之外国留学生是也。夫吾侪既为国民一分子以与国人交，同时又为世界人类一分子以与各国人交，而此两种常识者，不能调和而常缺其一，则犹之无常识也。①

从其同年所作《官制与官规》中，则可看到世界常识比本国常识更重要：

今日所谓学识者，属于世界之智识者半，属于本国之智识者半。欲求世界之智识，其得于学校者半，其得于学校以外者半。留学生之资格，所以优于非留学生者，谓其能从学校中得有世界之智识。②

这一年，他还怀抱"忠告政府，指导国民，灌输世界之常识"的宗旨创办《国风报》。③ 在该报叙例中，提出"健全之舆论"发生之因缘五项，第一项即为"常识"。所谓常识，除"自然界、社会界之重要现象，其原理原则，已经前人发挥尽致，为各国中流社会以上之人所尽能道者"外，还有"本国及世界历史上之重大事实，与夫目前陆续发生之大问题，其因果相属之大概"。④

梁启超在本国常识与世界常识之间的畸轻畸重，时人不难

---

①　沧江：《说常识》，《国风报》第 2 期，1910 年 3 月 2 日。

②　沧江：《官制与官规》，《国风报》第 5 期，1910 年 3 月 31 日。

③　丁文江、赵丰田编《梁启超年谱长编》，上海人民出版社，1983，第 501 页。

④　《国风报叙例》，《国风报》第 1 期，1910 年 2 月 20 日。

看出。章太炎提出"本国人有本国的常识，就是界限"，① 颇有针锋相对的意味。章氏之言显然抵抗不住滔滔而来的"世界大势"所激起的对"世界知识""世界观念"的无限热情。在此前后，有人主张小说"宜倾向于世界的、国家的、政治的、社会的、科学的诸方面"。② "世界"俨然一个跟"国家""政治""社会""科学"并列的专有名词，自然不是纯粹的地域所能尽意，含义未必清楚，意思却相当正面，主张亦甚坚决。在报界俱进会上，劝业研究会会员姚孟埙演说"正当之舆论须有世界观念，与夫世界观念为国民之必要"，认为"设使吾人有世界观念，必能自觉外祸之棘"。③ "世界知识"如万金油一般处处必要，"无世界智识者"甚至"不足以经营蚕业"。④

由此，"世界"不仅成为立论的时髦，更俨然正当的化身。1911 年初，周佩宜等发起成立世界女子协会，关于定名，特意说道："（甲）女子为国民之母，须有世界观念。今国民程度幼稚，但知竞争乡土权利，而无雄飞世界之思想，致外人疑为奴隶性质，此在母教，亦分其咎。同人有见于此，特冠世界二字以自警，此本会命名之义也。（乙）本国女学幼稚，视世界列国女权大昌者，未足比伦，急宜采集世界之所长而去其短，以竞争优胜于天演时代。况万国女界本宜交通，庶进化速而效果宏，并以祝世界之大同焉。此又本会之余义

---

① 独角（章炳麟）：《社说》，《教育今语杂志》第 2 期，1910 年 4 月。
② 《小说界之评论及意见》，《申报》1910 年 1 月 22 日，第 1 张第 3 版。
③ 《报界俱进会大会纪事》，《申报》1910 年 9 月 7 日，第 1 张第 5、6 版。
④ 邱鹄：《世界蚕丝业之大势及中国蚕丝业之现相论》，《蚕丛》第 6 期，1911 年 4 月。

也。"关于该协会的宗旨，则曰"联络世界情谊，振兴女权，结合团体，互相维持保护，并练习技能，交换智识，切磋学问，陶镕德性"。①

稍后，上海少年会的名称明明没有"世界"，在说明定名时，从内容到形式却几乎照搬世界女子协会的解释："（甲）须有世界观念。国民程度日求文明之进步，时存社会之思想，盖吾国自数千年以来，但知竞争乡土之权利，而无雄飞世界之毅果，致外人视之为奴隶性质，岂不可慨。同人等目击心伤，有见于此，爰特冠少年二字以自警，此本会命名之义也。（乙）我国民于德智体三育，较之列强相去远甚，急宜广采全球之现象，从其所长，去其所短，以竞争优胜于天演时代。为希望社会文明，交通进步之效果，俾得庆三育之大同焉。此又本会之余义也。"宗旨也是几乎复制，② 可见"世界观念""雄飞世界"的强大号召力。

再往后，《妇女日报》就其外国时事栏目之设定，特意解释道："外国时事似与妇女不甚关系，然今日世界交通，凡为国民，不可无世界的观念。且欲知今日自国所处之地位，尤不可不先审世界大势，方足以资警悟。吾国妇女素囿于见闻，故欲增广其智识，不能不使其略知外情。"③ 世界的观念与智识，多半是外国政教思想或中外交通情形，而这些又与自国之地位及未来密切相关。

---

① 《世界女子协会职名章程》，《申报》1911 年 3 月 3 日，第 2 张第 2 版。
② 《上海少年会章程》，《申报》1911 年 4 月 22 日，第 2 张后幅第 2 版。
③ 《创办妇女日报意见书》，《申报》1911 年 5 月 25 日，第 2 张后幅第 2 版。

第二节　民初鼓吹"世界知识""世界观念"的
价值偏向

辛亥鼎革，民国成立，"世界知识"和"世界观念"在呼吁提倡之外，更已见诸行事。南北议和期间，《申报》报道，奕劻面晤英国驻华公使朱尔典，先询问调停意见，"又问南京政府列国承认否，并以东南意见不一，新政府人员亦不免时有龃龉，恐不能久持等词语之，冀惑其听。朱公使笑曰，南京政府有价值与否，姑不具论。惟其人物尚知有世界观念，较贵国当日之政府，其程度日高出万倍。奕劻赧颜而退"。[1] 这则立场鲜明、不无揣测的报道真实程度另当别论，但运用"世界观念"进行评判所产生的直接魔力（赧颜而退）和舆论效应（报纸报道），则可见一斑。

这时的"世界知识"和"世界眼光"，不是个人零星的主张，而是社会普遍的风气，也不再仅是盼望性的呼吁，有时已经成为明白的自我标榜。1912 年 4 月，《民声日报》称其扩张后特色有六，第一即为"注意国际"："本报另增一页，专载各国要电要闻，并加以批评论说，以期国人洞悉外情，养成世界观念。"[2] 甚至有人在批评佛门中的不平等现象时，也归结于"蠢然无识之僧侣无世界眼光"。[3] 5 月 11 日，《神州日报五周年大祝典通告》表示今后要"扩张内容，改良印刷，振

---

① 《可笑可怜之京师》，《申报》1912 年 1 月 20 日，第 3 版。
② 《民声日报大扩张》，《申报》1912 年 4 月 30 日，第 1 版。
③ 不平：《今日之僧侣出家不出家平等不平等胥金钱之罪恶也》，《社会世界》第 1 期，1912 年 4 月。

固有之精神，拓世界之观念"。① 同日，黎元洪电共和党诸公，勉励同人"坚持宗旨，共襄政纲，合世界为眼光，本国民为怀抱"。② 黄兴在《布告各界文》中亦自称"兴湘上鄙人也，文质无所底，然稍具世界观念"。③

更重要的是，相关"世界观念"不只是言论界的发声，在重大国事上已经见诸行事，时人开始用"世界知识"（有时还强调是"新世界"）来规划新生共和国的各项事宜。民国初建，绍兴公民杜熊文上书大总统，关于用人问题，提出"欲救今日之急，似应力破意见，悬格以求，以具有新世界知识、旧政治经验二者为准绳。二者得兼，固属全材，但有其一，即为合格"。④ 署名"悲愤"者也说"为参议员者，须有政治之知识，世界之眼光，又熟悉国内之现状而后言论有价值，可望谋国利民福，不谓糊涂"。⑤

6月29日上午，参议院公开特别会商议继任总理人选，总统府秘书长梁士诒代表大总统袁世凯前往说明拟定陆征祥为国务总理之理由，分内政、外交两方面陈述。外交方面，认为中国尚有一些地方未能统一，而这些地方均与外国有重大关系，作为总理必须善于周旋各国之间。内政方面，则说：

①　《神州日报五周年大祝典通告》，《申报》1912年5月11日，第1版。

②　《公电·黎副总统电》，《申报》1912年5月14日，第2版。

③　《布告各界文》（1912年6月14日），湖南省社会科学院编《黄兴集》，中华书局，1981，第231页。

④　《绍兴公民杜熊文上大总统书（五续）》，《申报》1912年5月16日，第7版。

⑤　悲愤：《清谈》，《申报》1912年5月24日，第3版。

共和政体本非吾国所固有，乃从欧美移植而来，故一切行政于不背各国历史及国民心理之范围内，仍不能无规仿外国习惯通例之处。现在缔造伊始，为总理者必须深悉外国政治、具知共和国民精神之人乃能胜任。陆君即其选也。……且吾国现在改建共和，当从闭关国家一跃而立于世界的国家之地位，如是则国务总理不可无世界的眼光、世界的政策。各部总长各以其所计画提出于国务会议，而国务总理即以世界的现状及趋势，斟酌而损益之，以定大政之方针，如是而后国务院之政策能与世界之现势相适应，此尤陆君所优为。①

这里"世界"频现，乍看之下还让人以为是说外交方面，其实相反，这就很能说明问题。陆氏就任不久即请辞职，大总统不准，在批文中再次肯定其"久历欧洲，于世界大势了如指掌"。②

民国的建立，从理念到活动，都与欧美世界密切关联。当年，民国创建者之一孙中山在法教堂欢迎会上演说称：

吾人排万难冒万死而行革命，今日幸得光复祖国。推其远因，皆由有外国之观感，渐染欧美文明，输入世界新理，以至风气日开，民智日辟，遂以推倒恶劣异族之政

---

① 《国务院之同意不同意》，《申报》1912 年 7 月 6 日，第 2 版。
② 《陆内阁之中流骇浪·陆总理之勇退》，《申报》1912 年 7 月 30 日，第 2 版。

府，盖无不由此观感来也。①

将民国建立归功于"渐染欧美文明，输入世界新理"，虽有特殊情境下的故意讨好，但毕竟其来有自，于事实而言并非完全无据。《大同报》转录老同盟会会员史青所撰《中国革命与世界进化之关系》，也明确表示：

> 中国疆域广大，交通艰难，乃竟改革国政，一变而为民主之治，此诚世界大势应尔，抑民党提倡鼓吹之功，实有以促而成之。尝闻哲学家某言，二十世纪之中叶，世界中将无君主立足之余地，观于中国，斯言信已。国中明达之士，于世界情形，审之了然，为世界观念所影响者至深，故共和国体之成立，良由人民世界之观念所缔构之。②

在凝聚世界观念甚深的民初，"世界"话语的风靡在情理之中。7月31日，《申报》报道12日西安女子助饷音乐会一事，其中提到"有一贫老妪，似毫无世界知识者，竟慨以首饰助捐"，③ 看似闲笔，其实颇有意味。一则表明"世界知识"覆盖影响之广泛，二则显示"世界知识"更多乃是少年先进之所有，是新事物的一种，而于老人相对隔阂。

---

① 《在法教堂欢迎会的演说》（1912年），《孙中山全集》第2卷，第568页。

② 史青：《中国革命与世界进化之关系（译中国纪事报）》，《大同报》第19卷第2期，1913年。

③ 《陕垣女子助饷音乐会纪盛》，《申报》1912年7月31日，第6版。

这些运用广泛的“世界知识”“世界观念”“世界眼光”彼此分界并不严格，内涵和重心却相当一致，即都是“世界”和其他词语的连接组合，规定后者的性质和内容，并提升后者的层次和程度。此类“世界”作为前置定语的运用，之前已经出现，此时更见熟练，主要表示眼光的扩大或目标的提高，更高度的概括则是所谓“世界主义”。8月，《新中国报》的出版通告称“中国既进于世界上之中国，则凡监督政府之义务、指导国民之方针，非以世界上最新之趋向、最远之眼光，不足以铸成健全之舆论”，并主张“以国家主义之精神、世界主义之眼光，牖启国民之智识，扶植人群之道德为宗旨”。①名为《新中国报》，却宣扬世界主义之眼光，可见中国之“新”离不开世界，或者说就是应新世界之运而起的。“世界”有时还令人生出几分敬畏之心，如世界宗教职员部声明称“世界宗教范围广大，断无一教一人可当本会会长，故所订章程，用世界眼光，只选任干事长，而不用会长，方符世界两字名义”。②

凡此种种，均表明“世界”已经不只是一个名词，更上升成为一种特定的观念，且常常是正面的、积极的。1913 年，北京政府教育部通咨各省颁发“通俗教育调查表”若干，第一表为“风俗制度调查表”，其中有“一般观念”一栏，说明道“一般观念调查之标准如‘个人’‘社会’‘家族’‘国家’‘世界’‘学术’‘宗教’等”。③值得玩味的是，此处所列几

---

① 《新中国报出版通告》，《申报》1912 年 8 月 18 日，第 1 版。
② 《世界宗教职员部声明》，《申报》1912 年 8 月 4 日，第 1 版。
③ 《教育部文牍汇编》第 1 辑，中国第二历史档案馆编《北洋政府档案》第 89 册，中国档案出版社，2010，第 138~139 页。

项，几乎全部为和式汉语新词，即使并非全由日本创造，其含义转换过程也都打上了深刻的日本烙印。无独有偶，五年后阎锡山在山西颁布的《人民须知》中，专门列有"国家篇"和"世界篇"，强调要有"世界知识"，呼吁"万莫认一国是天下"。①

因为宽泛，所以模糊，因为重要，所以热议。渐成话语权势的"世界"，在不同的人心中有着不同的标准。在无政府主义者和社会党人看来，只有无政府主义和社会主义才算得上是"世界观念"。《公论》开辟有"介绍名著"专栏，其第 1 期的《今日应读之名著》说道："吾国立说著书之士大不乏人，但其所著作之书，每偏注于法政一途，求其有关于世界观念之著作者，寥寥不一见，纵或有迹似社会主义之著作，亦不过翻译东西各国学者之原著。"② 其实法政也是洋务运动以后西方世界传来的新知，只是时过境迁，"世界观念"水涨船高、与时俱进，法政一途已经不再新鲜。该期所介绍的《人道》和《万恶之源》两本书，都跟社会主义、无政府主义这类新潮有关。

当然，更多的人还是延续预备立宪以后放眼世界取法西洋的主流，结合各自所论问题，继续提倡"世界知识"与"世界眼光"。1913 年，杨昌济感慨"现在读书识字知古今、能文章之人尚多，独惜无世界之知识"，③ 并提出"处此时势，非

---

① 阎伯川先生纪念会编《民国阎伯川锡山先生年谱长编初稿》第 1 册，台北，台湾商务印书馆股份有限公司，1988，第 314 页。
② 《今日应读之名著》，《公论》第 1 期，1913 年 6 月 1 日。
③ 《记英国教育之情形》，王兴国编《杨昌济文集》，湖南教育出版社，1983，第 40 页。

有世界之智识，不足以任指导社会之责"，因此提倡出洋留学。① 颇有意思的是，杨氏一面积极追求"世界知识"，一面又说中国古代以本国为天下，"取世界主义"，如今"万国交通，时势大变，不得不暂舍世界主义而取国家主义"，② 意思固然是连贯，用词却正好相反，最能表现"世界"与"国家"之间的微妙互动，以及"世界"一词的灵动变化。或可简言之，就是要用"世界知识"来成就国家主义，而国家主义之所以显得紧迫，又恰恰是万国交通之后的"世界"新形势所提出的时代要求。

对"世界"和相关组合概念的运用，已经渗透到国家根本问题之中。温雄飞主张流动宪法，理由之一为流动宪法可以"应世界大势之所趋，循政治进化之常轨"，随时变迁，应和时势。③ "世界大势"依然是重要考虑，并且处在不言而喻的进化之中。宋教仁的《代草国民党之大政见》主张运用外交："今者吾国积弱，非善运用外交不足以求存；然欲运动外交，非具世界之眼光，不足以尽其用。"④ 1914 年 7 月，秋风发表《新剧界之对抗力》，称旧剧"毫无意识，永不能进步，社会国家丝毫不能蒙其幸福"，新剧则是"包赅国家观念、世界观念、社会观念及一切新知识新学理，大足以制造完全之人心，良美之风俗"。⑤ 这些看似公允的正面表述，其实都围绕学习

---

① 《余归国后对于教育之所感》，王兴国编《杨昌济文集》，第 52 页。
② 《静观室札记·世界主义与国家主义》，王兴国编《杨昌济文集》，第 212 页。
③ 温雄飞：《刚性宪法商兑（上）》，《公论》第 2 期，1913 年 6 月 16 日。
④ 《代草国民党之大政见》（约 1913 年 3 月），陈旭麓主编《宋教仁集》，中华书局，1981，第 495 页。
⑤ 秋风：《新剧界之对抗力》，《新剧杂志》第 2 期，1914 年 7 月。

欧美、追赶欧美的思想核心，这正透露出近代中国在"华夷颠倒"的中外形势变迁下的无奈。

第三节 对"世界共同性"的迷信

"世界知识"等相关话语的风靡，具有超阶级、超党派的巨大魔力。政治主张对立的立宪派和革命党，在看重"世界知识"上却相当一致。《国民公报》发刊预告称其"宗旨在于监察宪政之进行，鼓吹国会之速开，培植政党之基础，巩固本省谘议局之实力，输入世界之常识"。[①]《民立报》发刊词则表示要"以世界之智识、世界之事业、世界之学理，以辅助吾国民进立于世界之眼光"。[②] 广西同盟会机关报《南风报》亦标明其宗旨为"灌输世界智识，发扬军国精神"。[③] 在救亡图存的大主题之下，立宪、革命两方面虽然宗旨、立场不同，对世界话语的青睐，却是不约而同。双方直面"世界"的态度和引导国人努力跟上"世界"的自我期许别无二致，这正是近代中国"走向世界"过程中的典型特征。

对"世界"的迷信和追逐能够成为话语权势、形成时代风潮，其内在逻辑在于认定全世界各民族国家、各文化体系有共通性，可以而且应该在共通性下区别优劣、确定方向。这一点在朝野关于教育和剪发易服的讨论中得到充分体现。

1911 年 7、8 月间学部组织召开中央教育会议，会长张謇在开会词中提出："今日我国处列强竞争之时代，无论何种政

---

① 《国民公报发刊预告》，《申报》1910 年 5 月 25 日，第 1 张第 1 版。
② 《民立报发刊词》，《南报》第 3 期，1910 年 11 月。
③ 《本报简章》，《南风报》第 1 期，1911 年 2 月。

策，皆须有观察世界之眼光，旗鼓相当之手段，然后得与于竞争之会，而教育尤为各种政策之根本。"又云："今日最亟之教育，即救亡图强之教育也，然非有观察世界之眼光，则救亡图强之教育政策无自而出。"[1]"世界眼光"成为救亡图强的必然要求，而救亡图强正是列强竞争的"世界大势"的结果。中央教育会第九次大会在讨论教育宗旨时，围绕军国民教育是否可行，是作为普通国民教育，还是作为特殊教育，发生了激烈的争论。陆瑞清称"教育宗旨随世界大势而定"，"反对军国民教育者，必愚昧不知世界大势者也"。[2] 不知世界大势，成为一项不言而喻的罪名，一顶让人无法承受的大帽子。中央教育会不欢而散，张謇离京前夕对访客"忿然曰，学部诸公既不知世界之大势，对于教育国民又无一定方针"。[3]

在第十一次大会上，反对军国民案的罗振玉提出，"教育当养成与世界共同之人格，不能以现时之情势危急而施此特别之教育"。[4]顾实与之想法接近，他一方面对"吾国人事事处于被动，几全忘其天赋斯民之本务，与天厚斯国之资格，至今谈国事者必曰救亡图强，专作被逼于人而不得不动之口吻"引以为耻，另一方面强调"今后中国之国家生活必须与世界诸国之国家生活为协同之生活"，认为在"世界日趋夫交通""广大无垠之地球遂为文明器械所坚束，以成为永远不能解离之大团"的情势下，惟有"社会教育主义"能"造成世界人

---

[1]　《中央教育会会长张謇开会词》，《申报》1911 年 7 月 22 日，第 1 张第 3 版。

[2]　《中央教育会第九次大会纪·军国民案之大激战》，《申报》1911 年 8 月 8 日，第 1 张第 5 版。

[3]　《张会长出京前之愤言·真是一场胡闹》，《申报》1911 年 8 月 10 日，第 1 张第 5 版。

[4]　《中央教育会第十一次大会纪》，《申报》1911 年 8 月 10 日，第 1 张第 5 版。

才，而国民亦在其中"。① 更深一层看，即便是强调情况特殊
者，他们所持的理由也在于在西方的压力下救亡图存刻不容
缓，而这同样是近代以来"世界大势"的新情况，与强调以
"世界共同"为依据者的面向世界，并无根本的不同。换言
之，无论是强调"世界共同"，还是突出"现时之情势危急"，
出发点都在于外在的"世界"，而非自身的传统与基础。

与此同时，学部批准中国教育会成立，宣称其"以谋本
国教育之发达及其改良为宗旨"，纲要为"应世界之趋势以
定教育之方针""察社会之现状以求教育之进步"。② 对此宗
旨及纲要，《申报》转录《帝国日报》报道，以批注的形式
嘲讽一番："学部果率与批准，略云该会会长等组织中国教
育会，规模远大，志虑宏深。所称以应世界趋势定教育方针
（真是危险），察社会现状求教育进步（能多商务印书馆几册
书便是进步）为宗旨，卓识热忱，深堪嘉尚。"③ 似乎越是在
具体的事件上，如同"教育进步"之类的宏观理念一样，"世
界趋势"也不太经得起还原与推敲，号召力和正当性随之打
些折扣。

剪发易服的讨论自清季已经开始，从中亦可看出"世界
共同"的追求，所涉及的问题远远超过剪发本身。1910 年 8
月，世续、吴郁生退出军机，据《申报》报道，原因是摄政
王认为其"人虽谨饬而于现时世界大势尚觉茫然，一切新政

① 顾实：《致中央教育会会长张季直书》（1911 年），《国学辑林》第 1 期，
　　1926 年。
② 《中国教育会章程草案》，《申报》1911 年 8 月 15 日，第 3 张第 2 版。
③ 《商务印书馆将来之好望》，《申报》1911 年 9 月 16 日，第 1 张第 5 版。

亦多隔膜"。① 《时报》则更具体点出原因就在于世续反对剪发。② 军机处人员进退之详情，姑且不论，至少可以看出，时论颇有将剪发问题与"世界大势"相联系的意识。杭州商人反对剪发，认为剪发将妨碍生计。记者对此不以为然："当今之世，尚大同，主统一，是实行世界政策之时代，而非拘拘于一国之沿革，一地之生计，遂可闭关以自治也。及今之日，而汲汲焉与世界言大同，为形式谋统一，奚不可者。况职业者，逐时而趋者也。一日之失败，果安必为终身之定评欤？彼杭垣商人，乃兢兢以是为借口，而欲阻挠我国家亿万年之大计也，抑亦左矣。"③ 统一与大同成为"世界政策"的要义，而大同也就是要统一。当然，是要改变中国以"与世界"（实际上主要就是西方国家）"言大同"，且提升到"国家亿万年之大计"的高度。

1910 年 12 月，资政院议员罗杰"外衡世界大势，内睹帝国近情"，向资政院秘书厅递交《拟请明谕剪辫易服与世大同具奏案》，以为国家富强必须变法，变法必须变形，因为精神寓于形式。具体而言，就是必须剪辫易服："我国辫装其形式特异于六十余国，然使闭关自守，不相往来，不竞国防，虽更千载不变可也。今既与世界交通，人皆大同，我特标异，其可

---

① 《中央政界大更动之种种原因》，《申报》1910 年 8 月 23 日，第 1 张第 3 版。

② 《京师近信》，《时报》1910 年 8 月 31 日。关于清季民初的剪发易服，参见樊学庆《辫服风云：剪发易服与清季社会变革》，三联书店，2014。

③ 《剪发问题上之咫闻尺见》，《申报》1910 年 9 月 12 日，第 1 张后幅第 4 版。

乎?"① 意思也在于要变得跟别人一样。资政院开会审查该案，会后拟定审查报告书陈述意见，认为当今世界交通，应取大同主义，辫发不利外交，有碍尚武精神，该案以压倒性优势获得通过。《帝国日报》对此感到欢欣鼓舞，称赞"国民代表已具有世界的知识，以后议决政事必将有世界的眼光，中国此后必将渐趋于世界的国家"。② 剪辫易服成为"世界的知识""世界的眼光"的表现，以及"世界的国家"的要素。"世界的国家"其实就是与世界其他国家相同的国家。1911 年初，沈同芳致函江苏教育总会，就剪辫易服问题，也说"环球大通，当取世界共同主义，苟举世咸以为不便者，则毋宁下一令而易之"，并且不满于"政府不能睹世界之趋势，而下一令以为导，听人民之自剪自留，或剪或留"。③ 所谓"世界共同主义"，就是要与外国趋同。

可见，时人主张剪发易服的最大理由无非各国均无，我国独有，这样的论证常常被称为是"世界主义"。④ 对此汪康年说得明白："至于断发易服之问题，谓其世界大通，万国并立，衣冠形貌之不同，改之可也。谓其足以与民更始，强国兴邦，则吾未之敢信也。"⑤ 虽然对将剪发易服抬高到强国兴邦的高度不以为然，但还是从与万国相同的角度表示支持。严复后来追述此事，有言："自革命破坏以还，一跃而开所谓共和

① 《罗杰拟请明谕剪辫易服与世大同具奏案》，《申报》1910 年 12 月 10 日，第 2 张后幅第 2 版。
② 《议员知识进步之特征》，《帝国日报》1910 年 12 月 16 日，转引自樊学庆《辫服风云：剪发易服与清季社会变革》，第 343 页。
③ 《女校宜提倡改良服饰议》，《申报》1911 年 2 月 8 日，第 1 张第 2 版。
④ 樊学庆：《辫服风云：剪发易服与清季社会变革》，第 323 页。
⑤ 《砭论》，汪林茂编校《汪康年文集》下册，第 482 页。

文明之治，其摧剥老物，盖百倍于往时。易服改制之事，行其议者，固未尝无甚重之理由，盖将以一变天下之耳目，一也；将以世界为大同，而不肯处于独异，二也；亲见东邻为此而利，冀步后尘而邀同效，三也。"①基本道出此事背后的深层考量。

近代中国被一步步拉入"世界"，不得不走向"世界"，在救亡图存的压力之下，"参酌世界大势以及吾国现状"的平允之言，常常导致按照"世界"来塑造中国或为应对"世界"而改造中国的实际操作。1913 年，杜亚泉概括中国固有的社会心理为幼稚静默的，最近十余年来则"欧风东渐，哲学智识，既增无数新理，弥吾旧有之缺陷，而科学智识，与夫世界之眼光、政治之观念，亦因而俱进"。② 不仅如此，"吾国易闭关为开放，改专制为共和，形势骤变，旧时文化，既不敷今日之需用，而欲由历史等种种关系，自酿一特种之文明，又迫不及待，则取他人已行之成绩，以补吾所未备"，在杜氏看来，这是过渡时期所不可避免，只是"不可不絜量短长，以定去取，融合新旧，以期适合"。③ 对其实质，杜氏则认为，风靡欧美流行世界的所谓现代文明，是一种危险至极的"唯物主义"，中国人之接受，"其初则为富强论，其继则为天演论，一时传播于上中流人士之间，眩耀耳目，渗入脏腑，而我国民之思想，乃陷于危笃之病态，卒至抛掷若干之生命，损失若干

---

① 《论中国救贫宜重何等之业》，王栻主编《严复集》第 2 册，第 295～296 页。

② 《论中国之社会心理》（1913 年 3 月），田建业等编《杜亚泉文选》，华东师范大学出版社，1993，第 71 页。

③ 《现代文明之弱点》（1913 年 5 月），田建业等编《杜亚泉文选》，第 85～86 页。

之财产，投入于生存竞争之旋涡中，而不能自拔，祸乱之兴，正未有艾"，以至于"如此世界，有优劣而无善恶，有胜败而无是非。道德云者，竞争之假面具也，教育云者，竞争之练习场也；其为和平之竞争，则为拜金主义焉，其为激烈之竞争，则为杀人主义焉"。为矫正此种偏蔽，他特意撰写《精神救国论》。① 只是，在这种潮流之下的所谓融合新旧，在实际中往往成为弃旧迎新，而此种新文明整个就不是从自身的历史文化中生长出来的，而是外铄而来，有论者称之为历史观放逐了历史，难免聚沙成塔的虚弱。②

小　结

虽然外铄而来难免弊端，当时朝野上下对世界大势的追逐，对"世界知识""世界观念"的提倡与标榜仍然有增无减。张东荪撰《中国共和前途之最后裁判》提出两个问题：其一，共和果为善良与否；其二，共和果适于中国与否。在对第一个问题做出肯定回答后，又说第二个问题"最易解决，第一先问人类之进化是否为同一方向，如其是也，则中国民族何能独外此方向以行，若中国人种之进化必与世界人类之进化同一轨道同一方向，则中国舍采用共和政治外，固无他途也"。③ 意思明白如是，思维取向也不言而喻。清季民初以后，

---

① 《精神救国论》（1913 年 7 月），田建业等编《杜亚泉文选》，第 88~92 页。

② 相关论述参见陈赟《困境中的中国现代性意识》，华东师范大学出版社，2005。

③ 张东荪：《中国共和前途之最后裁判》，《正谊》第 1 卷第 3 号，1914 年 3 月。

正是在这同一轨道同一方向所代表的"世界共同性"的指引下,"世界"相关观念不断丰富,"世界"话语不断强势。这有其合理性,对外充分了解"世界"亦有其毫无疑义的必要性,但若因此淡漠甚至忽视了自身文化传统的应有价值,失却了对本国现实的深入把握和对民族文化的自信,难免滑向不知我之何以为我的深渊。百余年来,"世界"仍是未达的彼岸,而故国已成陌生的远方,在今天仍然值得深思。

第七章　士心向背：清季十年的"世界大势"论与辛亥鼎革的驱动力

辛亥鼎革不仅推翻了清王朝的统治，终结了两千多年的帝制，还第一次在中国建立了共和政体。特别需要指出的是，不同于固有思想和制度的付诸现实或更新迭变，这是外来政治体制在中国的第一次实践。罗志田在时人认识基础上深刻揭示，辛亥革命是"士变"而非"民变"，是以憧憬为基础的革命，士人对朝廷、对世局、对世界的认知都是促成变革的重要因素。① 风行于辛亥革命前十年亦即清王朝最后十年的组合概念"世界大势"，可谓对这一憧憬的宏观概括和高度浓缩。留学生、立宪派、革命党甚至朝廷等各方面共同使用，具体认知和主张或有不同，却常常都将"世界大势"作为立论的出发点。"世界大势"论对于近代中国的"世界"观念认知和"走向世界"行为实践，具有双重枢纽意义，既标志着国人域外认知程度的提高，又折射出清末新政这场全面变革的外在规定性及其成败得失，更提示着思想革命、人心向背的巨大力量。

---

① 罗志田：《革命的形成——清季十年的转折》，商务印书馆，2021。

第一节　宏观判断:"世界大势"与"世界政策"

经历甲午的惨败,国人向西方学习之心更加迫切,由器物至于制度,康有为的变法设计,在托古改制的老调之外有了"仿洋改制"的新取向。[1] 以戊戌为转折点,体制变革从求诸内转变到求诸外,由效法历代变为取法外强乃至以夷变夏。清末新政与戊戌变法一脉相承,全面延续了后者的变制方向。[2] 求诸外,自然要以知外为前提。清廷在退避西安期间颁发的新政上谕,即要求内外大臣"各就现在情形,参酌中西政要",就政治制度、吏治民生、教育文化、军事财政等各方面"或取诸人,或求诸己","各举所知,各抒所见"。[3] 这份新政官方宣言提出的"取诸人"理念,实际成为这场全方位变革的基本方向,"世界"也就愈发重要。此时流亡日本的梁启超将"世界之国"分为君主之国、民主之国,将"世界之政"分为有宪法之政(亦名立宪之政)、无宪法之政(亦名专制之政),将"世界之政体"分为君主专制政体、君主立宪政体、民主立宪政体,这是他对"世界"的观看与划分。他还断定"今日之世界,实专制、立宪两政体新陈嬗代之时也",[4] 则是对

---

[1]　王晓秋:《试论康有为的"仿洋改制"》,《改良与革命:晚清民初史事新探》,第23~41页。

[2]　关晓红:《戊戌前朝野的官制议论》,《学术研究》2013年第5期。

[3]　中国第一历史档案馆编《光绪宣统两朝上谕档》第26册,广西师范大学出版社,1996,第460~462页。

[4]　爱国者草议《立宪法议》,《清议报》第81册,1901年6月7日,"本馆论说",第5089、5094页。

时代趋势的认定。作为官员的立宪建议，出使日本大臣李盛铎1901 年 6 月奏称："横览世界，殆无无宪之国可以建立不拔之基业，而幸致富强者矣。"① 面对内忧外患，"横览世界"才能找到解决之道。

专门论述"世界大势"最显著的代表，还是梁启超。1902 年 2 月，他以美国人灵绥《十九世纪末世界之政治》、洁丁士《平民主义与帝国主义》及日本人浮田和民《日本帝国主义》《帝国主义之理想》等书为基础，在《新民丛报》发表《论民族竞争之大势》，指出"近世列强之政策，由世界主义而变为民族主义，由民族主义而变为民族帝国主义"，"皆迫于事理之不得不然，非一二人之力所能为，亦非一二人之力所能抗"。梁氏在题记中称此论宗旨在于"综览现今世界各国之大势，推原其政略所从出，及其所以集势于中国之由，而讲求吾国民应变自立之道"。② 列强的"政略所从出"和"集势于中国之由"相互关联，构成"世界大势"的基本内容，其内在要求就是"讲求吾国民应变自立之道"。梁氏此论实奠定了整个清季十年"世界大势"论的基本内涵。

仅仅两个月后，梁启超将该文改题为《现今世界大势论》，并修改题记，次月由广智书局出版单行本，附录《灭国

---

① 《追录李木斋星使条陈变法折（立宪丛论之一）》，《时报》第 530 号，1905 年 11 月 28 日，"要件"。据侯宜杰考证，这是目前所见最早提出的君主立宪主张，见氏著《二十世纪初中国政治改革风潮——清末立宪运动史》，人民出版社，1993，第 28 页。

② 中国之新民：《论民族竞争之大势》，《新民丛报》第 2 号，1902 年 2 月 22 日，"时局"。梁氏自称的该文所本，与实际情形有所差距，参见〔日〕石川祯浩《梁启超与文明的视点》，〔日〕狭间直树编《梁启超·明治日本·西方——日本京都大学人文科学研究所共同研究报告》（修订版），第 104~106 页。

新法论》。其在题记中更明确道：

> 然则今日中国之人士，不能反观内省竭精虑以图张国力养民德者，得毋因其于天下五大洲之形势见之有未察耶？使其能游目于本国之外，观他国所以自强之道，及其所以谋我之术，一一探其朔烛其微，而因以自审焉，当必有瞿然汗流浃背，剑及屦及，以从事于世界竞争之舞台者。然则语国民以现今世界之大势，其亦非词费也。

最后特别强调，其"意不在客观之世界，而在主观之中国人也"。[①] 恰恰是"客观之世界"规定了"主观之中国人"的行动方向，"世界大势"之要紧由此而来。

改名后的《现今世界大势论》迅速风行，两年间四次付印。温州士人张棡读后叹为"痛切之谈，石人下泪，任公真有心人哉"。[②] 谭延闿也曾向友人借阅。[③] 而在陈天华的小说《狮子吼》中，《现今世界大势论》更成了超越造枪炮和化学矿学等层面了解洋人以求知己知彼，讲求新学，力图自强的代表性读物，让人感慨"于今才算得个人，以前真是糊涂得很"。[④] 更有人断定，史论一类书中"以《现今世界大势论》

---

① 新会饮冰室主人：《现今世界大势论》，广智书局，1902，叙目。
② 温州市图书馆编《张棡日记》第 2 册，张钧孙点校，中华书局，2019，第 811 页。
③ 刘涛：《从馆藏手札看谭延闿政治思想成因》，《湖南省博物馆馆刊》第 12 辑，岳麓书社，2016。
④ 《狮子吼》，刘晴波、彭国兴编《陈天华集》，湖南人民出版社，2008，第 141 页。

《东亚将来大势论》《中国现势论》三书为特优"。①

以上可以看到，梁启超以外人著述为基础，撰成专文在颇具影响力和标志性的报刊发表，又出版单行本，传回国内，在士人中产生较为广泛的影响，渗透到地方，融会进小说。几乎是一出手，梁氏就以"世界大势"论，激荡着国内与留日两面的思想界。此外，他在《新民丛报》上的多篇论述都涉及"世界大势"，侧重点各不相同。对于生计学，他指出中国土广人众而财用不兴，习而安者却不明就里，以为只是天运循环，只能听其自然，"及一读生计学之书，循其公例，而对照于世界之大势，有使人瞿然失惊、汗流浃背者"，② "世界大势"是认识中国的重要参照物；对于日本历史，他认为华人不必措意，"因其与数千年来世界之大势毫无关系也"，③ "世界大势"成为检验诸国重要性和中国人学习必要性的标准；在《释革》中，他不满于有权势者因误解而窒遏摧锄变革，从而"使一国不能顺应于世界大势以自存"，认为国人"逼迫于世界之大势，于是咸知非变革不足以救中国"，④ "世界大势"更成为中国改革的重要驱动。

同时期《新民丛报》上的其他文章，也强化了"世界大势"的重要性。蒋百里论述军国民教育，提出要"参世界之

---

① 公奴：《金陵卖书记》，张静庐辑注《中国现代出版史料》甲编，中华书局，1954，第386页。

② 中国之新民：《生计学（即平准学）学说沿革小史》，《新民丛报》第7号，1902年5月8日，"学说"，第10~11页。

③ 饮冰室主人：《东籍月旦》，《新民丛报》第11号，1902年7月5日，"余录"，第118页。

④ 中国之新民：《释革》，《新民丛报》第22号，1902年12月14日，"论说"，第1~2页。

大势,定一国之方针,翻过去之历史,按将来之政策"。① 嘉纳治五郎与杨度谈论中国教育问题,主张"宜审度世界大势以养成国民适宜之性质"。② 梁启勋以日本《独立评论》第 2号之《太平洋海权问题》为主要资料,专门论述"世界大势趋集太平洋之原因"。③ 俄国经营西伯利亚,被认为是"见世界大势渐移于太平洋以东"而起的野心,④ 蒋智由感慨"世界大势,其奇幻固有如是者耶",⑤ 强调的都是世界竞争乃至国际冲突的重点所在。可以说,《新民丛报》成为当时"世界大势"论的渊薮。

梁启超关于"世界大势"已转入民族帝国主义的判断,大体符合当时列强之所为,对此日本人感受更为强烈。1903年 1 月 3 日,上海《外交报》刊登译自日本《太阳报》的《论世界政策》,首先解题:

> 世界政策,原文作 Weltpelitik,德人最所喜用之新字也。此字创见未久,其解说言人人殊,与所谓 Imperialism译为帝国主义者相似,或谓殖民,或谓保商,或谓侵袭工业,或云扩充属土,甚有谓兼此数端者,临机应变,惟务

① 百里:《军国民之教育》,《新民丛报》第 22 号,1902 年 12 月 14 日,"军事"。
② 《支那教育问题》,《新民丛报》第 23 号,1902 年 12 月 30 日,"余录"。
③ 梁启勋:《论太平洋海权及中国前途》,《新民丛报》第 26 号,1903 年 2月 26 日,"论著门·地理"。
④ 《西伯利亚铁道说略(译东邦协会报)》,《新民丛报》第 42、43 号,1903 年 12 月 2 日,"丛录门·专件"。
⑤ 观云:《极东问题之满洲问题》,《新民丛报》第 35 号,1903 年 8 月 6日,"论著门·时局"。

其宜，盖千变万化，未有定法也。

文章接下来说，各国承袭和发展19世纪之经营事业，国际联系日益密切，国家无论大小贫富，"莫不出而与世界相周旋，则世界政策正为今日根本政策矣"。"世界为运行之场，国家亦生动之物，立于运行之场，持此生动之物，把持之，旋转之，掀翻而簸弄之，因之而发展其国力，增益其民福，得以雄视宇内，抗衡列强，何莫非世界政策之效也。"

该文提出"立世界政策之基础，定世界政策之方针"，具体而言，"曰工商业，曰海运业，曰殖民业。三事既立，于是讲求外交政策以疏通之，修明海陆军备以保护之，本末轻重，权衡悉当，此施行世界政策之关键也"。进而追溯德国"世界政策"之由来：19世纪德国民族主义迅速发展，"洞见二十世纪之大势，不可不讲求世界政策"，于是大力振兴实业教育，为工商业竞争之准备，至今其贸易之盛殆将驾英法而上之。最终落脚在日本本国："数千年闭关自守之国，世界大势既不相问，国民知识又无素养"，维新之后，举行新政，殖产兴业，有一定成效，但"以民族主义自足"，今后应该"亟行世界政策"，才是奋起之道。论述思维跟当时中国人十分相似，都是先来一番闭关锁国的悔之无及，再来一番展望未来的热血沸腾。又拿"世界政策"的先进美国作对比，赞赏其改变孟禄政策，兼并哈湾那（哈瓦那）、斐利滨（菲律宾）两群岛，"谋一世界贸易根据之地"。还提及老牌帝国英国"亦一变百年以来自由贸易之计，一俟属地关税同盟告成，即专行保护政策。世界商场，恐仍以英国执其牛耳"。正由于此，日本更不能自失其时，故大声疾呼："凡政府、政党、实业家、教育家，上下一心，通力合作，以全国之精神，贯注于世界政策。"最后，为了让国民了解到底何为世界政策从而支持之，该文说道："西乡、木户、大久保诸先辈，其胸次孰无一进取之念，惟以国力未充，不过悬诸理想而不能见诸实际。此言进取，彼言世界政策，盖名异而实同也。"① 将"世界政策"与进取精神画等号，强化其正面价值。

20 多天后，留日湖北学生创办的《湖北学生界》第 1 期亦刊登这篇文章，特别说明翻译时"语气悉照日人原著"，大意相同，语句略异。② 又过了将近 20 天，同样在创刊号上，浙江留日学生刊物《浙江潮》重译该文，并附有译者按语：

> 吾译世界政策，竟不禁万虑丛生，百感交集，其脑若错，其魂若失。噫嗟，东方之老大帝国乎，生焉息焉酣焉嬉焉，昧于势，暗于识，重于奴隶根性，梦蚩蚩，犹演太古野蛮时代之剧焉，而不知世界之舞台已开，战斗已酣，灭国之方法愈新，生存之竞争愈烈……去民族主义者不知其几千万里，又何足以语世界政策。虽然，世界政策者，民族的国家所用之政策也，今日我之所过，皆民族的国家也。不知外不足以语内，吾译世界政策，吾愈感民族主义之必要。③

---

① 《论世界政策（译日本十二月五日太阳报）》，《外交报》第 34 期第 32 号，1903 年 1 月 3 日，"论说"。

② 陈文哲译《世界政策（译太阳报语气悉照日人原著）》，《湖北学生界》第 1 期，1903 年 1 月 29 日，"时评"。

③ 〔日〕渡边国武：《世界政策》，《浙江潮》第 1 期，1903 年 2 月 17 日，"杂录·东报时论"。

作者明确表示"世界政策"是民族国家所用的政策，越是注目于"世界政策"，就越是感到民族主义的必要。

一篇文章短期内出现三个译本，分布国内外，可见时人之重视，而上海首发则反映出国内思想界的敏锐，已经不在留学生之下。再过20天，留日归国学生于上海创办的《大陆报》以原文为蓝本，其中部分语句完全照抄，但将立论角度由日本转换为中国，称所谓"世界政策"，西文名为Weltpelitik，"为德意志人近日所习用之新名词"，"自此名词出现世界以来，不知几经淘汰，几经撰择，而卒为政界学界所共认，则其适应于现今世界及将来世界，不烦喋喋也"。各国"所执之根本政策，则同归于世界的而非非世界的"。因此"达观通视世界之大势，觉立国于世界之上，万不可不筹适应世界大势，超乘世界大势之策"。中国"惟有闯入世界政策之门户"，"显其世界政策之本领"，并"确立世界政策之基础，规划世界政策之方针"，否则无以自立。并特别强调"世界者，变动不居者也。世界大势之进步，又与时偕行，无一息之停顿者也"。①

这一轮国内国外围绕"世界大势""世界政策"论述的传递与互动颇为生动，揭示出列强推行的"世界政策"正是"世界大势"的主要内容，也是东亚国家如中国和日本考虑政治改革的大背景乃至出发点。此后，"世界大势"论的重心逐渐转移到对中国命运的思考，思想巨子梁启超持续发声，留日学生则充当了传播和鼓吹的基本力量。

---

① 《世界政策》，《大陆报》第4期，1903年3月8日，"论说"。余波仍有未尽，4个月后，1903年7月5日和15日，革命派的厦门《鹭江报》第36、37两册又转录《大陆报》版《世界政策》。

第二节　由远及近:"世界大势"与中国前途

《浙江潮》的第 1 期除前引转载发挥"世界政策"外,还有三篇文章与"世界大势"相关,除一篇讨论日本政府和政党由于对"世界大势"的不同理解主张不同外,① 其余均意在中国。"社说"《国魂篇》一方面对何为"世界大势"给出"帝国主义哉,帝国主义哉"的概括回答,另一方面更明确提出"陶铸国魂之法所当预备者有三事,其一曰察世界之大势,其二曰察世界今日之关系于中国者奚若,其三曰察中国今日内部之大势",② 极为简练地将"世界大势"与中国情形紧密连接。《盎格鲁索逊人种之教育并中国今日教育之方针》则称:"凡天演之理,国民之品性,其合于世界大势者存,其不合于世界之大势者亡。"③ 还有人在论述俄国的东亚新政策时,先论"竞争之种类及世界之大势",认为列强由政治竞争转为经济竞争有两大原因,"其一曰关系于世界之风潮,其一曰关系于中国之内力",前者即"自立宪政治之确立,人民之幸福日益增进,于政治界上无重大之问题,于是举国民之心思才力,一归之于实业,而工商业日益发达",后者为"义和团之反抗力",④ 则中国的情势亦牵动"世界大势"。

---

① 《论日本近时政党与政府之冲突》,《浙江潮》第 1 期,1903 年 2 月 17 日,"学术·政法"。
② 飞生:《国魂篇》,《浙江潮》第 1 期,1903 年 2 月 17 日,"社说"。
③ 毅巨:《盎格鲁索逊人种之教育并中国今日教育之方针》,《浙江潮》第 1 期,1903 年 2 月 17 日,"学术·教育"。
④ 飞生:《俄人之东亚新政策》,《浙江潮》第 1 期,1903 年 2 月 17 日,"大势·极东经营"。

《浙江潮》从第 2 期开始在"大势"栏目下开辟"世界一般大势"专栏，其中《二十世纪之太平洋》一文指出："今日之所谓帝国主义者，非无意流行之名词，而人类社会紧切之事实也。所谓世界政策者，非政治家之野心梦想，而时代之精神与国际政局之警语也。世界大势既准加速度之例，以日逐于文明之竞场，而列国乃以国家为生存竞争之本位。"① 第 5 期强调地理知识之必要时则云："观夫世界大势之所趋，而后有以晓然于国家民族之关系，宜何如而获占一席于大地，于是爱国爱种之念愈根深蒂固而无可撼也。"② 第 6 期强调义务教育即国民教育的重要，不满于那些"世界大势进化原理皆瞠目而未之闻"者，而要悉心考察"本国之对于列国之地位境遇"。③

《湖北学生界》亦不甘落后。有人痛斥当局者"惟恐学生一识国家内情与世界大势而不利于国者然，是则日日唱开民智而日日禁开民智"，④ 反映出"世界大势"既可以是开启民智的重要内容，对于专制统治者而言，也可能是洪水猛兽。结合该刊的革命倾向以及留日学生逐渐形成的反清意识，这一点尤其意味深长。7 月，改名《汉声》后，有人发文警示为经济前途计，必须"鉴于一国之地位与夫世界之大势，而求

---

① 慧僧：《二十世纪之太平洋（未完）》，《浙江潮》第 2 期，1903 年 3 月 18 日，"大势·世界一般大势"。

② 壮夫：《地人学（续第四期）》，《浙江潮》第 5 期，1903 年 6 月 15 日，"学术·地理"。

③ 不戁子：《教育学（续第三期）》，《浙江潮》第 6 期，1903 年 8 月 12 日，"学术·教育"。

④ 万声扬：《中国当重国民教育》，《湖北学生界》第 2 期，1903 年 2 月 27 日，"教育"。

一适当之方针",① 则"世界大势"与国家命运的相关性不言而喻。

此外，直隶留日学生在东京创办的《直说》刊登浮田和民《国民教育论》，称"地方教育之方针者，常视一国之大势为标准。国民教育之方针，又必着重世界之大势以为眼目"。而"世界之大势，无日不居于竞争之内"，且不仅为生存竞争，还有为攘夺利益、膨胀权力竞争，经济及政治上之生存竞争比物质上更烈。② 1903 年 8 月，湖南留日学生创办的《游学译编》刊文宣称"欲个人之成立，不可不通世界之大势，不可不练政治之能力，不可不尽公众之义务"。③ 陕甘留日学生在东京创办的《关陇》第 2 号刊出《新关陇》有言，"以世界而论，中国者，东方之老大帝国也，关陇者，又中国之老大土地也"，去半开化之程度尚不知其几千万里，更不足以语世界之大势，但"世界之舞台已开，战斗已酣，灭国之方法愈新，生存之竞争愈烈"，不能无所作为。④

促使士人在"世界大势"论的眼光下思考中国命运的重要契机，则是 1904 年爆发的以中国的土地为战场的日俄战争。战争初起时，日本宪政党组织的清韩协会在早稻田大学成立，宪政党领袖大隈重信演讲《日本在东亚细亚之势力》。他认为日本已经是"世界之强国"，即"对于世界之问题有发言权"。

---

① 《国际商业政策（续前）》，《汉声》第 6 期，1903 年 7 月 24 日，"实业·商学"。
② 〔日〕浮田和民：《国民教育论》，《直说》第 1 期，1903 年 2 月 13 日，"教育"。
③ 《教育泛论》，《游学译编》第 9 册，1903 年 8 月 7 日，"教育"。
④ 回天：《新关陇（未完）》，《关陇》第 2 号，1908 年 3 月 3 日，"论著"。

大隈还界定战争之性质，预判战争之结果："今也俄罗斯以亚细亚的之旧势力，而盘踞欧罗巴；日本以欧罗巴的之新文明，而崛起亚细亚。两造相见于疆场，而亚形欧魂者，竟非欧形亚魂者之所能敌。此虽似不可思议之现象，实则与进化原则相符，真理之不可逃避者也。"关于中国，大隈认为所谓"保全支那""开放支那"之主义，"非日本之主义，而世界之主义也。今若反于此主义，而使支那人自今以往觉日本之不足信恃，则将来于政治界必生大变动，而世界之平和将从兹破坏焉"。又说："吾日本将来一面以满洲还中国，一面劝告支那皇帝使行善政确立全国之秩序，且博采列国文物制度，与世界之文明同化，务使其与列国同立于物竞场中，得居适者生存之数。"

梁启超特意嘱托《新民丛报》的同人摘译其要领刊发，并作评论。在他看来，大隈的演讲比照门罗宣言"亚美利加者，亚美利加人之亚美利加也"而来，话里话外均透露出"东亚细亚者，东亚细亚人之东亚细亚也"的基本论调，同当时东京的各大媒体一样，称之为"大隈主义"。梁氏认为此番演说，是在日本野心暴露失去中国信任的情况下，[①] 重新寻找道路获得中国信任以取得利益的典型，大隈主义倡导之保全论，其实与瓜分论无异。同时又指出中国无法瓜分以及"国有自亡而他人莫或能亡之"的道理值得国人深省。[②]

---

① 当时不少人认为日俄战争让日本"开其数千年历史之幕而露其真面目于世界舞台"。见《中国如何而后能学日本乎（续第 7 号）》，《大陆报》第 2 年第 9 号，1904 年 10 月 28 日，"言论"。

② 饮冰：《所谓大隈主义》，《新民丛报》第 3 年第 9 号，1904 年 11 月 21 日，"国闻杂评"。关于门罗主义在日本和中国的翻版，参见郭双林《门罗主义与清末国家民族认同》，郑大华、邹小站主编《中国近代史上的民族主义》，社会科学文献出版社，2007，第 327~349 页。

以相近故，中国常常被纳入有关战争的论述，国人、外人皆然。1904 年 5 月，林乐知就认为"今世界之中，二十周之间，无自主无进步者"，只有中俄。"如日本能抵制俄国，略缓其东渐之势，中国乘机变政，则东方之大局可得平安"，所以"全世界之安危，以中国为枢纽"。①国人借此战"论中国前途有可望之机"，认为欧美之形势由普法之战而成，东方之形势由中日之战而成，虽关系重大，但"皆无如此日俄之战之所关为尤重大也"。经此一战，过去种种思议"皆成往事，又有一新世界出矣。然此新世界必须日胜俄败而后出现，若俄胜日败则世界不能更新"。"此战于世界最大之关系"有二：一为黄种将与白种并存于世，颠覆黄白优劣天定之说；二为确定专制政体为亡国辱种之毒药的定例。②因此时人常常以为"世界视线无不注集于极东之战"与"中国为各国众矢之的"相辅相成。③无怪乎岑春煊在奏折中提出"自此次日俄事定，世界大势必为一变，积弱之中国适当其陬，以后艰巨之事必倍蓰于目前"。④

"世界大势"论的先导者梁启超始终保持敏感。还在战争进行之时，他就选译矢野文雄之文，再"以彼论为前提，更述鄙见，推论日俄战役后中国所受于世界大势之影响，与

① 〔美〕林乐知著，范祎述《世界公论之不泯》，《万国公报》第 184 册，1904 年 5 月，"译谭随笔"。

② 《论中国前途有可望之机》，《东方杂志》第 3 号，1904 年 5 月 10 日，"社说"。

③ 《中国为各国众矢之的》，《东方杂志》第 5 号，1904 年 7 月 8 日，"时评"。该刊第 2 年第 11 号刊登《最新满洲朝鲜地图》广告云："满韩一隅为近日世界之争点，东亚大局关系于此。日俄战后尤为世界所注目，我国士大夫有经营宇内之志，挽回时局之心者，不可不购此图。"

④ 《岑督续行奏请开缺折》，《申报》1905 年 8 月 6 日，第 4 版。

夫中国之影响于世界大势者"，以《世界将来大势论》为题
在《新民丛报》发表。① 后来，他追溯近年来之政论，认为
不出"以种界为立脚点者"和"以国界为立脚点者"两派，
批评前者注目于君位，立志灭绝君统，"强易以民主"，而罔
顾国民程度以及历史事实之根源，赞扬后者"惟以国界为立
脚点，故惟选择适于国家生存发达之政体而求其实行，使国
家种种机关，各有权责，尽其职以发达，而元首一机关之为
世袭为选举可勿问，其属于国中某族某姓之人可勿问，而常
审察世界之大势及吾国在世界上所处之位置，以研究所以外
争自存之道"。②

　　日俄战争的刺激以及日本人的鼓吹，再加上梁启超和留日
学生群体的相互激荡，让"世界大势"的感召力大为增强。
在西乡隆盛与英国驻华公使巴古士的对话中，是否"明世界
大势"，成为判断一个人水准高下的要项。③ 据称，日俄战争
后，各国将撤退或减少驻北京公使馆之守备兵。"各公使之所
以愿撤退者，今日居清国政府之要路为庆亲王、瞿鸿禨、徐世
昌、张百熙、铁良等，皆能通世界大势，持进步主义。"④ 如
此，则通晓"世界大势"还能博得列强"善意"。相反，不知
"世界之大势"则成了对官员最有力的抨击。⑤

　　时人认知中的"世界大势"经历了一个从欧美到日本的

①　中国之新民：《世界将来大势论（上）》，《新民丛报》第 3 年第 15 号，1905 年 2 月 18 日，"时局"。
②　饮冰：《新出现之两杂志》，《新民丛报》第 4 年第 16 号，1906 年 10 月 2 日，"批评"。
③　《西乡隆盛逸事》，《大陆报》第 2 年第 3 号，1904 年 5 月 5 日，"谭丛"。
④　《拟撤退驻京各国公使馆守备兵》，《申报》1905 年 8 月 31 日，第 3 版。
⑤　《论各省派大员监学事》，《申报》1905 年 12 月 9 日，第 2 版。

由远及近的过程。所谓"大势",包括现在的大致情势和未来的主要趋势两个相互关联的方面,前者更多是客观描述,后者则体现出主观能动,相当程度上前者规定着后者。所以有人高举"逆世界之大势者必亡,顺世界之大势者必昌"的大旗,论述"中国之前途",却"劈头即言外患"。其理由是"以中国处于现世界之位置为彼列强竞争之烧点","一举一动不仅关系于中国,抑且关系于世界,不仅关系于中国之存亡,抑且关系于列国势力之强弱",盖中国"已非中国之中国,实世界之中国",故"所持之手段亦当以世界之关系为标准"。①

第三节 中心扩散:"世界大势"与变革呼声

"世界大势"与自身命运息息相关,兴亡之感萦绕时人心头。有人对此颇为纠结,认为中国实处兴亡之间,兴亡之兆各占一半,而将"朝廷已鉴乎世界之大势,厘革百度,更张庶政,楚材晋用,取长舍短"视为兴兆之一。②清廷开启新政的确是对"世界大势"的因应,尽管被迫,毕竟实际上全面铺开。贝子载振提议派遣"三品以上大员出洋游学,使之周知

---

① 恒钧:《中国之前途(未完)》,《大同报》第1号,1907年6月25日,"论说"。更有人以"世界大势及中国前途"为题展开论述,将全世界的国家分为"能竞争之国"和"所竞争之国",心系中国在世界之位置。见宪民《世界大势及中国前途(未完)》,《政论》第1号,1907年10月7日,"论著"。
② 〔日〕长尾雨山:《对客问第一(本社撰稿)》,《东方杂志》第1号,1904年3月11日,"社说"。

世界之大势"。① 而新政开启以后的译书办报、开学堂、设演说会等种种刺激人心的举措，"不外使国民知有世界之大势，与夫优胜劣败之危机，而踊跃以赴之"。②

关注"世界大势"，源于关切国家在"世界"中的地位，意在改革中国旧政。1905年3月，刚从日本考察教育归来的沈恩孚等人在上海发起教育研究会，其宗旨包括"研究世界之情势以求教育之进步"。③ 5月，有人批评"专制之政体利民之愚，不利民之智，为之民者，但知安分守己，饱食酣眠，不复知有国家之思想、世界之大势，故上之抚治也易，而下之发达也难"。④ 8月，就俄国将设立国会事，有人指出"今世界所谓强国者，无不借国民之力为政府之后援"，对"迂陋之儒昧于世界之大势，以为专制政体而果不能行也，何以历久相传而未见其大害也"深表不屑，以"闭关自治之时代与今日世界交通之时代不同"一语轻易击破。⑤

社会既已形成风潮，朝廷亦有触动，不再枝枝节节，试图洞达原委。1905年7月16日，清廷发布上谕，派遣大臣"分赴东西洋各国，考求一切政治，以期择善而从"。⑥ 戴鸿慈拟定考察方针，包括"立宗旨：欧美进化，实擅专长，合炉而治，陶铸乃良""广搜罗：寰球一览，目力其劬，赖有图籍，菁英是储"，归来后又在出使日记序言中提出"萃群族之所

① 《译件》，《大公报》1903年11月24日，第1版。
② 《论近日国民之动机》，《申报》1906年1月1日，第2版。
③ 《教育研究会简章》，《申报》1905年3月20日，第9版。
④ 《论中国民气有发达之机》，《申报》1905年5月17日，第2版。
⑤ 《论俄国将设立国会事》，《申报》1905年8月8日，第1版。
⑥ 《光绪宣统两朝上谕档》第31册，第90页。

长，择己国之所适，文明输入，而不害于国粹之保存，所以得也"。① 载泽在密折中以立宪为"世界所称公平之正理，文明之极轨"，可以使革命者词穷，跟从者无据；② 在《考察政治日记》的序言中，又特意就"世界"论道"人与人相续而成世，相交而为界。同居世界，必有同相维系之谊。种族风土各殊，而心理则一"，强调各国富强均以民德为基础，伦常道德不可变更，而法制、政教、兵农、工商应当变易。③ 端方上奏的实际由梁启超代笔的《请定国是以安大计折》更是开宗明义，以"胪陈世界大势中国前途，请定国是以安天下"为题，结合"世界形势"指出中国立宪的必要性。④ 朝廷钦命的大臣与流亡中的通缉犯，在"国是"上有如此合作，且以"世界大势"为题眼，最能反映那一时期朝野各方对"世界大势"的共同注目。

　　9 月 1 日（农历七月十三日），清廷明发上谕，鉴于"现在各国交通，政治法度，皆有彼此相因之势，而我国政令积久相仍，日处阽危，忧患迫切"的内外情势，以及载泽等"各国之所以富强者，实由于实行宪法"的陈奏，决定实行预备立宪。⑤ 郑孝胥欢呼"今日我等所处之地位，与七月十三日以

---

① 戴鸿慈:《出使九国日记》，陈四益标点，岳麓书社，1986，第 295、332~333 页。

② 《镇国公载奏请宣布立宪秘折》，《东方杂志》第 3 年临时增刊，1906 年，"奏议"。

③ 载泽:《考察政治日记》，吴德铎标点，岳麓书社，1986，第 565~566 页。

④ 端方:《请定国是以安大计折》，《端忠敏公奏稿》，沈云龙主编《近代中国史料丛刊》第 10 辑，台北，文海出版社，1973，第 689~719 页。

⑤ 《光绪宣统两朝上谕档》第 32 册，第 128 页。

前已如隔世，真堪为中国贺"。① 而在更清醒的人看来，立宪之举不过是"剥肤于敌国外患，被动所生，而非主动"，"朝廷所以主张立宪者，意在救亡，实灼然于制治之旧不足以肆应于世界大势之新"。② 当然也有从正面说的，如后来预备立宪公会颂扬慈禧和光绪"超轶全球"，"洞观世界大势，折中中外，决然授我民以与闻政事之权"。③

　　近代中国"世界大势"论的兴起，与日本关系密切，"世界大势"认知聚焦于立宪后，依然如此。1907 年 10 月，政闻社机关报《政论》在东京创刊，编辑同人"以日本大隈伯爵为世界的政治家且其政治的才略常依于政党，代表民意以行，乃胥谋而乞序文"。大隈重信指出，"世界之大势，以雷霆万钧之力相压而来，故非善应此大势，则其国不能以图存"，中国"既处于四面楚歌之中，放眼览世界之大势，见其滔滔相逼者，殊未知所届"，"拥四亿万之民众而教育未普及于一般，人民狃于旧习，其能洞世界大势者，落落若晨星焉"。最后，他以识时务者为俊杰的古语告诫："欲为政党者，其党中之分子，皆不可不明世界之大势，谙本国之现状，能定将来之大方针，而示国民以所向。"④ 犬养毅出席政闻社成立大会并演说"立宪党与革命党"，亦认为中国如今"亦迫于内忧外患而在世界文明潮流之中"。编辑则在按语中呼应道：

---

① 《郑苏龛京卿演说稿（代论）》，《申报》1906 年 9 月 17 日，第 2 版。
② 蘁照：《人民程度之解释》，《东方杂志》第 3 年临时增刊，1906 年，"社说"。
③ 《十月二十七日全体会员为大行太皇太后大行皇帝举哀辞》，《预备立宪公会报》第 19 期，1908 年 11 月 21 日。
④ 日本宪政本党前总理伯爵大隈重信：《政论序》，《政论》第 1 号，1907 年 10 月 7 日。

"吾国今日自然之理势为无论汉人满人,无论君主人民,皆当承接世界文明之潮流,以规律的合成意力,组织一最良之法制国,然后对于世界国际之竞争,立于优胜不败之地位。"①

士人论述立宪的必要和实施的办法,亦常常以"世界大势"为依据。熊范舆论立宪精神,强调"以世界趋势进步之故",专制之国不能留存,"生存于今日之世界"全赖立宪政体能否实现,立宪的形式则"由于国情之差异,历史之推移,与夫世界大势之变迁因国而各异"。② 天津自治研究所编辑的《立宪纲要》则要求"本国掌故、世界大势,固当周知无遗",才能养成议员资格。③

朝廷有预备立宪的表态,社会上对于开国会的期待更为热烈,常常以"世界大势"为论据,希望能对朝廷构成压力。1908年1月,《中国新报》刊登的《请开国会之理由书》认为开国会后,"则人民知世界之大势,察国家之安危,有征收则输助争先,无饷需不足之患,有战争则父子相勉,有杀敌致果之气"。④《国会期成会意见书》更带有警告意味:"举一国人而不知己国与现世界之关系者,国必亡","当此弱肉强食之世界,其能应此潮流以内固国本而外抗列强者存,否则亡而已","外观世界大势,内察己国实情,知

---

① 日本进步党领袖犬养毅:《立宪党与革命党》,《政论》第3号,1908年4月10日,"讲演"。

② 熊范舆:《立宪国民之精神》,《中国新报》第1年第4号,1907年4月19日,"论说"。

③ 天津自治研究所编《述养成议员资格第九》,《东方杂志》第3年临时增刊,1906年,"立宪纲要"。

④ 《请开国会之理由书》,《中国新报》第1年第9号,1908年1月12日,"来稿"。

政治之所以不良，实由政府不负责任。政府所以不负责任，实由无国会"。① 江苏、山西甚至八旗的国会请愿中，都以"世界大势"为依据，论说"无国会之害，与有国会之利"。② 选举作为国会的源头和任务，也被认为是"今日世界大势之所趋"。③

面对朝廷对立宪的虚情与假意和社会上对开国会的热切与焦灼，革命党人冷眼旁观。《民报》痛斥清廷振饬军备等新政举措并非"真恫于世界之大势，非武装不足以维持和平"，而是矛头向内，"以汉族之民气郁郁葱葱，大非往日比"，唯恐被推翻，于是"巩固已得之势力，为走险负嵎之举"。④ 同盟会河南分会在东京创刊的《河南》刊出《警告同胞勿受要求立宪者之毒论》，则称"若以一布立宪，中国即臻富强，国民即脱奴籍者，在学究肉食，不明世界大局，岌岌于立宪一途者，亦固其所，无足深诧。独有智非不辨种族，学亦略通内外，而醉心顶蓝翎红，遂不惜坚癖其说，诡异其论"。⑤

换一个角度看，革命和立宪的主张固然针锋相对，以"世界大势"为参照系和出发点，则是共同的思维。这显示出"世界大势"不仅是客观存在，更是主观判断的结果，由此实

---

① 《国会期成会意见书》，《政论》第4号，1908年6月18日，"来稿"。
② 《江苏绅民请开国会公呈（续）》，《申报》1908年8月1日，第4版，"代论"；《山西国会请愿书》，《申报》1908年8月29日，第2版，"专件"；《八旗国会请愿书（续）》，《申报》1908年8月27日，第2版，"要件"。
③ 何械：《选举法大意（未完）》，《预备立宪公会报》第9期，1908年6月26日，"辑译"。
④ 阙名：《预备立宪之满洲》，《民报》第19号，1908年2月25日，"来稿"。
⑤ 不白：《警告同胞勿受要求立宪者之毒论》，《河南》第5期，1908年6月5日，"论著"。

际上更加增强"世界大势"论在时人心中的分量和流行的程度。在此前后，在立宪问题这一中心焦点之外，士人有关"世界大势"的认定和论述，涵盖经济、教育、军事各个方面，形成全方位的声势。早在 1902 年，就有人将"世界之大势"与国家之原理、国家与国民之关系、国家与朝廷之区别、今日中国为何等国等问题一起，列为官员应该知晓的重要内容。① "世界之大势"还与国家之学理、国民之公义、豪杰之责任并列，对其"懵乎未有知"成为指责士人腐败的原因。② 这些言论，对于特定的对象，或许是名副其实的指责，对于社会全体，则造成整体的提倡风气。

"世界大势"论有了立宪这一焦点之后，各方的论述围绕救亡改革，在各个领域将"世界大势"作为重要观念，呈现出由中心扩散至全面的态势。留日学生鉴于"世界大势既集注于东"，中国"乃适当万目炯炯群虎争噬之位置"，为恢复海军募捐。③ 协助海军会则计划"往各处演讲世界大势趋重海军之要旨"。④ 工部主事刘垿建议"饬令各劝学所，将外国实业所以扩张、吾国实业所以窳败之故，编成浅说，家喻户晓，使人人知世界竞争之大势"。⑤ 论社会改革者呼吁"鉴于世界大势之趋向，审吾国人心败坏之由"，从而"新天下之耳目而图国家

---

① 《论中国官场之派数》，《大公报》1902 年 11 月 18 日，第 1 版，"论说"。
② 《论中国士人腐败之原因（节录甲辰十一月二十五日警钟报）》，《东方杂志》第 2 年第 1 号，1905 年 2 月 28 日，"教育"。
③ 《劝输海军捐启》，《申报》1906 年 6 月 1 日，第 2 版。
④ 《协助海军会简章》，《申报》1906 年 8 月 31 日，第 17 版。
⑤ 《工部主事刘垿呈学部代奏稿（续初七日稿）》，《申报》1906 年 7 月 30 日，第 2 版。

之进步"。① 论贸易者提出"贸易家之必知外国语实今日世界大势所不可违者也，故即不能通数国语言，亦必善操英语作英文而后可"。② 论整顿女学者，更将"世界大势"摆到和先儒义理同等重要的位置。③ 国会请愿代表团希望借助商会力量壮大声势，则以"现今世界大势，渐趋于经济主义，我国政府之于商团，注视尤勤"为辞。④ 这些例子实在不胜枚举。最能反映时人对"世界大势"这一概念情有独钟的是，有一创刊于1893 年的美国刊物英文名为 *Outlook*，字面上实在跟"世界大势"相去甚远，一般译为《展望》或者《瞭望》，而时人却称其为《世界大势报》，关注到罗斯福为其作文《中国之醒》。⑤

　　尽管清季十年的"世界大势"论为各方共享，但朝野之间还是存在显著分别。大体而言，"世界大势"论主要是民间，尤其是那些关心国家命运、视救亡为急务、多方谋求改革的士人的持论。朝廷方面，出洋五大臣之一的戴鸿慈曾奏称"旷观世界大势，深察中国近情，非定国是，无以安大计"，⑥农工商部侍郎杨士琦曾以"世界大势趋重商战"故，奏请往暹罗派遣使臣。⑦ 总体上，官方文献中的"世界大势"相对于民

① 《论社会改革（录丙午六月十七日时报）》，《东方杂志》第 3 年第 8 号，1906 年 9 月 13 日，"社说"。
② 《论贸易家必需之准备（录丙午第一期商务官报译日本实业报）》，《东方杂志》第 3 年第 6 号，1906 年 7 月 16 日，"商务"。
③ 《整顿粹敏女学（南京）》，《申报》1908 年 6 月 9 日，第 3 版，"学务"。
④ 《国会请愿代表团敬告各省商会书》，《申报》1910 年 4 月 25 日，第 3 版，"来稿"。
⑤ 《西报译要》，《申报》1909 年 1 月 1 日，第 2 版，"紧要新闻"。
⑥ 赵尔巽等撰《清史稿》卷 439，中华书局，1977，第 12407 页。
⑦ 王先谦、（清）朱寿朋编《东华录　东华续录》第 17 册卷 215，上海古籍出版社，2008，第 697 页。

间仍不成比例。很早就有人谈道,对于"今日世界之大势","稍阅报纸者当能言之",[1] 报纸等舆论工具才是"世界大势"论的主要传播载体。这一情形贯穿整个清季十年,不仅与"世界"观念本身自下而上的传播路径相关,也多少折射出朝廷与社会的隔阂。

小　结

近代意义上的"世界"不是一个客观单纯的地理概念,而凝聚了主观判断和价值内涵,对于近代中国的对外认识与自我规划具有总体导向性和根本制约性。"世界"含义的古今转变,根本上取决于鸦片战争以后中外形势和格局的巨变。固有的天下体系解体,华夷秩序崩溃,近代中国人由被动而主动"走向世界"的历史进程,与"世界"概念完成含义古今转换并产生现实影响的思想历程,实为一体两面。作为对"世界"的总体判断,清季十年间风行的"世界大势"论,在日本发其端,梁启超居首功,向士人展示出列强激烈竞争、推行对外扩张的"世界政策"的严峻国际形势。留日学生继起于后,更由于日俄战争的刺激,将"世界大势"与中国前途命运紧密相连。"世界大势"论的兴起,是"世界"观念的衍生,更是近代中国"走向世界"实践的产物,标志着士人的对外认知从局部、方面上升到全局、整体,同时又一步步将宏观的"世界"认知凝聚化、抽象成制度规划的蓝本。

---

① 　徐君勉:《论海盐之教育》,《浙江潮》第 4 期,1903 年 5 月 16 日,"杂录·来稿"。

　　清季十年，自上而下的改革全面铺开，后期更触及根本政治制度的变革，士人的各种倡导常常将"世界大势"作为立论依据乃至出发点。如果说清末新政之前，是中国与世界相接触的过程，在此之后，则是中国真正处于世界之中，"世界大势"对于内政的影响，不再限于某一方面，也不再限于具体措施。预备立宪期间，由立宪、开国会这一中心议题扩散开来，国内各方积极呼吁，热切奔走，造就依据"世界大势"改革中国政治、经济、军事、文化、教育等方面的浓厚空气。具体主张各有不同，甚至相背，但包括反对立宪的革命党，都以"世界大势"为立论的出发点和参照系。就此而论，"世界大势"堪称辛亥鼎革的强力驱动，尽管路径和目标不同，对于各方合力作用下的辛亥鼎革，"世界大势"认知都是极为重要的思想因素。① 而清廷虽亦有积极的应对，相较于民间的热情与期待，却始终稍有逊色，最终被辛亥革命这场"士变"而非传统的"民变"推翻，被"世界大势"裹挟而去，显示出士人意识之于政权存废的举足轻重，更反映出"世界之中国"的时代，国家兴亡之所系与往日独尊之时有着霄壤之别。

---

　① 有学者呼吁以多维视野研究辛亥革命的原因、进程、结局和影响，以革命运动为原动力，以立宪运动为助推手，以清末新政为催化剂（谢放：《多维视野下的辛亥革命史研究》，《华南师范大学学报》2011 年第 4 期）。实际上，三者共通的就是"世界大势"论，结果共同促成了辛亥鼎革，而其分歧则对辛亥革命的结局乃至之后的历史走向产生了深远的影响。

第八章　"走进新世界"：民初的"世界大同"追求与"世界观"讨论

辛亥鼎革，民国成立，数千年古国以共和政体的姿态出现在世界的东方，是为中国走向世界的一大步。朝野之间欢欣鼓舞，充满进入新世界的兴奋与期待。进入欧美主导的"世界"，就意味着需要接受那个世界的一套规则，才有可能被其真正认可和接纳。而所谓大同，首先就是要变得跟"世界"相同，然后才是和谐共处。民初对"世界大同"的追求，主要体现为寻求与外在的"世界"相同——变得一样，并寻求认可。民初的"世界"观念运用十分丰富和流行，还与"世界观"紧密相关。但流行往往不等同于明确，而恰恰是含糊不清。众人心中的各种"世界"相关观念，多姿多彩，并不一致，有时甚至适相反对。其所共同的是，充分凸显"世界"的主观属性，包括人的因素，以及"世界"与人的关联。

第一节　与"世界"相同以求大同

武昌首义，革命风潮涌起，精明商人趁势而动，刊出广告曰"兹今光复大汉，凡我军警绅商学界，咸臻世界大同，剪

发易服，日见其盛"，所以充分准备，希望大卖一场。① 类似
广告有此用语者不止一处，不止一家。耐人寻味的是，明明是
为光复感到兴奋，却并非捡起汉服，而是要积极制作洋装。也
许可以解释为，光复之所以让人欢欣，并非在于回到明朝，而
是通过革命，加入共和政体的行列，所谓"咸臻世界大同"，
才能期待前途一片灿烂，革故鼎新如同兴奋剂一般冲刷大脑。
1911 年 12 月，中华民国学生军发起劝捐演戏称："届期必有
新剧发明，新人耳目，以新世界之新国民入新舞台。"②

　　1912 年 1 月 1 日，中华民国临时政府宣告成立，孙中山
宣誓就任临时大总统，其《临时大总统宣言书》云：

> 　　临时政府成立以后，当尽文明国应尽之义务，以期享
> 文明国应享之权利。满清时代辱国之举措与排外之心理，
> 务一洗而去之；与我友邦益增睦谊，持和平主义，将使中
> 国见重于国际社会，且将使世界渐趋于大同。

以文明国之权利义务自任，实质就是进入同一个群体，接受同
一套游戏规则，"中国见重于国际社会"与"世界渐趋大同"
实为一体两面。《临时大总统誓词》则说"至专制政府既倒，
国内无变乱，民国卓立于世界，为列邦公认，斯时文当解临时
大总统之职"。③"卓立于世界"是重要目标与标准。

　　就在孙中山宣誓就任的次日，沪军都督陈其美奉大总统谕

---

① 《改良洋服革故鼎新》，《申报》1911 年 11 月 11 日，第 2 张第 6 版。
② 《新舞台演戏助饷》，《申报》1911 年 12 月 5 日，第 1 张第 6 版。
③ 《临时大总统宣言书》（1912 年 1 月 1 日）、《临时大总统誓词》（1912 年
　1 月 1 日），《孙中山全集》第 2 卷，第 1~2 页。

令，通告军民改用阳历，云"我民国百度维新，亟应及时更用阳历，期与世界各强国同进文明，一新耳目"。① 可是，改用阳历并不能轻松无碍，尤其接近年关，有精于算计之人拨弄于新旧历之间，使商业上的结算出现混乱。仅一天之后，陈其美再次发布通告，称"改用阳历，与新世界各强国一表大同"固然无错，但鉴于以上情况，暂准商民沿用旧历。② 新事物遭遇旧习惯，在"走向世界"的进程中，并不能事事顺畅如人愿。

但民国的成立，毕竟开天辟地，直面"世界"更显迫切和重要。1912 年 4 月 1 日，根据南北和谈的结果，孙中山卸任临时大总统。他在解职辞中提出，中华民国国民的天职在于"促进世界的和平"，同时这也是"中华民国前途之目的"和"巩固中华民国之基础"。这是因为"世界大同，已有中外一家之势"，所以"中华民国国民，均须知现今世界之文明程度"。③ 将促进世界和平视为国民天职，多少有些突兀，也许不无争取列强支持的现实考量，仍然不可否认其中包含"世界大同""中外一家"的判断与希望。何况之所以要争取列强支持，还是因为要走向的那个"世界"主要是由列强构成的。

9 月 3 日，在北京五族共和合进会与西北协进会上，孙中山兴致勃勃表示"文明日进，智识日高，则必能推广其博爱

---

① 《中华民国新纪元》，《申报》1912 年 1 月 2 日，第 1 张第 5 版，"要闻"。
② 《商民暂准沿用旧历》，《申报》1912 年 1 月 3 日，第 2 张第 2 版，"本埠新闻"。
③ 《在南京参议院解职辞》（1912 年 4 月 1 日），《孙中山全集》第 2 卷，第 317~318 页。

主义，使全世界合为一大国家，亦未可定"，过去小国林立以千万计，而"今则世界强国大国仅六、七耳"，由此"安知此六、七大国不更进而成一世界唯一大国，即所谓大同之世是也"。对于共和国民"扩充其自由、平等、博爱之主义于世界人类"以实现"大同盛轨"，甚有信心。①

作为"走向世界"的重要一步，中国走向共和，外人的观感亦为之一变。欧美报章出现一幅"世界共和国欢迎新中国之图"，英文标题为"The Latest Arrival"，并配有"Welcome, welcome, little man"的旁白，画面中几个欧美形象的成年人欢聚室内，墙上还挂着建国先驱的头像，门口走来一个代表中国形象的小孩。从图画到内容，不难看出先来后到与居高临下的地位悬殊。据胡适称，该图"极有名，世界争载之"，他自己也久久不愿丢弃。②

民国初建，与世界相同的大同，在此时既是部分实现的成就，又是仍需努力的目标，踌躇满志与任重道远同时并存。在时人心中，走向世界是方向绝对正确、路程永无止境的征程。因此也就不难理解孙中山在说"现今世界日趋于大同，断非闭关自守所能自立"的同时还要指出"但开放门户，仍须保持主权"，③有时并强调"今世界文明进化，尚在竞争时代，而非大同时代"。④

---

① 《在北京五族共和合进会与西北协进会的演说》（1912年9月3日），《孙中山全集》第2卷，第439页。
② 《胡适留学日记》上卷，同心出版社，2012，第146、149、172页。
③ 《在南京国民党及各界欢迎会的演说》（1912年10月22日），《孙中山全集》第2卷，第530页。
④ 《在南昌军政学联合欢迎会的演说》（1912年10月26日），《孙中山全集》第2卷，第536页。

1913 年 2 月 23 日，孙中山在东京中国留学生欢迎会上进行演说，认为"从前学说，准物质进化之原则，阐发物竞生存之学理"，在"世界日进文明"的今天，"都成野蛮时代之陈谈"，不适用于今日。"今日进于社会主义，注重人道，故不重相争，而重相助，有道德始有国家，有道德始有世界。"不过，虽然近日社会学说昌明，但是"国家界限尚严，国与国之间，不能无争"。归根到底，"道德家必愿世界大同，永无争战之一日"。"将来世界上总有和平之望，总有大同之一日"，乃是"无穷之希望，最伟大之思想"。①大同世界与国家竞争之间的紧张清晰可见，调和之苦心也跃然纸上。

的确，民国初建，在世界共和国群体中，欢欣有之，有时却难免底气不足。1912 年 5 月 20 日江苏都督程德全到军营演说，《申报》将其演说白话照录，其中说道："本都督那告诫军人的文上说，现在军人要有观察世界的眼光，这话不是假的。自从北京津保一闹，南京赣军一闹，外交团对于我国的军队，万分注意。我军队的名誉好，使外人心服，诸事渐渐的顺手，我中国人才有立脚的地方。"② 所谓"观察世界的眼光"，简直就可以说是观察外人的脸色。11 月 5 日，黄兴在湖南政界欢迎会上的演讲中也带着几分无奈说："生当今世，侵略主义难望和平，须求大同主义，与列强盟好，然后可以图存，亦

---

① 《在东京中国留学生欢迎会的演说》（1913 年 2 月 23 日），《孙中山全集》第 3 卷，第 25 页。
② 《程都督慰劳军士之演说》，《申报》1912 年 5 月 24 日，第 6 版，"要闻二"。

大势之无可如何者。"① 所谓大同主义，落脚点却在于"与列强盟好"，向外的取径十分明显。

不过，以中国之地广人众，建成民国，无论程度如何，总归是一件大事。原本主张立宪的梁启超，对此也感到意义重大，所谓"我国为世界最古之一大国，民众冠于大地，今也由数千年之专制，一蹴以跻于共和，其锐进之气固已震骇天下之观听"。而且此次新政体若能建设成功，不只是"一新国命而已，且将永为世界模范"，因为这是关乎"大共和国大立宪国试验成功与否"的世界性课题。② 民国已尘埃落定，曾经的立宪派和革命党大有握手言和、共同面向未来之意。1912 年 10 月 20 日，梁启超在北京六国饭店出席国民党的欢迎会，国民党参议孙毓筠致辞时便说渐进派与急进派"两派之主张虽各不同，而其欲建一强固之国家，以与世界相角逐，则初无二致也"。③

据张朋园研究，梁氏第一次表示赞同共和的文章为《中国立国大方针》，以他领导的共和建设讨论会的名义发布，最早见于 1912 年 5 月 7 日的《时报》，题为《中国立国大方针

---

① 《在湖南政界欢迎会上的演讲》（1912 年 11 月 5 日），《黄兴集》，第 295 页。"大同"本是一个久远的传统观念，此时被赋予一些新的含义。时人提出，当时已经由"闭关之世界"变成"交通之世界"，进而变成"大同之世界"，而"大同之趋势"就是交通政策（涂恩泽：《就世界大势上以定中国铁道进行之方针》，《铁道》第 1 卷第 3 号，1912 年 11 月，"社论"），则所谓"大同"是以国家和地区间的密切联系为基本的。
② 梁启超：《宪法之三大精神》，《庸言》第 1 卷第 4 号，1913 年 1 月 16 日，"通论"。
③ 《莅国民党欢迎会演说辞》（1912 年 10 月 20 日），汤志钧、汤仁泽编《梁启超全集》第 15 集，第 12 页。

商榷书》。① 在该文中，梁氏首先提出中国自古国家思想欠缺，"以严格的国家学衡之，虽谓我国自始未成国焉，可耳"。数千年来之习惯，国家以下，地方思想、宗族思想、个人思想甚发达。国家以上，世界思想甚发达。"吾国人称禹域为天下，纯是世界思想。"梁氏以共和政体为国家思想渐趋成熟的契机，进而提出"世界的国家"，即一方面中国已经成为"世界的国家"，可喜可贺，另一方面真正进入世界舞台之后，优胜劣汰的压力不减反增。就如何自立，梁氏提出四点意见："今世界以国家为本位，凡一切人类动作，皆以国家分子之资格而动作者也"；"今世界惟大国为能生存"；"今世界以平和为职志"；"今世界惟占优胜于生计界者为能安荣"。②

对于民初的国人来说，民国成立，不仅是政体的更新，更是与"世界"的靠近。如同一个团体的后加入者，必然会观察团体中的原有成员，进而思考人我之异同；向他人看齐，变得相同，或许是获得安全感的一种本能反应。民初与"世界"相同以求大同的愿望，或许正可作如是观。另一方面，由于现实中世界上各个国家之间的竞争依然存在且十分激烈，国家与"世界大同"之间的紧张也挥之不去。

与孙、梁二氏阐述大同理想时不忘国家意识相反，在无政府党人看来，追求大同就要消弭国家观念。1913 年 7 月，"迦身"发表《无政府之研究》，明确提出"反对祖国主义"，强调"吾辈之目的，在人类平等、世界大同，故吾辈之祖国，

---

① 张朋园：《梁启超与民国政治》，上海三联书店，2013，第 6~7 页。
② 梁启超：《中国立国大方针》，《庸言》第 1 卷第 1 号，1912 年 12 月 1 日，"附录"。

舍全世界则不知也"。① 值得注意的是，无政府主义者特别青睐"世界"概念，将其视为除旧布新的标志。《新世界》是1912年创刊的宣扬无政府主义的刊物。有人疑惑于其主张与记述均属社会主义，却不名为《社会主义杂志》，而要标名为《新世界》。该刊方面答称："社会主义者，实不啻即世界主义也。是主义之究竟，固不以一国一隅为限，而以全世界为的者也。且是主义而果实行，将旧世界一切龌龊不堪阴险奸恶之垢俗，尽荡涤之而易一新观，岂非真现一新世界乎，然则社会主义为其本体，而新世界实吾侪之目的物也。"② 更有人愤愤于今日为"恶世界""强者之世界"，大声疾呼要"造一公共之新世界"，且"永永而新世界，新新世界"。③

是否反对国家观念是另一个问题，就"世界"观念而言，民国初年，孙、梁等共和政体的建设者和拥护者与无政府党人均热情于就"世界"言"大同"，则是需要注意的显著事实。这一时期，时人笔下甚至出现"世界"与"大同"等量代换的现象。胡适留美期间，经常参加世界学生会的活动，将该会英文名记为 Cosmopolitan Club，而世界学生会有时又被称作世界大同会，并且是"此邦各大学皆有"，还结合为大同总会（Association of Cosmopolitan Clubs）。④

提倡国粹的《中国学报》所展示出的大同愿望，则更多传统色彩。其1913年2月第4期刊出的《拟世界大同学会简

---

① 迦身：《无政府之研究》，《良心》第1期，1913年7月，"论说"。

② 蠹尘：《新世界之四面观·答或问》，《新世界》第4期，1912年6月30日，"自由笔"。

③ 《新世界之祝词及评语》，《新世界》第5期，1912年7月14日。

④ 《胡适留学日记》上卷，第7、64页。

章》说道：

> 本会为谋政教统一，必先由学术明备，观其会通，以
> 救止人心之陷溺，究明人道之指归，由社会观念融合五大
> 民族，广为世界观念，融合黄白种界，以至国界，同归于
> 圣人至教有分土无分民大同之化。……大同之教，亦自孔
> 子发明，即春秋张三世大一统之义，非政教同化，不能跻
> 世界于大同，非学术会通，不能致政教之同化，兹故定名
> 为世界大同学会。①

这种相同不是向西方求索、被西方同化，而是期望西方向中国
文教化归。6 月的第 8 期又刊出廖平的《大同学说》，阐发
"圣人大同之宗旨"，主张以中国古学统率天下，以求世界大
同。廖氏首先说"大同者何，不同也，化诸不同以为同，是
之谓大同"，并且"凡人之智慧，世界之进步，皆以尚同为初
级"；又颇为辩证地提出"不同之中，有大同者在焉"，"大同
之中，各自形其不同，不同之至，即为大同之至"。其主旨则
在于：

> 欲求世界大同，必先于学术中变大同，以六经为主，
> 以九流为之辅，此吾中国学术之大同也。能化诸不同以为
> 同，推之治法，乃有大同之效。以世界所有之物而论，则
> 大同之学，比于瀛洋，孔子六艺，分派六洋，上下四旁，

---

① 王树枏：《拟世界大同学会简章》，《中国学报》第 4 期，1913 年 2 月，
"论著"。

无所不通。

扼要地说，就是"世界大同，固可由中国之小同而决之者"。[①]
总体说来，廖平等人的愿望既反映出天下大同观的回潮，又已
经改换成"世界"门面。

这种愿望在当时难免显得迂阔不切实际，争先恐后走向世
界、融入世界才是时人看来实现大同的题中应有之义与不二法
门，所谓"今中华民国新出现于世界，即欲进至各文明国之
程度"，非数十年之功难以达成，何况各国之进步也是日新月
异，因此必须"彼进一步，我进十步，夫然后乃得使中华民
国确列于世界文明国之林"。[②] 1913 年 10 月，袁世凯在莅任宣
言书中明确表示，"孔子喜言大同，吾国现行共和，则闭关时
代之旧思想，必当扫除净绝"，因此国民"既守本国自定之法
律，尤须知万国共同之法律，与各国往来，事事文明对待，万
不可有歧视外人之意见，致生障碍而背公理"。[③]

诚然，世界眼光与国家考量总是处于一种不得不面对的微
妙关系之中，有时并存甚至互相照应，有时又不免对立。江亢
虎致函袁世凯称，社会党"所主张者，虽系世界主义，而并
不妨害国家之存在，且赞同共和，融化种界，尤与中国今日之
国是契符"。[④] 嘉兴部党员唐仲彪致函中国社会党本部，自称
细加研究江亢虎关于重大问题的意见而简洁归纳道："本党党

---

① 廖平：《大同学说》，《中国学报》第 8 期，1913 年 6 月，"论著"。
② 《〈国民月刊〉出世辞》（1913 年 5 月 20 日），《孙中山全集》第 3 卷，
　　第 63 页。
③ 《中华民国大总统莅任宣言书》，《申报》1913 年 10 月 14 日，第 7 版，
　　"要件"。
④ 《江亢虎致袁总统书》，《社会世界》第 2 期，1912 年 5 月，"本党纪事"。

员，当抱定共产社会主义及无政府主义，以竭力鼓吹之。惟以国家主义而达于世界主义，现今国家之范围既不能一时攻破，故不得不略采国家社会主义之手续，如普通选举等。"① 蔡鼎成鉴于"国家与世界两主义之界说，东西学者聚讼纷纭，迄无定论，故中国现行方针亦无确指之点"，试图调和两者，"以国家社会主义为手续，以世界社会主义为目的"。②

第二节　"世界"与"世界观"

到 1910 年代，"世界"一词在用法上已经不成为问题，对其运用也已经相当丰富多彩，并且成为一种论述的套路，形成一种流行时尚，甚至话语权势和立论依据。1911 年 12 月，在南北交战、君宪民主不决之际，有议员主张民主立宪，其论述体现出如下几个环环相扣的层次："以世界国体强弱言之，专制国不胜君主立宪国"；"以世界历史言之，无革命之战争者为君主立宪国，有革命之战争者为民主立宪国"；"以国势之巩固与否言之，君主立宪仍不能免革命"；"以世界之趋势言之，凡君主立宪国终不能存留于天壤之间"。③ 四点之中，"世界"居其三，颇可见其时髦程度，且已经构成论证的一种模式。

"世界"时髦如许，但对其直接的解释并没有停止，表明

---

① 《嘉兴部党员唐仲彪致本部函》，《社会世界》第 2 期，1912 年 5 月，"本党纪事"。

② 蔡鼎成：《社会主义之进行以国家社会主义为手续以世界社会主义为目的》，《社会世界》第 3 期，1912 年 6 月，"时事月旦"。

③ 《某员谨陈定乱至计折稿（续）》，《盛京时报》1911 年 12 月 5 日，第 1 版，"奏折"。

其虽然广为流行，却并非不言而喻，还是需要仔细解释。1911年，《社会杂志》的《论世界》一文，就专门说道：

> 大凡人议论一个政事、规矩、风俗、人心，必指一个时候和一个地方而言，这个时候就名为世，这个地方就名为界。自古以来，普天之下所有的世界不能一律，有好的，有坏的，有明的，有暗的，大略分作三等，第一等为天世界，第二等为人世界，顶下的一等为鬼世界。

三个世界等级分明，境界完全不同，但文章最后特意说"读者须知三种世界皆在人间，皆由人造，可不慎哉"，还有一种警诫的意味。① 此处将"世界"与政事、规矩、风俗、人心紧密相连，且强调"世界"在人为，显示出人造世界的主观能动性。这样的观念在当时十分普遍。

同年，《人道杂志》的《人之世界》一文，文如其题，说道：

> 试问社会何由而成乎，曰由人而成也，国家何由而成乎，曰由人而成也，世界何由而成乎，曰由人而成也。人即社会，人即国家，人即世界，世界即人也。吾故曰，人之世界也。……故世界为人之世界，尊之贵之，舍人莫属。②

---

① 英人某：《论世界》，《社会杂志》第3期，1911年12月。该文标明是英人所作，不过既然已经如此翻译成中文，用来体现国人认知，应该不成问题。

② 查天畏：《人之世界》，《人道杂志》第1期，1912年6月，"社论"。

将"世界"界定为人,一方面充分说明世界之"人"的属性,另一方面也体现了鼓吹培养立宪的国民以来个人意识的觉醒。

进入民国之后,宣扬无政府主义的《新世界》也曾专门阐释"世界":

> 上下四方谓之宇,宇也者,有实而无乎处,空间是也。往古来今谓之宙,宙也者,有长而无本剽,时间是也。时间为世,空间为界,合时间空间而成世界。若过去,若现在,若未来,若无穷,若有穷,若无有,一切皆可以世界包之,此世界之广义也。若夫世界之狭义,则人类所历之时,所处之境是已。然则世界云者,以狭义言,不妨假定为人类之所有。人类何以能有此世界,则以人类者,好争之动物,好进之动物也,好新之动物也。……合世界人类而共进于大同,夫是之谓新世界。[①]

"世界"兼具空间与时间,本无新意,最初的亦即佛教语境下的"世界"本就如此。但此处的阐释更突出其人文取向,与人类的关系更加紧密,同时又指向大同这样的圆满境界。相对于最初的佛教"世界",颇有一些"看山还是山"却又毕竟与当时大不相同的意蕴。

在民初追求"世界大同"声浪中,也有人专门辨析"人类大同"与"世界大同":"世界者,阶梯也",一花一叶,都是一世界,万物莫不是一世界,人类也是一世界。同样是人,却有智愚贵贱种种不平,故有大同之说。但大同之说"骛高

---

① 大白:《新世界》,《新世界》第 1 期,1912 年 5 月 19 日,"主张"。

远，行者殆寡"，故暂时"曰人类大同而不曰世界大同"。又论道："所谓让人与人让，非人与物不争。人与物争，适以自存，人与人让，适以自养。"故亦只能"曰人类大同而不曰世界大同"。这里取"世界"的无限广阔意义，所以要突出人类以相区别。对于"凡事有先后，有次序，今日言人类大同，安知世界大同不可几也"的意见，作者并未表示明确反对，只是觉得当下"人类未安，奚言齐物"，仍然将"世界"置于广于、大于、高于"人类"的位置。①

《社会世界》上关于社会主义的讨论如火如荼，其中的"世界"观念如影随形、处处可见，专门的界定亦复不少，或是范围眼界，或是目标标准，或是精神宗旨。社会主义与"世界"关系密切，有人甚至认为两者可以完全互相替代：

> 夫世界含有普遍常住之意义，普遍则无内外，常住则无今古，世界无内外无古今者，以无内外无古今之非世界也。今《社会世界》之刊行，所以祈社会主义之昌明于世界，俾社会主义与世界同其普遍常住也。社会主义与世界同其普遍常住，则社会主义即世界，世界即社会主义，虽永废世界之名词，而代之以社会主义，初无不宜矣。②

由"世界"延伸开来的，还有所谓"世界观"。1912年2月12日，南京临时政府教育总长蔡元培发表《对于新教育之意见》，从探讨"人生者有何等价值"入手，认为人不能有生而

---

① 可生：《人类大同与世界大同》，《大同周报》第1期，1913年5月4日，"通论"。
② 刘艺舟：《祝社会世界》，《社会世界》第5期，1912年11月。

无死，国不能有存而无亡，世界不能有成而无毁。现世之幸福，临死而消灭。若仅以临死消灭之幸福为鹄的，则所谓人生价值难免狭隘局限。他提出"非有出世间之思想者，不能善处世间事，吾人即仅仅以现世幸福为鹄的，犹不可无超轶现世之观念"，政治家可以以现世幸福为鹄的，教育家则不可以此为限：

> 盖世界有二方面，如一纸之有表里：一为现象，一为实体。现象世界之事为政治，故以造成现世幸福为鹄的；实体世界之事为宗教，故以摆脱现世幸福为作用。而教育者，则立于现象世界，而有事于实体世界者也。故以实体世界之观念为其究竟之大目的，而以现象世界之幸福为其达于实体观念之作用。

依据现象世界、实体世界及其相互关系的理论，蔡氏主张"循思想自由言论自由之公例，不以一流派之哲学一宗门之教义梏其心，而惟时时悬一无方体无始终之世界观以为鹄"，对于此种教育，"无以名之，名之曰世界观教育"。大概蔡氏自己也感觉这暂且名之的"世界观教育"有些抽象费解，因此不厌其烦多方阐释：从心理学各方面来看，"军国民主义毗于意志，实利主义毗于知识，德育兼意志情感二方面，美育毗于情感，而世界观则统三者而一之"；从教育界德智体三育分言，"军国民主义为体育，实利主义为智育，公民道德及美育皆毗于德育，而世界观则统三者而一之"；从教育家之方法来说，"军国民主义、世界观、美育皆为形式主义，实利主义为实质主义，德育则二者兼之"。又以人身来做譬喻："军国民主义者，筋骨也，用以自卫；实利主义者，胃肠也，用以营养；公民道德者，呼吸机循环机也，周贯全体；美育者，神经系也，所以传导；世界观者，心理作用也，附丽于神经系，而无迹象之可求"，五者不可偏废。①

　　蔡元培煞费苦心的解释，还是没能让人明白"世界观教育"到底为何物，其五育并行的主张，也让人感到难以理解。2月21日，江苏省立第二师范学校校长贾丰臻发表《讨论教育部长对于新教育之意见》，对于"今部长以军国民教育主义、实利主义、公民道德教育主义、世界观教育主义、美感教育主义同时表出，旁证曲引，一若不并行则教育之方针不克完成者"，感到"恐两途并骛，一事无成，犹之泛舟大洋，主持罗针者，东西南北靡有底定，如是而欲达到目的地，诚戛戛乎难之"。对于蔡元培比诸人身的精细譬喻，他还是认为不妥，"既称之曰教育方针，则可譬为人之头脑，主宰一切，万无政出多门之理"。贾氏认为蔡氏之主张"直以希腊罗马古代之教育主义即为共和国之教育方针，恐较诸满清之忠君尊孔尤为难能"。他顺势提出教育要具有"世界主义"，并对其心中的"世界主义""世界眼光"有所解释：

　　　　夫教育之所谓世界主义者，以教育者不可不具世界之眼光，即对待国家教育主义、社会教育主义、家庭教育主义而言，若孔氏之所谓大同，墨氏之所谓兼爱，即世界主义之谓也。重人道，尊人权，有彼此提撕之责任，无尔我

---

① 《对于新教育之意见》（1912年2月11日），高平叔编《蔡元培全集》第2卷，第132~135页。

界限之可画，即世界教育主义之谓也。①

从蔡元培的"世界观教育"，轻松过渡到贾丰臻的"世界主义教育"，本身就说明"世界"其实是一个极其含糊的观念。本来就不甚确定的"世界"风靡起来，时人热衷于此，却未必可以道个明白。风行的时髦观念，大抵命运如此。贾氏对所谓"世界主义"的认识自然也未必是定论。公羊寿文就认为蔡元培之世界观教育主义，"非为出世间之哲学教育之谓也，亦非为孔子之大同、墨子之兼爱之世界主义之谓也，亦非为重人道、尊人权、无彼此、无尔我之世界教育主义之谓也，是为就国家教育主义之范围内，扩充其国民之世界概念，使其思想才力渐趋于世界主义之世界事业之谓耳"，② 明显与贾氏不同。

7月10日，作为中华民国成立之后的第一次中央教育会议，由教育部主持召开的全国临时教育会议开幕。蔡元培在开会词中提出君主时代之教育不从受教育者本体上着想，而民国教育方针则不然，"须立于国民之地位，而体验其在世界、在社会有何等责任，应受何种教育"：

> 社会逃不出世界，个人逃不出社会。世界尚未大同，社会与世界之利害未能完全一致。国家为社会之最大者，对于国家之责任与对于世界之责任，未必无互相冲突之时，犹之对于家庭之责任与对于国家之责任，不能无冲突

---

① 贾丰臻：《讨论教育部长对于新教育之意见》，《申报》1912年2月21日，第6版，"来稿"。

② 公羊寿文：《主张师范学校宜添设世界语一科》，《独立周报》第1卷第8期，1912年11月10日，"专论"。

也。国家、家庭两种责任，不得兼顾，常牺牲家庭以就国家；则对于国家之责任，自以与对世界之责任无冲突者为范围，可以例而知之。①

不但着重提出"世界"，还将其置于国家之上的高度。

7月18日，全国临时教育会议开始审议教育宗旨案，初读指出"原案注重道德教育，以实利及武勇两主义济之；又以世界观及美育养成高尚之风，以完成国民之道德"。议员刘以钟、吴曾褆提出"请决定相对的国家主义为教育方针案"，议员侯鸿鉴提出"请明定教育方针案"，议员徐炯提出"确定教育方针以固国本案"。19日形成正式审查报告，"于形式一方面，赞成刘、吴案以国家为中心，而不背世界进化之原则，并不妨个性之发展"，与蔡元培开会词中的主张形成呼应。议员中"颇有主张将世界观与美育一并加入教则，其理由谓我国民于世界观念素来缺乏，不应将此层废弃；或又谓世界观为宗教的、哲学的，不应加入普通教则内。议长以加入世界观三字于教则内付表决，赞成者二十五人，少数；或又谓世界观与世界观念绝然不同，宜将世界观念加入教则，赞成者亦为少数"。② 前文已经提到"世界观"与"世界主义"可以轻松转换，这里又显示"世界观"与"世界"观念在时人看来也是剪不断理还乱，莫衷一是。

此时的蔡元培确实对哲学和宗教抛掷心力，对"世界观"

① 《全国临时教育会议开会词》（1912年7月10日），高平叔编《蔡元培全集》第2卷，第262~263页。
② 我一：《临时教育会议日记》，朱有瓛主编《中国近代学制史料》第3辑上册，第12页。

似乎情有独钟，难以割舍。或许是为了回应旁人的质疑，或许是力图向众人解释世界观到底为何物，又如何重要，是年冬，已经辞去教育总长职务的蔡元培撰写《世界观与人生观》，称：

> 世界无涯涘也，而吾人乃于其中占有数尺之地位；世界无终始也，而吾人乃于其中占有数十年之寿命；世界之迁流，如是其繁变也，而吾人乃于其中占有少许之历史。以吾人之一生较之世界，其大小久暂之相去，既不可以数量计；而吾人一生，又决不能有几微遁出于世界以外。则吾人非先有一世界观，决无所容喙于人生观。……以意志为世界各分子之通性，而即以是为世界之本性。[①]

这里很明显体现"世界"的时间、空间两性质，且与人的地位作用紧密相关，由此顺势讲到世界观、人生观。而全文的主旨，则是在讲进化史。[②] 他"统大地之进化史而观之"，从植物、动物讲到人类。"及进而为人类，则由家庭而宗族，而社会，而国家，而国际。其互相关系之形式，既日趋于博大，而成绩所留，随举一端，皆有自阂而通、自别而同之趋势。"蔡氏之讲进化史，重心和归宿并不在于竞争，而在于全人类之合作。[③]

此时，在教育问题上提倡"世界观"显得很是自然，有

---

① 《世界观与人生观》（1912年冬），高平叔编《蔡元培全集》第2卷，第288页。
② 冯友兰：《中国现代哲学史》，江苏文艺出版社，2013，第48页。该书第三章专论蔡元培，其中第二节专论蔡元培之世界观与人生观。
③ 《世界观与人生观》（1912年冬），高平叔编《蔡元培全集》第2卷，第289~291页。

时是作为最重要的内容，有时甚至是根本目标所在。1913 年，杨昌济发表《教育上当注意之点》，称："凡人不可无历史、地理之知识。历史者合古今为一连续，地理者合世界为一全体。上下五千年，纵横九万里，必具知其大略，而后胸中有一全体之组织，有所谓世界观、人生观，有所谓大我。"接着依据近世伦理学家的自我实现说，提出"所谓自我者，大我也，以宇宙为一体之大我也。谋世界之公益，即所以实现自我也"。① 次年，他在《教育学讲义》中介绍"支配十八世纪之思想界"的启蒙学派，亦称"先不可不言其世界观、人生观"，因为"启蒙派之学者以理性（Reason）说明世界及人事界，且以之为支配人事界一切事件之原理"。②

而对于进化世界中人的作为问题，蔡元培本人可谓念兹在兹。1915 年 2 月 7 日，吴稚晖偕梁如皋由英伦到达法国都鲁士，与蔡元培及李石曾、张继等发起组织"世界编译社"，起草了《世界编译社旨趣书》，提出"吾人处于此世界，当思所以处此世界者"，接着说"今日世界可悲之现象，不惟弱肉强食，抑且愚奴智主"，"吾人之在今日，不免于愚且弱"，不敢自讳，不敢不自救。救愚，当谋智识之日进；救弱，当谋能力之日进。总之，"世界之进化无穷，而吾人之于世界，其进化与作为亦无穷，此则本社编译之旨趣也"。③ 同年，李石曾与吴稚晖、汪精卫、陈璧君、张静江、褚民谊、谭熙鸿、蔡元培等在法国成立世界社，推举蔡元培起草《缘起》（印出时改为《世界社之意趣》），称："读人类进化史，而察其归依鹄的之

① 《教育上当注意之点》，王兴国编《杨昌济文集》，第 49 页。
② 《教育学讲义》，王兴国编《杨昌济文集》，第 102 页。
③ 高平叔撰著《蔡元培年谱长编》上册，第 571~572 页。

趋势，殆不外乎欲合人类全体为一团，而相与致力于世界之文化。"反观国内，蔡氏认为，中国不识字者太多，"少数识字者之中，仅能为应用之笔札，而不足以语于学问者，又居其大多数。少数学者之中，拘牵于古代烦琐之哲学，摹拟之文词，而不敢染指于新世界之学术者，又居其大多数"。国中教育不平等之状很是复杂，而与他族他国相见，更加相形而见绌。若不自甘于淘汰，就应该急起直追，参加于学术之林。故"同人就学异国，感触较多，欲从各方面为促进教育之准备，爰有世界社之组织"。① 据其简章，该社将续出《世界》大画报（前已刊行第一、二两册及特刊《近世界六十名人》一册）。② 从认识到行动，均延续三年前的"世界观与人生观"。

是年，蔡氏又撰《1900 年以来教育之进步》，再次提出"世界观与人生观"，还是与进化观念相联系：

> 教育界中所不可缺之理想，大要如下：一曰调和之世界观与人生观。夫世界果为何物，吾人之在世界，究居何等地位，是为哲学界聚讼之问题，诚不宜以举一废百之道强立标准。然无论何人，不可不有其一种之世界观及其与是相应之人生观，则教育之通则也。……然则以人生为本位，而忘有所谓世界观者，其见地之淑隘，所不待言。……二曰担负将来之文化。世界，进化者也。后起者得前辈之事业以为凭借，苟其能力不逊于前人，则其所以

---

① 高平叔撰著《蔡元培年谱长编》上册，第 594 页。早在 1906 年和 1912 年，李石曾等人就已经分别在巴黎和上海发起过世界社。

② 《世界社缘起》《世界社简章》（均 1915 年），高平叔编《蔡元培全集》第 2 卷，第 400~401 页。

成立者，必较前人为倍蓰之进步。……三曰独立不惧之精
神。……四曰安贫乐道之志趣。……夫以当今物质文明之
当王，拜金主义之盛行，上述诸义，几何不被目为迂阔，
然教育指导社会，而非随逐社会者也，则乌得不于是加之
意焉。①

世界观似乎始终与人生观相伴而来。讲世界，归宿在于讲世界
中人的应对与作为；讲人生，则不得不置于世界的场景之下。
1918年，李大钊摘译 Christensen 氏《政治与群众道德》，作成
《世界观》一文，开篇便说"吾人常探求人生之理矣！人生之
理，即世界观（Worldview）也"。此世界观，"虽不能尽括一
切人生现象，至少亦为网罗于各人有趣意之现象之一种公分母
焉"。"凡求世界观者，精确言之，皆不外于一己与环境之间
寻一调停之道而已。"他还认为保守党、急进党之报纸，关于
宗教、文学及其他政治以外之问题意见相异，"其故则政见之
对抗，即世界观之对抗表现于外者也"。"政治上之对抗，依
然为自古以来世界观之争斗，不过易一新形耳，其对抗固犹是
也。"不同气质导致的不同世界观相争互持，"殆为保持世界
之进步，使之平流并进耳！"②

今人习惯将世界观与人生观、价值观并列，共同构成最基
本的认识框架、思维模式和行为基准。"世界观"紧密关联着
人生，直接指向个人以及团体的价值判断，这些基本面相在民

---

① 《1900年以来教育之进步》（1915年），高平叔编《蔡元培全集》第2
卷，第407~408页。
② 《世界观》（1918年7月1日），中国李大钊研究会编注《李大钊全集》
第5卷，人民出版社，2006，第420~421页。

初有关"世界"和"世界观"的纷纭论述中已经全部展露出来。这也充分说明，经过晚清以来大约一世（30年）的演变，此时"世界"含义已经完成近代转换，对其运用也已经完备娴熟。

小 结

梁启超曾在《五十年中国进化概论》中将近代中国向西方学习的进程大体概括为器物、制度和思想文化三大步。[①] 制度处于器物和思想文化之间，亦实亦虚，具有某种枢纽性的作用。民国的成立，是向外学习制度的结果，是外来文化在国家基本体制上的本土化实践。一时间，大多数人对此充满想象和希望，盼望着从此可以真正与列强一样，拥有被承认的平等地位，更拥有繁荣强盛的前途，"走向世界"之路似乎进入一个新的阶段。在此背景下，共和政体的创建者和拥护者们特别注意与"世界"求相同以实现大同，也唯有如此，才能更好把握国家命运与前途。尽管存在不少偏颇之处，其谋国之忠总体上还是值得肯定。无政府主义者虽然看起来排斥国家机器，但从更深层看，也同样是在从国家发展到世界大同的延长线上。他们对"世界"的想望，只是更深一层，并无方向的不同。民国成立，让中国面对世界变得更加直接和紧迫，万象更新的气氛（并非实质）也带来了思想观念的纷纭，在"世界"极为流行之时，各方面反过来还要专门阐释和论述到底何为

---

① 《五十年中国进化概论》（1922年10月），汤志钧、汤仁泽编《梁启超全集》第11集，第404~406页。

"世界"、"世界"如何,以及应该培养什么样的"世界观"来面对人生。这一时期有关"世界"和"世界观"的集中讨论,正是数十年以来"世界"观念演化与发展的自然结果,也是对其运用娴熟的自然反映,同时存在众说纷纭的歧异。这些是由"世界"本身含义的丰富和当时思想形势的繁杂共同决定的。

第九章　从"欧战"到"世界大战"：
一战在华反应的思想轨迹与影响

第一次世界大战堪称人类历史上首次真正意义上的全球大事件，对于"走向世界"的近代中国来说，则是主动参与国际事务、争取影响国际格局的开始，具有里程碑式的意义。中国先被动应对后主动参加并积极谋求自身正当权益，却很快由希望而失望，发现自己即便成为战胜国，也还是被西方所代表的那个"世界"排除在外，"公理战胜""世界大同"终成泡影，就不得不有所调整和转移，将目光从欧美转向苏俄，去寻求一种新的可能来实现自主和平等。在此过程中，中国与"世界"若即若离，对以是非而非强弱处理国际关系的追求与期待愈挫愈勇。对这场大战，时人先是普遍称为"欧战"，后来逐渐变成"世界大战"。① 称呼变化的背后，既是"世界"这一概念近代含义主观性的体现，更深刻影响国人自我定位、

① 相关研究参见黄嘉谟《中国对欧战的初步反应》，《"中央研究院"近代史研究所集刊》第 1 期，1969 年 8 月；徐国琦：《中国与大战：寻求新的国家认同与国际化》，马建标译，四川人民出版社，2019；罗志田：《希望与失望的转折：五四运动前一年》，《激变时代的文化与政治——从新文化运动到北伐》，北京大学出版社，2006。一些论著已经注意到称呼的变化，有的还特意以括号的形式补充说明。至于具体演化的轨迹和意义，仍有待探究。

国际认识和未来规划的思想轨迹。聚焦名称的变化，把握背后的事实，勾勒一战带给中国的思想革命，有利于认识一战在近代中国"走向世界"历程中的关键意义，乃至更好理解此后中国政治和思想变革的基本走向。

第一节　一般描述：旁观"欧战"心态下的 "世界大战"

发生于1914~1918年的同盟国与协约国两大集团间的大战争，今日通称为第一次世界大战，"第一次"当然是后来的叠加倒述，而"世界大战"也并非当时通行的称谓。时人普遍以"欧战"相称，"欧战"所指更加明确和客观，"世界大战"则相对模糊却包含更为主观、主动的判断和意识。从"欧战"到"世界大战"的变化，不仅仅是因为战争的范围和量级，更与中国人对大战形势及前途的判断和希望有关。

"世界战争""世界大战争""世界大战"之类的表述在一战前已经出现，这与"世界"一词近代新含义的特点有关，即一方面实指地域上的全球范围，但有时又作为当时少数先进和强大国家的代称；另一方面作为一种形容词，具有抽象含义，言其广大不拘于一国。日俄战争期间，《东方杂志》的"社说"论道，"日俄战事既开，世界万国虽纷纷宣布中立，要其各挟一帝国主义从而伺其后"，所以"世界战争亦非彼族所敢轻道"。① 所谓"世界战争"，意为国际上的尤其是大国强国之间的，区别于一国内部的战争。《申报》则综合各报之意

---

① 孤行：《满洲善后策》，《东方杂志》第1年第2期，1904年4月10日，"社说"。

称:"俄国似决意累及法国,令其与于战事,如此则成一世界大战。"① 此类泛称在当时并不少见,都是泛指虚指,既非特定也非实有,且不涉及中国。

"世界大战"与中国的关联,最初均为预测。1906年,汪精卫判断若中国不能自立,就会导致"各国争欲均势力于中国","常足以激成世界之大战争",② 虽与中国直接相关,却是虚拟。在此前后,由于列强在华势力之深广以及争夺之激烈,时人常常感到世界的焦点在东亚甚至中国,日本人亦持此念。伊藤博文就曾对记者说:"远东一隅,列强或间接直接酿成一世界之大战。"③《申报》放出消息称法国若"遇有世界大战",必会占领琼崖岛。④ 这些判断和表述或与后来的史实相反——世界大战并非起于中国,或有着惊人的相似——日本趁大战占领青岛,都将虚拟的"世界大战"与中国相关联。

1913年,《东方杂志》刊出商务印书馆编辑钱智修的译著《世界大势变迁论》,称"欧奇纳河 The Ergene River 畔之战,实为世界大战争之一",⑤ 此即埋下一战导火索的巴尔干战争,无意中衔接了"世界大战争"之名与一战之实,却仍为泛指而非特定。1914年7月底一战爆发,8月6日中国宣布局外中

---

① 《俄国欲令法国同与战务》,《申报》1905年5月19日,第2张第9版。
② 精卫:《驳革命可以召瓜分说》,《民报》第6号,1906年7月25日。
③ 《中日交涉余闻》,《东方杂志》第6年第10号,1909年11月7日,"记事"。
④ 《札饬速开榆林军港》,《申报》1909年10月20日,第2张第3版,"军界"。
⑤ 钱智修:《世界大势变迁论》(译《十九世纪及其后》巴克尔 J. Ellis Barker 原著),《东方杂志》第10卷第3号,1913年9月1日。

第九章 从"欧战"到"世界大战":一战在华反应的思想轨迹与影响

立。很快,《欧洲战事汇报》在上海诞生,参议院议员陈时夏等为主要撰稿人。其第 1 期"社论"已经意识到"自此次战后,世界局面必一大变","数十年势均之局必自此次战事而破",当下政府应该"趁列强战争之时,集精会神,整理内政,开诚布公,与人民更始,求满清失败之原因以为鉴,默观世界大势之所趋,改政治之方针以应之"。① 尽管已经意识到战争会有世界性影响,却不称为"世界大战",并以局外心态看待大战,注目内政改革,恰与官方中立态度相呼应。同期还有陈时夏的《世界百年未遇之大战争》,称过去欧洲战事"关系多在直接交战之一二国,初未有如此次战事关系之大",此次则"远东人之感觉,直无异于和瑞比西之民"。② 陈氏有关大战与远东关系的论述稍有夸张,实际含义只是消息传递便捷,东亚可以及时获悉。"世界百年未遇之大战争"只是一种描述,不同于作为专称的"世界大战"。换言之,范围广、关系大并不是一场战争可以称为"世界大战"的充分条件。该报第 2 册发布宣言,称已经添聘编撰员数人专记各国战事、译述员专译各国著名报章,并且"注重言论以及各国之历史地理大势,俾阅者可以洞悉各国之国情,将来则可成为一部欧洲大战史",指出"此次欧洲战事为世界未曾有之大战争",③ 却仍称为欧洲战争,更加说明了这一点。

名称的有意识转化,日本反应似更快。1914 年 8 月 23 日

① 颂明:《论欧洲战事与中国之关系》,《欧洲战事汇报》第 1 册,1914 年 8 月 15 日,"社论"。
② 陈时夏:《世界百年未遇之大战争》,《欧洲战事汇报》第 1 册,1914 年 8 月 15 日,"选论"。
③ 《本社宣言》《招登广告》,《欧洲战事汇报》第 2 册,1914 年 8 月 30 日。

233

日本对德国宣战，25 日其控制的朝鲜总督府机关报《每日申报》就将传达世界各地战争电报的第 2 页新闻"全欧大动乱"改名为"世界的大战乱"。① 虽然尚未形成"世界大战"的特指，但迈出了从"欧洲"到"世界"的有意识一步。稍后，中国开始明确特指此次战争为世界大战。10 月 4 日，《大公报》报道称"世界大战，运输窒塞，大连输出之豆油所受之打击颇巨"，② 这还是主谓结构的用法，与命名不尽相同。11月，范源廉发表《今日世界大战中之我国教育》，认为"值世界大战之今日，于吾所期养成国力之教育，实为最良之时机"，③ 还有主谓结构的痕迹。《申报》称为"此世界大战争"，④ 一般描述定位成具体指称，但还未提炼固定。该月和下月，著名时事评论人、时任《申报》主笔的陈景韩以"冷"为笔名，发表两篇"时评"。一则曰"今之世界所谓大战者，金钱与血之大战耳。故世界大战之结果，而定世界之正真强有力，则惟金钱孰多流血孰多而已矣"；一则曰"以如此世界大战之时"。⑤ 以上是目前所见最早的明确和特指这场战争为"世界大战"的，此前陈氏还是以"欧战"相称，而此后他发

---

① 金珉廷：《"欧战"论述与"1910 年代"中韩知识分子的思想状况——以〈东方杂志〉、〈每日申报〉和〈学之光〉为中心》，博士学位论文，华东师范大学，2017，第 58 页。
② 《战潮中之吉长消息》，《大公报》1914 年 10 月 3 日，第 3 张第 1 版。
③ 范源廉：《今日世界大战中之我国教育》，《中华教育界》第 23 号，1914年 11 月。
④ 仲远：《山东战区实况（八）》，《申报》1914 年 11 月 2 日，第 3 版，"要闻一"。
⑤ 冷：《金钱与血》，《申报》1914 年 11 月 9 日，第 2 版，"时评"；《日本议会解散》，《申报》1914 年 12 月 27 日，第 2 版，"时评"。

表的多篇短评，均改为"世界大战"，① 足见媒体人的敏锐。此外，该报 1915 年 3 月的《战云趋向君士丁谈》和 4 月的《德人之非缄口政策》亦采用"世界大战"的称谓。作为影响力最大的综合性报刊，《申报》最早较为集中地开始使用"世界大战"。

　　与媒体称呼转变相呼应的，是专业团体著述中的观念。1914 年 12 月，陆军学会出版其会员胡祖舜编辑的《二十世纪世界大战记》。胡氏为第一届国会议员，一战爆发时他供职于陆军学会所办《军事月报》。他称"欲一举所见，供诸社论，聊以尽会员一分之义务"，故编是书，希望引起国人对中国前途命运的重视和讨论。他认为，"近世世界外交之舞台，实以二老大国为中心"，即中国和土耳其，两国腐败积弱，为列强所注目觊觎，分别造成远东问题和近东问题。"世界之祸机，即所隐伏，而中土两国遂无日不在风雨飘摇之中矣……立国于二十世纪之竞争舞台，舍武装末言和平。"强调必须高度重视与一切内政息息相关的武装。② 陆军学会副会长、北京政府陆军部编译处副处长张文赞赏该书取材丰富而又简括详明，纲举目张，卓然佳构，可以"推胜败之原因，为改良之范本，从而整我军旅，固我国防，我绚烂庄严之民国，与列强争雄于冠裳坛坫间不难矣"。③ 陆军部部员、陆军学会调查处处长潘毅

---

① 冷：《欧洲战事之影响》，《申报》1914 年 8 月 4 日，第 2 版，"时评"。以下三者都称为"世界大战"。冷：《诚实与虚妄》，《申报》1915 年 4 月 17 日，第 2 版，"时评"；《三究竟》，《申报》1917 年 10 月 6 日，第 3 版，"时评"；《世界和平之机》，《申报》1917 年 12 月 28 日，第 2 版，"时评"。

② 胡祖舜编《二十世纪世界大战记》，陆军学会，1914，"叙言"。

③ 见张文、王若周为胡祖舜编《二十世纪世界大战记》所作的序。

亦认为该书对“欧洲开战之原因，交战之事实，各国海陆军军备暨动员之概要，并其他中立各国之状况，如星罗棋布，昭然若揭”，对于中国振作人民志气、唤醒尚武精神颇有助益。[①]该书虽然书名还有“二十世纪”的前缀，显得不够凝练，且书中的称呼仍以欧战为主，但毕竟是中国第一本将此战命名为“世界大战”的著作。

该书已经注意到大战与中国的关系，但只是抽象的、宏观的、镜鉴式的，故基本还是以旁观者的角度希望获取军事方面的信息，同时也寄托着国家强盛的宏观远景期待，其方向是从大战来看中国，而非以中国看待、参与乃至影响大战。这是当时立场不同的各方面共通的基本心态。二次革命失败后流亡日本的孙中山及其追随者亦是如此，他们判断欧洲列强无暇东顾，袁世凯无法获得借款，将大战视为发动三次革命、推翻袁世凯政权的良机，并为此积极谋划。大战是完全作为外部环境被认识的，称谓上自然也只能是“欧战”。[②] 而与袁世凯关系密切、曾译述有关大战的英文评论供袁参考的严复，思维和表达上亦复如此。战争初起，严复称其为“世界战端”，[③] 固然有言其大的意思，恐怕多少还有一点外在的感觉。当战事逐渐发展，他反倒更加确切而稳定地称之为“欧战”，哪怕已经意

---

① 见潘毅为胡祖舜编《二十世纪世界大战记》所作的序。

② 桑兵主编《孙中山史事编年》第 4 卷，中华书局，2017，第 1752、1753、1756、1757、1760、1762、1764、1767～1769 页。关于孙中山与一战的关系，参见段云章《孙中山与第一次世界大战》，《近代史研究》1991 年第 1 期；陈剑敏：《由反对到赞成——孙中山对中国参加一战的反应》，《兰台世界》2013 年第 25 期；杨天石：《孙中山与第一次世界大战》，《江苏师范大学学报》2018 年第 5 期。

③ 《与庄蕴宽（一）》，汪征鲁、方宝川、马勇主编《严复全集》第 8 卷，马勇、黄令坦点校，福建教育出版社，2014，第 409 页。

识到其影响"遍于全球"，关注点却在于国内"同室操戈之事"，① 对大战仍有置外之感，甚至多次预言战后"不但列国之局，将大变更；乃至哲学、政法、理财、国际、宗教、教育，皆将大受影响"，所谓"便是簇新世界，一切旧法，所存必寡"，"乃成新式世界"，不可谓不知战争影响之广泛，但称谓上仍保持"欧战"。② 这充分说明，大战影响之广（哪怕及于中国）与中国关系大战之深，虽有关联但仍有区别，后者才是其能够称为"世界大战"的决定所在。

一战于欧洲爆发，中国人称之为"欧战"，最自然不过。由于牵涉颇广，偶尔亦描述其为"世界"级，这是一种形容，而非专门指称。日本参战，战祸蔓延东亚，国人开始使用"世界大战"之称谓，这不仅是因为战争范围进一步扩大，更是由于意识到大战与中国的关系更加拉近。虽然此时只是个别出现，并没有改变主要称"欧战"的基本面，只能视作一种发端，但这种转变的意义是重大的，因为泛指描述的"世界"级战争或许可以不包括中国，但作为特定指称的"世界大战"就没有理由将中国排除在外。1915 年 11 月，《英商公会华文报》甫一创刊，便开始刊载译著《欧战纪事本末》。③ 该书英文名为"The Great War"，副标题为"Its Origin and the Responsibility for It"，欧人径称为大战，多少有点自我中心、以

① 《与熊育锡》（三十），汪征鲁、方宝川、马勇主编《严复全集》第 8 卷，第 313 页。
② 《与熊育锡》（二十、六十二、六十八），汪征鲁、方宝川、马勇主编《严复全集》第 8 卷，第 298、352、357 页。
③ 《世界大战原因，孰为戎首，当负其职》，《英商公会华文报》第 1 期，1915 年 11 月。该报刊登时直接略去原书主标题而使用其副标题。

自我为世界的意味。中国人在原文不具备欧洲语义的情况下仍译为"欧战",副标题则译为"世界大战原因,孰为戎首,当负其职",① 客观实指优先的同时兼顾定性描述,最能反映此时"欧战"为主流称呼的前提下"世界大战"渐渐萌芽的基本格局。根本上,这是由中国与大战更是与世界的关系深浅决定的。

第二节 指称成形:身与其中的"世界大战"

日本参战并占领青岛,中国与大战关系变得直接起来,"世界大战"的称呼应运而生,但仅为少数,舆论依然以旁观心态为主。梁启超积极引导国人思考大战与中国的关系。他先后撰成《欧洲战役史论》和《欧战蠡测》,感慨"国人对于世界知识之兴味,浅薄极矣",大战以来朝野"相见必以欧战为一谈资",虽有所不足,但"求知外事之心,固已日渐恳切",不失为"思想界一进步之机"。他认为"吾中国人者虽曰幸超然立于事变之外,其直接所蒙影响不甚剧,而战后之狂潮,势必且奎涌以集于我",因此"不容以隔岸观火之态出之",希望"借此战役以洞明世运变迁之所由,更进而审吾国之所以自处"。② 李大钊为《世界风云与中国》一书作广告道:"世界既沈于战乱之中,则凡立国于世者,当无不受其影响。中国与

---

① 雷斯赉:《欧战纪事本末》,1915,"绪言"第1~6页。
② 《欧洲战役史论》《欧战蠡测》,汤志钧、汤仁泽编《梁启超全集》第9集,第42~45、159页。关于梁启超的欧战研究,参见尉曙超、黄兴涛《梁启超与第一次世界大战史研究在中国的发轫》,《史学月刊》2020年第7期。

巴尔干，同为列强势力集中之点，此后存亡之运命，愈见逼紧，凡在国民，宁容漠视。"① 将中国与巴尔干类比，一下子拉近了中国与大战的距离。

在有识者的呼吁下，中国与大战的关系越来越受到关注。吴宓读到清华学校英文教员王文显所著 "The World War, from the Chinese Standpoint"，称其"精湛缜密，佳构也"。② 《民国日报》发表社论，先陈述"欧洲战事"这一"世界的大战乱"加入者已十二国，世界大国中未加入者仅美国和中国的事实，继而反思中国积弱即在于"国民不自觉其世界的地位以努力向前"，强调"苟吾国民而自觉其世界的地位，则处兹世界大战争之避风港里，应念及战后之世界局面，念及战后吾国在世界之地位，以致力于巩固国基之事业"。③

当然，这些关注在外国人看来仍然不够，1915 年 12 月之前，英国人就认为：

> 今日之欧战，自文明国人观之，皆以为全世界之战，而中国人独不作是想……华人对于今兹战事，初无希冀某方获胜之意，而于开战之目的，亦漠不关心。其心中所希望者，为恢复和平而重建远东之均力耳，他非所问也。所以然者，未始非怀疑于日本有以致之耳。④

① 《新书广告三则》，《李大钊全集》第 1 卷，第 123 页。
② 吴学昭整理《吴宓日记》第 1 册，三联书店，1998，第 498 页。
③ 叔涛：《平和救国》，《民国日报》1916 年 6 月 15 日，第 1 张第 2 版，"社论"。
④ 叶达前：《中国与大战争（译英人维尔原著）》，《大中华杂志》第 1 卷第 12 期，1915 年 12 月 20 日。

此处除明言中国对大战关心不深外，更敏锐点出日本在其中的影响。实则早在上一年，英文《北京报》就预言："欧人之视线必尽集于此次战事，不再顾及他隅，而东方之中国，惟有任其生活于一大强国势力之下矣。此一大强国者，继续集其视线于中国，且未必能事事以敦睦国交为前提，即彼日本是也。"①而日本方面强调此次战争"非如支那革命之仅为世界一部分之问题，实于世界各国颇有多大之影响者也"，认为"吾人处此时局，惟有以冷静之态度，观时局之推移，不可徒为日日之电报所激刺，以失其判断力"，宣称"日本者，支那之善邻国也，决不于此时逞何等之野心，依然尽力保障支那之安全与平和，以维持东亚之和平"，呼吁中国"全然停止自国中各私人之争"，"不与外人生事，而专其心力于内治"。惜乎那时候的中国译者却认为该论"多有见地，而对于吾国人之忠告，尤觉诚挚周到，情见乎词，望读者三味其言也"。②

日本从"欧战"到"世界大战"的意识转换比中国略早，使用上亦逐步稳定。③ 这是由于其觊觎德国在华权益，图谋趁大战之机谋求更多特权。中国地大物博，在日本看来，资源简直取之无尽用之不竭，对此垂涎三尺，日人毫不掩饰地表示："参加于现时世界大战之日本国，此战役之结果，日本百年之

① 踽踽：《欧洲战祸与中国（译英文北京报）》，《欧洲战事汇报》第1册，1914年8月15日，"译论"。
② 《欧洲危机与支那（译日文上海周报）》，《欧洲战事汇报》第1册，1914年8月15日，"译论"。
③ 日本人曾专门论述"此次世界大战"对于国家内部与对外之关系，强调国家独立之重要性［殷铸夫：《国家独立之真义（译日本法学博士佐佐木惣一原著）》，《正谊》第1卷第8号，1915年5月15日，"译述"］。

大计,收获之道,可以缅想已。"① 中国关注一战以及"世界大战"称谓的逐渐发展,相当程度上是以日本为焦点的。李大钊就警告日本倡导"极东们罗主义"之举"有引起世界大战之虞"。②

在从旁观心理到积极思考自身关系的过程中,"世界大战"和"欧战"称谓呈现摇摆状态,有时两者并存互训;③ 有时特别点出大战范围由欧洲扩至世界的历程,所谓"渐传染于亚洲,又渐传染于非洲美洲,而所谓世界之大战争乃真于是成矣";④ 有时则对"欧战"进行辨析(恰说明已成习惯),所谓"总之欧战云者,实世界之战争,而非欧洲一隅之战争也"。⑤ 这些表述说明,"欧战"在事实上和观念上对于中国真正成为"世界大战",仍需要过程。

1917年2月9日,仍持中立但参战问题已提上日程的中国政府就德国之无限制潜水艇战,提出严重抗议。英文《京报》对此大加赞赏,称为"对外政策之正式诞生,即中国振兴之先兆"。因为"中国自最初与列强发生条约关系以来,其外交行动未尝出国门一步,以及于世界之政治","所谓对外事务,皆为滨海口岸"。如今"竟能步武西方,肩荷所当担负

① 《铁与战争(《吉长日报》译日本福本日南原著)》,《东方杂志》第12卷第3号,1915年3月1日,"内外时报"。
② 守常:《极东们罗主义》,《甲寅日刊》1917年2月21日,"学说"。
③ 公明:《世界大战局延长之推测》,《进步》第8卷第5号,1915年9月。此种情况所在多有,是这一时期的显著特点。
④ 《土耳其(下)(录〈时报〉)》,《东方杂志》第12卷第3号,1915年3月1日,"内外时报"。
⑤ 甘作霖:《土耳其加入战局之原因(译〈世界报〉)》,《东方杂志》第12卷第4号,1915年4月1日。

之义务，诚为伟大之事件"。该文认为中国对德绝交的原因不在于想扣留德国庚款，而在于"对于一切欲将中国屏弃于欧洲公共法律以外之阴谋予以概括之答复"，即主动融入欧洲主导的国际格局。[①] 将中国在大战中的抉择与作为，视作对国际格局的积极参与，观察相当深刻。

国人亦有同样看法。3月8日《大公报》刊文论道：

> 两年以前，欧战初起，习国闻者逆知其与中国有绝大关系，而一般社会甚昧昧，固也。未几，青岛战役发生，世人始少少觉察中国之国际地位，同时输出之物停滞，输入之物减少，商业界复感切身之痛，乃能了解于世界大战争其影响吾国有如是者。迨至近时美德断交于前，我国抗议于后，西方战云浸浸有波及中国卷入潮流之势，举世之人，始动色相告，世界思想缘是贯注于国民心中，庶几足以打破旧中国之迷梦，奋励新中国之精神。就消极的利益言，未尝非国民训育上一猛烈剂。[②]

所论虽然集中于经济问题，实际上深入"世界思想"即积极参与世界事务的层面，所谓"猛烈剂"也。

抗议之后，3月14日中国政府宣布对德断交，参战已是箭在弦上。对于牵动府院、南北、朝野的参战问题，梁启超指出"其根本义乃在因应世界大势而为我国家熟筹将来所以自

---

① 《节录英报论中国在世界战争中之行动》，《益世报》1917年2月21日，第11版，"外论"。
② 冷观：《世界未来之经济战与中国》，《大公报》1917年3月8日，第1张第2版，"社论"。

处之途"。① 众议员吴曰法称他在"欧战初发生时即鳃鳃过虑，以为中国断难自拔于世界大战争之漩涡"。他认为欧战的真正原因不仅不是塞奥肇祸，也不是政治家所观察的英德争霸，而是"二十世纪国际裁判解决国家所以生存于世界之问题耳"。虽然"修明内政为探本之论"，但此时中国"立国于世界"并无"及时修其政刑之闲暇"，"求所以生存之道"就"不得不从外交一方面着眼"。中国由中立到对德提出抗议并断交，"非亲协约而远同盟，诚以凡一国家，立于世界，自有对于世界之义务，所谓对于世界之义务维何？即增进世界之和平、保持国际公法之威权是"。②

　　1917 年 8 月 14 日，中国宣布参战。已有学者指出，这标志着中国外交政策从消极到积极的重大转变，开启了北京政府后期的积极外交。③ 抗议、断交、宣战三部曲，拉近了中国与大战的关系，提升了中国在世界中的分量。宣战前，各国公使谒见代总统冯国璋，法国公使代表协商国公使表示"协商国政府关于维持秩序，以助长中国之发达，实具有热心之希望，际兹中国欲参加世界大战争，跻于拥护正义公道者之列，尤为深感之至"。④《民国日报》转引《大陆报》社论，认为"中国加入世界大战以抗德奥，虽予最近未来之战事进行上，未必有何实质之影响，而精神上之感应将非常迅捷"，断定"中国

①　《外交方针质言（参战问题）》，汤志钧、汤仁泽编《梁启超全集》第 9集，第 533 页。
②　《吴议员曰法对德问题意见书》，《时事新报》1917 年 5 月 14 日，第 2 张第 2 版，"内外要闻"。
③　王建朗：《北京政府参战问题再考察》，《近代史研究》2005 年第 4 期。
④　《各公使谒见冯代总统》，《申报》1917 年 8 月 10 日，第 2 张第 6 版。

今已加入正义及民治之林，以彼自己之行为，取得彼此后继续为主权独立国之一种新保证"，预测协约国的胜利"终能以充分之合力维护世界之和平秩序，保护弱者抵抗强者侵略之权利"。[1]

对于参战关系最直接的军队，有记者就国内时事表示"宣战而后，第一重要者为军人，我国今日之军人，正宜整饬军纪，亟自树立，以表示我国军人之品性能力，足与世界高尚之军队为伍"，"今日之军政长官，纵不能立功于世界大战之中，博各友邦同声之称许，亦当严行约束以稍尽维持地方之责"。[2] 有人勉励军人"当此世界大战之机会，得身亲其役以为实地之练习，庶几相观而善，纵不能为造时势之英雄，亦未始不可为时势所造成之英雄"。[3] 对于参战，颇有一种与有荣焉从而踌躇满志的积极心态。

以上这些表述当中，"世界大战"出现的频率越来越高，这一名称呈现定型趋势。1917 年 11 月，《东方杂志》刊出译文概括指出：

今日欧洲之战争，历史以来未有之大战争也，论者称之为世界之大战，初犹不过言语上之形容词。自美国参加之后，中美、南米不待论，即中国、暹罗亦相继加入，殆举世界之全部皆投于战乱涡中。于是世界大战云者，遂由

---

[1] 《对德奥宣战之外论》，《民国日报》1917 年 8 月 16 日，第 1 张第 3 版、第 2 张第 6 版，"要闻"。

[2] 一子：《禹城之兵变》，《申报》1917 年 9 月 1 日，第 2 张第 7 版，"杂评一"。

[3] 无妄：《中日派兵赴欧之时期》，《大公报》1917 年 9 月 18 日，第 2 张第 3 版，"时评"。

言语而成为事实矣。①

对于中国来说,参战使大战不仅在事实上更加名副其实成为"世界大战",在观念上更是成为身与其中、用心其中的"世界大战"。留学归来的蒋百里"此次鉴于世界大战争,知军国民教育之不可或缺",特著《军事常识》,② 也是这种积极心态的反映。至此,对大战置身事外的旁观心态基本转变,"世界大战"的称呼亦日渐成形。

第三节 名分攸关:中国权益与世界秩序

中国参战的主要目标是收回部分国家权益,提高自身国际地位,加入和建设一个更加公平的国际体系。尽管在参战方式和时间等问题上遇到诸多障碍,协约国也并不像想象中那样主动配合和支持,但中国方面的积极性是显而易见的。

对德宣战一周年之际,《时事新报》的"论说"认为德国在军事上已经失势,宣战"不但于协约各国不无良好之影响,且于自家亦无何等之不利",强调此乃"为人道而战",是以民族之自由对抗武力主义,"吾国上下所得于欧战之教训,必与诸与国所得之教训相同",即"凡一民族勿论强弱,必力争保持其自由是已"。最后特别指出:"夫我之宣战,本为力争自由,今值一年纪念,国人当将力争国家之自由一念坚记于

---

① 高劳:《美国之参战与战后之变动(译日本〈太阳〉杂志)》,《东方杂志》第 14 卷第 11 号,1917 年 11 月 15 日。

② 《申报》1917 年 11 月 12 日、11 月 18 日,均第 1 版,"广告"。《时事新报》也多次为该书刊登广告。

心，续继发挥而光大之，以明宣战并非被动。设宣战而为被动，则今日之纪念，当引为国耻，有何颂扬之价值耶。"① 甚至有人提议组织学生赴欧参战队："吾国之见侮于外人也久矣，苟延残喘于列强均势之下者垂数十年，自对德宣战，外交之形势一变"，"乃宣战以来，已历寒暑，德人之侵略主义尚横逞于西欧，吾民之参战热潮，犹潜伏于东亚，清夜思之，愧恼无已"。而学生"既将为未来世界之主人翁，必先谋今日民族之立足地，多与世界尽一分劳力，即为吾国开一线生机"。提议组织学生的理由包括"吾国外交，久居被动，吾民天性，向喜沉寂，若学生有此组织，在欧美虽属常事，在中国实为创举，颇足以动世界之观听"；"学生富于爱国心、冒险心，既参与世界大战，了解国际情形，将来只须一人生还，亦足胜建造新邦之任"。②

大战进入尾声及刚刚结束时，国人关注的已经不是战争本身的胜负，而是战后的国际格局与世界趋势，尤其是中国在其中应有的位置和举措。张东荪认为"欧战将了，世界一新，世界潮流之影响于国内政治者必不鲜"，重要者一为"军阀政治必归淘汰，此次德国激起世界大战，纯由军阀之野心"，一为"舆论之力必日增"。③ 蔡元培展望"现在世界大战争的结果，协约国占了胜利，定要把国际间一切不平等的黑暗主义都

① 践四：《对德奥宣战周年纪念日之感想》，《时事新报》1918 年 8 月 14 日，第 1 张第 2 版，"论说二"。
② 学生一分子：《组织学生赴欧参战队之提议》，《时事新报》1918 年 8 月 23 日，第 3 张第 1 版，"社会之声"。
③ 东荪：《此后之政治》，《时事新报》1918 年 10 月 29 日，第 1 张第 2 版，"时评一"。

消灭了，别用光明主义来代他"，① 又说"此次世界大战争，协商国竟得最后胜利，可以消灭种种黑暗的主义，发展种种光明的主义……可见此次战争的价值了"。② 盼望战后的新变化和不吝肯定战争的价值，实为一体两面。而蔡氏此前的论述中，基本都是"欧战"称谓，③ 他的转变可谓一个缩影，反映了之所以称其为"世界大战"并不是因为规模大，而是因为与中国关系密切，不仅因为战争本身，更因为中国的战胜以及由此而来的种种期待。

1918年10月，江苏省教育会于全国省教育会联合会提出"对于世界大战后吾国教育之注重点案"，将"世界大战"作为参照和起点来思考教育问题。蒋梦麟认为该案文字简单，不能将详细事实说明，何况欧美各国以及日本都有专论战后教育的著作出现，而中国"对于此大问题发布言论者，凤毛麟角"，因此特意撰成《世界大战后吾国教育之注重点》以详细论述。蒋氏将欧战原因大概归结为经济之竞争和国家主义之竞争两端，前者即争夺利益和地盘，后者则因为美国的加入"转而为平民主义与武装主义之激战"。对于大战之结局，蒋氏认为当以"经济之能率""个人之能率""社会之进化"三

---

① 《蔡校长十五日之演说——黑暗与光明的消长》，《北京大学日刊》第260号，1918年11月27日，第3版。

② 《蔡校长十六日之演说——劳工神圣》，《北京大学日刊》第260号，1918年11月27日，第4版。

③ 蔡元培《对北大学生全体参与庆祝协商战胜提灯会之说明》（高平叔编《蔡元培全集》第3卷，第223~224页）和《告北大学生书》（《申报》1919年7月20日，第2张第6版，"要闻一"）都称"世界大战争"或"世界大战"。而此前的《蔡子民先生之欧战观——政学会欢迎之演说》（《新青年》第2卷第5号，1915年1月1日）称为"欧战"。

点为断,"战后之教育,其目的不外乎求此三者而已"。具体到中国,则教育行政方面,应该随地随时推行义务教育以促进社会之进化,随地随人实施职业教育、补习教育以加增经济之能率,推广大学及高等专门教育以养成倡导社会进化、加增经济能率之领袖,推广童子军以养成自动自助之能力;学校设施方面,应该发展个性以养成健全之人格,注重美感教育、体育以养成健全之个人,注重科学以养成真实正当之知识,注重职业陶冶以养成生计之观念,注重公民训练以养成平民政治之精神为服务国家及社会之基础。① 不难看出,这些方针都是紧扣大战的原因与胜负结果而来。1919 年 2 月,蒋梦麟主笔的《新教育》评论称"世界大战告终,全世界思想,必多所变迁,吾国今后立国,内必准酌国情,外必审察大势,使国人之思想与世界之潮流一致进行",并将江苏省教育会提出的议案称为"今后之注重点案"。② "世界大战后"可以被约化为"今后",国内外诸多就战后教育问题进行的专门讨论,都说明"世界大战"已经成为思考重要问题的默认起点,可见其影响之深刻。事实上,当时许多冠名"今后"的讨论都是以世界大战为起点和参照物的,无形中也规定了讨论的具体内容。美国人吴惠津演讲"世界大战后之道德",提出义勇心、协力同心和国际同盟大约章三点。③ 道德问题本极广泛,这里独独列出此三者,显得有些特别,恰恰都是对照大战而来。

---

① 蒋梦麟:《世界大战后吾国教育之注重点》,《教育杂志》第 10 卷第 10 号,1918 年 10 月 20 日,"言论"。1919 年 3 月,《昆明教育月刊》第 3 卷第 2 号以同题刊登该文。
② 《今后之教育》,《新教育》第 1 卷第 1 期,1919 年 2 月,"评论"。
③ 《世界大战后之道德(吴惠津先生演讲稿)》,《杭州青年》第 45 期,1919 年 5 月 1 日,"论说"。

　　当然，最直接的问题还是战后处置。时事新报馆鉴于"欧战将终，将来媾和会议，我国应若何发言，此时亟宜准备"，特以"欧战议和问题与我国"为题，开展有偿征文。①其中核心的问题无疑是收回日本乘大战之机攫取的德国在山东权益，而最大的障碍和困难就是日本。著名记者邵飘萍对此极为敏锐，早在 1918 年 7 月他就对于出兵问题特别指出：

　　　　第一须认定此项问题之上无论何时不能离去"协商国共同一致"七字之标帜，第二须认定此项问题之上无论何时不能加以"中日"两字之标帜。盖协商国云者，包含中英美法日俄等于一名词之内其共同一致之行动，乃所以解决关系世界大战局之一部之东亚问题，非中日两国间所可自相授受之私事也。此种观念既先明了，今后处置之方法乃可以有条不紊，免除无谓之纠纷。②

如何运用国际法等工具在外交场上据理力争，争取有利地位，是中国外交界乃至知识界面临的重大问题。邵氏在这里从名分的角度提供了思考，核心是将中国问题定性为"世界大战局"的一部分。"世界大战"的意识包含预防和抵制日本野心霸行的良苦用心。这种名分和身份意识不是偶然的，稍早之前就有人认为中国的参战"事实上虽未兵戎相见，而于我国运前途实有莫大之关系焉，自我言之，已不啻孤注一掷之大壮举"，

---

① 《本报特别征文》，《时事新报》1918 年 10 月 29 日，第 1 张第 2 版。
② 飘萍：《北京特别通信（一七九）》，《申报》1918 年 7 月 27 日，第 3 版，"要闻一"。该文修订后又以《出兵问题与国防问题》为题发表于 1918 年 8 月 4 日的《民国日报》。

而"欧美诸国初则极力引诱，今则视之几若无睹，即我国人亦几自忘其为世界大战诸交战国中之一员矣"，[1] 对此非常愤慨。

事实上，这种身份和名分在各有算计的欧美列强那里根本不值一提，1917年11月美日两国签订的《蓝辛-石井协定》承认了日本的在华特殊利益，中国正当愿望的落空早就埋下伏笔。再加上"二十一条"的影响，中国方面对于日本的企图可以说早有警惕。戴季陶就曾警告道，"当世界大战终结之今日，中国排斥日本之风潮，已达极点，日本欲谋两国之亲善，图东亚之永久和平，且免除日本之危机"，就必须放弃在中国之所谓"特殊地位"。[2]

有意思的是，国人的警惕、防范和控诉经常与警示"世界大战"再起相关。早在巴黎和会前，《申报》的报道就指出，如果和会不能"担保中国土地之独立与完全，且利用国际间之能力实行其担保，则中国当然可以退出和议大会"。假如协约国"于既解释全球脱离欧洲霸王之后"，不能救中国"脱离亚洲之霸王"，不仅华人绝不答应，而且"中国今日之地位既不利于己，亦不利于协约，若长此不变，卒将酿成又一世界大战，以亚洲为大战场也"。[3]

此一世界大战甫了，已开始防范另一世界大战，"世界大

① 百高：《世界大战后之国际思想》，《民铎》第1卷第4号，1918年5月7日，"论坛一"。
② 《戴季陶君对日本朝野之通电》，《民国日报》1918年12月26日，第1张第3版，"要闻"。
③ 《欧和中中国根本问题》，《申报》1918年12月22日，第2张第6版，"要闻二"。同日《民国日报》以《万国和议大会中之中国》为题刊出该文。

战"俨然成一特定符号。北京演讲会的演讲中，有称"今此
欧战即起于近东问题，此后或将移而至远东，故此等形势若不
破除，或且有第二次之世界大战发生，吾人此等主张实不仅为
本国谋私利，抑亦于世界谋安宁"。① 留学界宣言称日本"自
欧战起后，乘列邦无暇东顾之时，遂胁迫我国缔结种种不平等
之条约，有损我国主权，而贻将来国际纷纠之隐忧。若不早图
破除，则将来之世界大战争，必发生于东亚"。② 巴黎和会将
德国在山东权益转给日本，国人愤曰"西方德意志虽败，东
方德意志又起，二次世界大战的危机皆系协约各国姑息所
致"。③ 福建云霄县国民外交后援会正告欧洲列强，若一味姑
息日本，则其"必为第二德意志，中国必为第二巴尔干，而
亚洲导火线既未铲除，则第二世界大战争亦恐不能侥免"。④
陕西高陵县成立西北救国会，所制旗帜书"今日之夺我青岛
者，即他日之构成世界大战，破坏世界和平者，同胞其图
之"。⑤ 甚至在华美侨团体亦特请驻华美国公使转电美国国务
院及在巴黎之威尔逊总统，有云："倘吾人不将东方目下之情
形布告世界，则将来第二次世界大战爆发时，吾人子孙将受其

① 《北京之外交讲演会》，《申报》1918年12月26日，第2张第6版，"要闻二"。
② 心危：《东京通信·我国留学界对外之宣言》，《申报》1919年2月23日，第2张第7版，"要闻"。
③ 若愚：《为青岛问题警告协约各国》，《每周评论》第21期，1919年5月11日，第3版。类似的表述还有高元《评国际联盟的条约（四续）》，《时事新报》1919年6月1日，第1张第1版，"论说"。
④ 《云霄县国民外交后援会宣言书》，"中央研究院"近代史研究所编《中日关系史料——巴黎和会与山东问题》，台北，"中央研究院"近代史研究所，2000，第215页。
⑤ 《陕西组织西北救国会》，《民国日报》1919年6月27日，第2张第6版，"要闻"。

实祸，而日本若被给予在亚洲大陆之无限权力，则第二次世界大战必起，可断言也。"① 后来的历史证明，这些有关第二次世界大战的预言不幸言中，而"世界大战"的符号性在此时已日渐显著，连接过去、现在和未来。

在这些控诉和预警中，陈独秀的看法稍有特别且更加深刻。他愤慨于此时仍是"强盗世界""公理不敌强权时代"，赌气道"横竖是强权世界，我们中国人也不必拿公理的话头来责协约国了"。然后话锋一转，指出"拿破仑时代的世界大战争了后，仍是强权得势，所以造成第二次大战争，这次威廉时代的世界大战了后，仍是强权得势，恐怕又要造成第三次大战争"。将一战视为第二次世界大战，颇有些与众不同，而贯穿其中的则是对强权的愤慨。他进一步指出："要想免除第三次大战争的痛苦，非要改造人类的思想，从根本上取消这蔑弃公理的强权不可。什么'国际竞争'、什么'对外发展'、什么'强国主义'、什么'强力即正义'，都是造成世界大战的根本原因。"② 对战争根本原因和如何避免战争的思考都颇为深入。

一战于 1918 年 11 月 11 日正式停战，有人就此日期感慨道："今日欧局停战，则为十一月十一日十一点钟，时日叠书，适似世界之世字，表示世界大战告终之意，因知历史重大

---

① 《美人对山东问题之不平鸣》，《申报》1919 年 5 月 23 日，第 2 张第 7 版，"国内要闻"（《民国日报》1919 年 5 月 23 日第 1 张第 3 版、第 2 张第 6 版亦刊此文，题为《在华美人之不平鸣》）；《西报之中东问题论（中美新闻社稿）》，《大公报》1919 年 5 月 26 日，第 2 张第 2 版。

② 只眼：《山东问题·为山东问题敬告各方面》，《每周评论》1919 年 5 月 18 日，第 1 版。

事迹，来踪去迹颇耐玩索。"① "世界大战"称谓日益深入人心。其日益蓬勃的又一显著表征是，大战甫一结束，就出现许多以"世界大战"之名追述大战历史的著述，颇有定论之意。1919 年 2 月，《新教育》首期即刊登译文《世界大战史举要》，依时序叙述一战大致经过，并附以评论。② 浙江军事编辑处发行的《兵事杂志》从第 58 期到第 68 期，连载吴钦泰的《世界大战史》。③ 中华图书集成公司经理鲁云奇认为此战"胜负之数定，治乱之理明"，不可无书记载，于是请同人"纂战事始末"，辑为四册《世界大战英雄史》，"举协约国之英雄而表章之"。④ 3 月，该公司又援聘名人，搜集各国公文等以及私家笔记、战地通讯、移译编述，辑成《世界大战史》。⑤ 7 月，《京报》刊出《世界大战之回顾》，就大战远因、近因、经过与和议经过，以大事记的方式叙述，最后论道："和约既签字，世界大战从此告终，今后将从事于和平事业矣。然和约内容未尽受正义之支配，以强权维持和平则为日几何，有不能不引起世人之疑问者。"⑥ 11 月，中华图书集成公司又发行《世

①　元：《停战时日》，《申报》1918 年 11 月 17 日，第 4 张第 14 版，"自由谈"。

②　《世界大战史举要》，《新教育》第 1 卷第 1 期，1919 年 2 月，"世界知识"。

③　吴钦泰：《世界大战史》，《兵事杂志》第 58～68 期，1919 年 2～12 月，"战史"。

④　指严：《〈世界大战英雄史〉序》，中华图书集成编辑所编《世界大战英雄史》，中华图书集成公司，1919，第 3 页。

⑤　《世界大战史出版》，《民国日报》1919 年 3 月 12 日，第 3 张第 12 版，"广告"；《世界大战史》，《申报》1919 年 3 月 14 日，第 4 张第 14 版，"广告"。《申报》的广告持续刊登到 10 月份。

⑥　公弼：《世界大战之回顾》，《京报》1919 年 7 月 1 日，第 2 版，"特别纪载"。

界大战轶闻》，"溯其开战之源，详其战时之状，备列主战人物，搜罗战地轶闻"。①

"世界大战"的称谓在大战尾声和战后蓬勃起来，一方面带动国人更加紧密地在"世界"中展望和争取自身应有的权益和地位，另一方面又让正当愿望落空后的失望与愤怒更加深沉，乃至有第二次世界大战的预言和警告，并深刻影响此后中国知识界的思想走向。虽然到此时"欧战"的称呼依然存在，但"世界大战"称谓的蓬勃之势已不可挡。其蕴含的对"世界"的积极参与、即时同步和深切想望等含义已经完全成熟，与之并行的则是抵制日本自称"东亚主人"及阻碍中国直接面向世界。如时人所论，日本"欲以中国为高丽"，"迫之使至于'为人臣者无外交'之地位"，国人必须明确"吾人为世界之一人，为中国之一人，对于世界当思有以扑灭军国主义，以树永久和平之基础，对于中国当思有以增进国民能力，俾得与各国齐驱而并进"，如此才可以避免军国主义所带来的世界大战。② 虽然胡适仍感到"在汉文里，'世界大战'（The World War）还不成名词"，③ 这只是"欧战"的惯性使然。④ 可以说，相对于更加客观、单纯和静态的"欧战"称谓，"世界大战"的生命力已呈后来居上之势，取而代之只是时间问题，后来的历史已经证明了这一点。

---

① 《世界大战轶闻》，《申报》1919 年 11 月 11 日，第 4 张第 14 版，"广告"。
② 汪兆铭：《山东问题感言》，《时事新报》1919 年 9 月 12 日，第 1 张第 1 版，"外论"。
③ 梁敬錞、林凯：《欧战全史·胡序》，亚洲文明协会，1919，第 11~12 页。
④ 如叶景莘一方面明确此战"乃世界的大战，岂仅欧战而已"，另一方面也承认战役的中心在欧洲，"欧战"已成通用之名词，只能姑且沿用。见叶景莘编著《欧战之目的及和局之基础》，国际研究社，1918，第 2 页。

小 结

从"欧战"到"世界大战"的演变，经历了一个从描述性泛指到界定性专指，再到极为重视其中"名分"的内涵式专指的过程，也是一个从无意识到有意识的过程。在此过程中，"世界战争"和"世界大战争"逐步统一和凝聚到"世界大战"，"世界大战"先是笼罩在"欧战"之下，最终后来居上，成为指称这场战争最具标志性的称谓。其背后的根本原因，就事实而言，是中国与大战和"世界"关系的日渐紧密，大战对中国的影响重心不在于战争本身，而在于战后的国际秩序安排。就语言而言，则是近代中国"世界"这一概念可大可小、可实可虚、可能包含中国也可能不包含中国的特性所决定的。"世界大战"称谓的形成与成熟，集中体现了思想界的敏感，体现了近代中国人积极参与国际事务、谋求自主平等、构建合理国际秩序的自觉意识。日本在称谓的变化中，较之中国更为敏感和积极，但其独霸亚洲、侵略中国的野心，与中国在共和初建、外交群体刚刚专业化之际艰难寻求自身正当权益和国际应有地位的良苦用心，无法等量齐观。中国以"世界大战"战胜国一员的身份维护公理抵制强权的努力，不幸而失败。第二次世界大战爆发于东亚，亦不幸而言中。回望一战后期开始，中国外交界、知识界付出的艰辛努力，更加无奈的同时也弥足珍贵。最后值得一提的是，"世界大战"称谓广泛运用，知识界和思想界在舆论上的鼓吹较之官方，要显著得多。而一战导致的走向西方那个"世界"的失落和转向苏俄那个"世界"的主动，都不是由官方主导，甚至根本不是当局者的意愿，恰恰是思想界和社会上掀起的滚滚潮流有以致之。①知识界和思想界率先和更青睐"世界大战"称呼的潜作用，虽如风一般难寻踪迹，却可谓既深且远。就战役而言，"欧战"的中心当然在欧洲，就历史而言，考察"世界大战"的深刻影响必须充分考虑中国。

---

① 翻检《中华民国时期外交文献汇编（1911~1949）》第 1 卷（王建朗主编，中华书局，2015）、《中华民国史档案资料汇编》第 3 辑《外交》（中国第二历史档案馆编，凤凰出版社，2015）、《五四爱国运动档案资料》（中国社会科学院近代史研究所、中国第二历史档案馆史料编辑部编，中国社会科学出版社，1980）、《中日关系史料·欧战与山东问题》（李毓澍主编，台北，"中央研究院"近代史研究所，1974）、《中日关系史料·巴黎和会与山东问题》（林明德主编，台北，"中央研究院"近代史研究所，2000）等，可以得出此种判断。这一现象当然与"欧战""世界大战"两个称谓的不同特点有关。另外，在私人日记里，也是"欧战"大大多于"世界大战"，更进一步显示"世界大战"称呼的公共性。或许正是公共媒体这一场合，让本来就更为主观、更具内涵的"世界大战"称呼后来居上。

第三篇

名 物 扩 充

第十章　"世界"资格的认定：清季的
"世界史"认知与文明力较量

在今日中国的历史教学科研体系中，世界史已成为一个相对稳固的系统，与中国史并列为一级学科。这并非世界各国的普遍情形，其他国家或者只有国别史，没有整体意义上的世界史，或者有世界史但以本国为中心，而中国的世界史却不包括本国，主要是各个外国的历史或者国际关系史。因此，世界史的范围、内涵和功能，常常引起学界的讨论，是否包括中国、如何与国别史和外国史区别开来、是否具有以及如何承担探索人类大同的功能，是其中的关键。[①] 要解开纠缠不清的困扰，探寻清季"世界史"观念的最初渊源和内涵旨趣，不失为有效的途径。

先行研究已经大体勾勒出清末以来西洋史、万国史、世界史著作译介和传入的基本情况。可是除少数例外，一般均将西

---

① 较有代表性的有向荣《世界史与和谐世界》，《历史研究》2008 年第 2 期；黄洋：《建构中国立场的世界历史撰写体系》，《世界历史》2010 年第 4 期；徐浩：《什么是世界史？——欧美与我国世界史学科建设刍议》，《经济社会史评论》2015 年第 1 期；王大庆：《"什么是世界史：跨越国界的思考"学术研讨会综述》，《史学月刊》2015 年第 7 期；刘小枫：《世界历史意识与古典教育》，《北京大学教育评论》2019 年第 1 期。

洋史、万国史、世界史等量齐观。① 如果只是作为探究那一时期国人域外历史认识的方便名词，不妨一视同仁。若要追究各自内涵外延的差异，尤其是“世界”这一重要概念的影响，就有进一步探讨的空间。完成语义转变的“世界”一词，成为表达近代中国对外观念、人我关系和未来方向的重要词语，并被用以指称多种名物，“世界史”即其中之一。清季的“世界史”认知主要依托外来的译著，至于本土，既未出现严格意义上的具体的著述，亦未形成体系化的学科，但相关讨论仍透露出大量的信息，既是近代国人面向世界的重要一环，也制约了其后世界史的属性、定位和旨趣。从思想史而非学科史的角度，将重心从整体的清末以来西洋史、万国史、世界史传播发展情况，聚焦到具有特殊性的“世界史”上来，结合近代中国“世界”观念的发展，考察清季“世界史”认知的产生与意旨，可以在历史中呈现“世界史”与西洋史、万国史的不同内涵，以及由此反映出来的一系列关乎近代中国基本方向与命运的思维取向。

---

① 参见刘雅军《晚清学人“世界历史”观念的变迁》，《史学月刊》2005年第10期；刘雅军：《明治时代日本人的世界历史观念》，《历史教学》2005年第12期；李孝迁：《西方史学在中国的传播（1882~1949）》，华东师范大学出版社，2007；于沛：《中国世界史研究的产生和发展》，江西人民出版社，2010；缪偲：《从“万国史”到“世界史”》，《人文论丛》2014年第1辑；邢科：《晚清至民国时期中国“世界史”书写的视角转换》，《学术研究》2015年第8期；王艳娟：《〈万国史记〉在清末中国的传播和影响》，《清史研究》2016年第3期；邢科：《〈东西史记和合〉与晚清世界史观念》，《清史研究》2018年第1期。其中李孝迁于其著作第一章“清季汉译历史教科书”中专列一节“西洋史、万国史的翻译与‘世界史之观念’”，三者分别而言并敏锐注意到“世界史”主要是作为观念存在，尚未形成学科体系，亦未出现本土著作。

第一节 统合东西洋史与以西洋史
为"世界史"

以名词勾勒历史的弊病之一，是用后来的概念指称前事。例如 1876 年公布的同文馆课程中有各国地图、各国史略等名目，后人追述时却统统成了"世界史地"。[①] 在将"各国"理所当然地置换为"世界"之际，后起的"世界史"作为集合概念产生的意义荡然无存。实则当时更为通行的指称是西洋史、各国史、万国史等。虽然考察对象相近，实质和内涵却相去甚远，所以有学人指出，1949 年以前中国只有西洋史，并没有世界史。[②] 不过，凡事都有从无到有的渊源流变，早在清季十余年间，国人就有大量关于"世界史"观念的讨论，这不仅是他们认识域外历史的重要积累，更深刻反映近代中国认识和走向世界的艰难探索。

"世界史"从一开始就是在与外国史、西洋史等概念的比较中存在的，时人常常不吝笔墨仔细辨析各自的异同。而这种分辨意识，最初是日本影响的结果。

目前所见国人关于世界史的最早讨论，是 1899 年王国维为桑原骘藏著《东洋史要》作序时提出，历史分为国史和世界史，前者叙述一国，"世界史者，述世界诸国历史上互相关

---

① 《光绪二年（1876）公布的八年课程表》；〔美〕毕乃德：《同文馆考》，傅任敢译，朱有瓛主编《中国近代学制史料》第 1 辑上册，第 71、203 页。

② 杨令侠：《杨生茂先生与世界历史教学》，《历史教学》（下半月刊）2016 年第 8 期。

系之事实"。不过东西洋文化的交流尚不充分，于是暂时只能"大别世界史为东洋史、西洋史之二者，皆主研究历史上诸国相互关系之事实，而与国史异其宗旨也"。王国维关于世界史包括全体且注重联系的看法，其实来自桑原骘藏本人的认识，所谓"东洋史者，专就东方亚细亚民族之盛衰、邦国之兴亡而言之，与西洋史相对待，盖世界史中之大半也"，① 即以世界史为东西洋史之统合，二者缺一不可。

1901 年 4 月，《译林》第 2 期开始连载六条隆吉、近藤千吉的《世界商业史》，这是目前所见最早明确标明"世界"史类作品在中文世界的出现，尽管是以专史的形式。作者自称该书立意在于通过探寻商业之兴废盛衰，使人养成实业思想，从而富国强兵，还特别论述商业史与其他历史尤其是文明史的关系，称"商业与文明关系最重"，"文明之所由起，即商业之所由始，商业之发达，即文明之进步"，甚至呼吁"商业即文明、文明即商业之念"。② 商业与文明如此紧密相连，可以说，一开始国人的世界史印象，就跟实利、实力相连，同时又被赋予文明的内涵。王国维着意指出的各国联系，在此有了更具体的落脚点。

不过，桑原骘藏和王国维所强调的另一面即世界史必须包括世界诸国全体，只能显示东亚人心中的世界史应该如何，在

---

① 王国维：《东洋史要序》，〔日〕桑原骘藏：《东洋史要》，东文学社，1899。关于桑原该书对近代中国史学观念之多方面影响，可参见邹振环《清末的东文教学与亚洲观念——王国维、樊炳清与上海东文学社及其刊刻的〈东洋史要〉》，上海市档案馆编《上海档案史料研究》第 10 辑，上海三联书店，2011。

② 〔日〕六条隆吉、近藤千吉：《世界商业史》，《译林》第 2 期，1901 年 4 月 18 日。

现实中未必如此。1901 年，梁启超《中国史叙论》的论说就
进一步从理念与现实的紧张出发，明确道出"世界史"之
"世界"的主观性和实力底色：

> 今世之著世界史者，必以泰西各国为中心点，虽日
> 本、俄罗斯之史家（凡著世界史者，日本、俄罗斯皆摈
> 不录）亦无异议焉。盖以过去、现在之间，能推衍文明
> 之力以左右世界者，实惟泰西民族，而他族莫能与争也。

他同时强调"西人论世界文明最初发生之地"本包含中国，"而
自今以往，实为泰西文明与泰东文明（即中国之文明）相会合
之时代，而今日乃其初交点也。故中国文明力未必不可以左右
世界，即中国史在世界史中，当占一强有力之位置也。虽然，
此乃将来所必至，而非过去所已经。故今日中国史之范围不得
不在世界史以外"。① 以文明力是否够强作为能否置身于世界史
之列的凭据，所以中国被排除于现在，只能寄希望于将来。也
就是说，世界史的地理属性并非主导，社会属性才更重要。

王国维是在特定的标名东洋史的著作中展开对世界史的讨
论，《译林》刊载的《世界商业史》是翻译过来的个别著作，
而 1902 年梁启超撰著的《东籍月旦》则是针对其时日本史学
的整体情况进行分别和议论。在他看来，此时的"世界史"
不仅作为一个门类存在，而且作为一种标准被用来点评各种著
作。梁氏将日本历史之书分为八类："一曰世界史（西洋史附
焉），二曰东洋史（中国史附焉），三曰日本史，四曰泰西国

---

① 《中国史叙论》，汤志钧、汤仁泽编《梁启超全集》第 2 集，第 311 页。

别史，五曰杂史，六曰史论，七曰史学，八曰传记。"他
指出：

> 日本人所谓世界史、万国史者，实皆西洋史耳。泰西
> 人自尊自大，常觉世界为彼等所专有者然，故往往叙述阿
> 利安西渡之一种族兴废存亡之事，而谬冠以世界之名。甚
> 者欧洲中部人所著世界史，或并美国、俄国而亦不载，他
> 更无论矣。日本人十年前，大率翻译西籍，袭用其体例名
> 义，天野为之所著《万国历史》，其自叙乃至谓东方民族
> 无可以厕入于世界史中之价值。① 此在日本或犹可言，若
> 吾中国，则安能忍此也。近年以来，知其谬者渐多，大率
> 别立一西洋史之名以待之，而著真世界史者，亦有一
> 二矣。

在此梁启超清晰表达了对欧洲人撰写的世界史的排他性以及日
本照搬套用的不满，不过他没有意识到在欧洲、日本和他本人
之间，所谓世界史并非统一概念。西文原词与日文翻译以及梁
启超的使用，不能一概而论。在逐本点评中，梁启超仍然不免
混淆概念与事实的异同，他肯定元良勇次郎、家永丰吉合著之
《万国史纲》和箕作元八、峰岸米造之《西洋史纲》两种"据
历史上之事实，叙万国文明之变迁，以明历史发展之由来"，
可是同德国布列著《世界通史》、矶田良编《世界历史》、长

---

① 天野为之的《万国通史》于1887年出版。它追求"总挈万国之大事，发
明世界之全体"，对于"一国之形势虽具，征之世界之全体而不见其轻
重"，则不予录之（〔日〕天野为之：《万国通史·自序》，吴启孙译，
文明书局，1903），故梁氏有此说。

泽市藏著《新编万国历史》、天野为之著《万国历史》、下山宽一郎著《万国政治历史》、辰巳小次郎与小川银次郎合著《万国史要》、今井恒郎编《万国史》诸书一样，"以欧巴罗史而冒世界史、万国史之名"。对于坂本健一"东洋、西洋合编"之《世界史》上卷，梁氏谓其"真可称为世界史者"，"可以识全球民族荣悴之大势"，又肯定松平康国著《世界近世史》名副其实，"盖真属于世界，东洋西洋并载者也"，对于高山林次郎著《世界文明史》亦承认其"叙述全世界民族文明发达之状况"，"可以增学者读史之识"。①

梁氏分别的标准在于是否真正涵盖全球，这一点恰恰来自他所肯定的"真世界史"——坂本健一《世界史》。蠡舟生在该书序言中称："此书名曰世界史。以往所称之世界史或万国史，大抵限于泰西范围，普遍认为アルヤ外之民非人也，欧美以外之地非国也。"这与中国过去视四裔为夷狄如出一辙，是"因己所需，以明己为任"的狭隘之见，"从不占理"。当下"世界一体，南极以北、北极以南、东西互通融合之宿命已无法避免"。该书"兼论东西洋古今之事，以不负'世界史'之名"，且简明扼要指出"世界史起源于国际性交涉，遂注重政治变动"。②

结合梁启超的论述，蠡舟生所批评的"限于泰西范围"的所谓世界史或者万国史，应该包括此前欧洲人所著和当时日本人编著的。实际上，欧洲普遍被认为开始脱离历史神学的第一部真正意义上的世俗世界史——伏尔泰的《论各民族的风

<hr>

① 《东籍月旦》，汤志钧、汤仁泽编《梁启超全集》第3集，第473~477页。
② 坂本健一编『世界史』上卷、博文馆、1906年。综合推断，序中的"アルヤ"当为雅利安，即梁启超所称的阿利安。

俗和精神》（简称《风俗论》），不仅内容包括中国、印度等东方民族，还给予相当高的评价。^① 也就是说，启蒙运动时期的欧洲人，带着马可波罗式的印象，对中国等东方民族相当肯定。弃而不论既非从来如是，也非天经地义，而是西方殖民势力侵入亚洲，西方文明以居高临下的姿态面对东方文明之后的情形，是殖民扩张时代的产物。而后者，显然才是日本人以及受到日本人影响的梁启超等中国人关注的重点，他们念兹在兹世界史是否真正涵盖全球，是否给予东洋或者中国应有的地位，恰恰是对殖民扩张时代西方在一元文明论之下排除东亚和中国于"世界"之外的反抗。

同样是在 1902 年，被梁启超肯定为名副其实"世界史"的另一著作——松平康国编著的《世界近世史》由上海作新社出版发行，这是目前所见最早在中国流行的世界史著作，对于中国人的世界史观念起到了近乎定型的作用。松平康国在该书绪论中分别国别史、列国史和世界史，相对于国别史"详一国之变迁"，列国史"明列邦之情势而比较之"，世界史则须具有"考宇宙之大势、遍征人类之命运"的功用。松平康国强调如果所记载的只是"五洲万国之事实，而无相通之脉络，与相关之条理，则亦不过为国别史之集合者而已"，是不

---

① 《风俗论》（Essai sur les mœurs et l'esprit des nations et sur les principaux faits de l'histoire depuis Charlemagne jusqu'à Louis XIII）曾在 1753 年以《世界简史》（Abrégé de l'histoire universelle）为名出版，该书是对博舒埃世界史将历史事件归为神的意志的反动，开启世俗世界历史的先河，西文指称世界史的至少有 world、universal 两个词。参见〔美〕沃格林《革命与新科学》，谢华育译，华东师范大学出版社，2009，第 35～40 页；〔德〕洛维特：《世界历史与救赎历史》，李秋零、田薇译，三联书店，2002，第 4～5、121～134 页；〔法〕伏尔泰：《风俗论》，梁守锵译，商务印书馆，2009。

足以称为世界史的。他认为列国史虽然"与搜集多数国别史为一丛书者之体例不同"，但其主体仍然"局蹙于世界之一部，而无关于全局"。世界史则不然，"其主体在全局，而不限于一部，凡立国于大地上者，必考其如何成立、如何推迁、如何进化，人类之家族，如何冲触、如何结合、如何有情智、如何营生活，且归宿于如何之方向，是世界史之本分也。然必先知关系于世界全局之大事，而后揭明大事与大事自然之因果，是又世界史所当择之体裁也"。在他看来，"今日刊行于世之万国史，其名固为世界史之别称，其实能脱列国史之体裁者，盖寡也"。

松平康国还论道："夫人必有世界之观念，而后可为世界史。"具体而言，希腊人的世界史观念兴起于罗马征服四方扩张版图之后，日本人则在明治维新之后，而其编述却多依据"以西洋为主体"的"西洋之成书"，既然如此，"直谓之欧洲史而已，直谓之西洋史而已，于世界乎何有"。但是对于此种以西洋为世界的取向，松平康国是相当认可的。他甚至旗帜鲜明地提出"世界史即西洋史也"，因为世界交通发展、人类交往频繁、民族关系紧密、学术技艺进步、"政体法制略趋向于大同而渐近于真理"、"干戈玉帛利害射及于域外"等，无不于西洋见之。就土地和人口言，"欧洲固不足以雄视世界，而境遇与实力之足以动世界大势者，则断断乎莫欧洲"。所以欧洲无愧为"世界史之中心点"，这是由事实决定的。不过这是过去的事实，松平康国还是希望将来世界史之中心可以移到东洋。①

① 〔日〕松平康国编《世界近世史》，作新书局译，作新书局，1902。

1903 年 1 月 8 日，留日归国学生在上海所办的《大陆》紧紧跟上，刊出《近世世界史之观念》一文，直接讨论作为观念的"世界史"。该文主体论述几乎完全照搬松平康国《世界近世史》的绪论，偶有文字区别，但将论述的立场由日本转为中国。两国近代命运的相似性是沟通的天然基础，也便于日本人相关观念的传播。该文最后提出了中国人自己的看法："国土之发现、交通之开张"是近世史的开端，"局面之阔大与世态之错综"是近世最大的特征，两半球"自有影响相应痛痒相关者"，由此"演出世界之历史者，不可不普及于全世界"。当下列国并立，大并小、强吞弱之事难免，但世界史"必以世界为一国，人类为一族"。"五色人种，虽智愚相分，利害不同，而博爱主义，将驱天下而归于大同之轨矣。"①

有意思的是，前述被梁启超认可为"真世界史"的三本著作，专讲近世的松平康国《世界近世史》和侧重文明的高山林次郎《世界文明史》都很快在中国有了译本，倒是最"纯粹"的坂本健一《世界史》未见译本，恐怕不仅仅是因为其只有上卷以及篇幅较大等，内在地可能还是由于"近世"和"文明"更贴近国人的现实关怀。在日本人的影响下，梁启超等中国人的"世界史"认知包括相反相成的两个方面：一是在理念上要求范围涵盖全球；二是在实际中又不得不承认就当时国际形势而言，世界史的主体乃至全部就是西洋史。②

---

① 《近世世界史之观念》，《大陆》第 2 号，1903 年 1 月 8 日。
② 汪荣宝编纂的《史学概论》在世界史的认知方面，几乎完全照搬松平康国的看法，一方面强调世界史的全局性，另一方面承认西洋有左右世界大势的实力，对以西洋史为世界史表示认可。见汪荣宝《史学概论》，《译书汇编》第 10 期，1902 年 11 月 14 日。

二者对立统一的关键在于，他们都强调世界史不只是客观的、静态的、地理概念上的囊括全球，还必须注重国家与国家间的紧密联系，[①] 而联系是需要实力的，实力又被披上了文明的外衣。这一状况与"世界"一词落实到地域指称的进程和情形恰相吻合。大体而言，"世界"一词在洋务运动时期开始零星被用于指称地域上的全球，甲午战后迅猛发展，1900年前后压倒此前的"天下""万国"等概念，成为指称全球的最主要词语。源自佛教的"世界"一词原本具有虚幻的时空双重含义，具有极强的伸缩性，而国人对域外的认知，又具有明显的层级性和势利感（印象最深的是欧美等几个有数国家的强力），而不是一般性的客观认识全球。两相结合，中国人的"世界"观念主观性极强，可大可小，寄托着效法西方、融入世界的价值判断与追求，也承载着冲破西方中心观的文明一元论，向"世界"证明东亚和中国自有文明，完全有资格屹立于世界的艰辛努力。而这些，高度凝聚在清季国人的"世界史"认知中，形成区别于同类概念的独特内涵：相对于同样注重全体的万国史，它还强调各国之间的联系，更加动态，动态中又产生了厚此薄彼的轻重取舍；相对于同样突出重点的西洋史，它又强调必须名副其实囊括所有，更加开放，开放中体现出后进国家的艰难与坚持。

---

① 邓实亦认为历史应该是"有机团体相禽应相维系而起也"，而不是事实材料的集合，所以他反对"称世界各国历史之集合者为世界史，西洋各国历史之集合者为西洋史"，而强调必须"于世界各国间有密切之关系，始可谓世界史，于西洋各国间有密切之关系始可谓西洋史"。见邓实辑《光绪壬寅（廿八年）政艺丛书》，沈云龙主编《近代中国史料丛刊续编》第27辑，第719页。

第二节　厘定中国在"世界"中的位置

总体而言，1900 年前后，在日本人著作的启发下，梁启超等具有新视野的中国人，开始在传统史学范畴之外思考"世界史"应该如何书写。大要有三：一是视野上扩大至全球性，这是最基本的层面，也是"世界"一般意义上的要求；二是强调世界各国间的联系和交往，而非简单的各国历史的叠加，这是更加动态和本质性的要求；三是注重各个国家在世界中的影响力乃至支配力，这是"世界"主观性的反映，也是由第二点延伸出来的现实考量，折射出当时激烈的国际竞争。

需要特别指出的是，一方面，有关"世界史"观念的讨论、辨析如火如荼；另一方面，在实际的学科建制中，此时外国史地的内容已经出现，但并未取得世界史、世界地理之名。1895 年上海强学会章程中用的是"万国史学"之名。[①] 1898 年初，姚锡光奉张之洞之命率队到日本考察教育，归国报告用的是"本国、外国历史"这样明确人我之分的名称。[②] 1901 年蔡元培考察全国各级学校课程，撰成《学堂教科论》，在"普通学级表"中，历史、地理均按本国、外国展开。[③] 按中外分别历史地理，在当时乃是主流。张之洞、刘坤一筹设文武

---

① 《上海强学会章程》，姜义华、张荣华编校《康有为全集》第 2 集，第 94 页。

② 姚锡光：《东瀛学校举概》，己亥（1899）夏四月刊本，第 2 页。

③ 《学堂教科论》（1901 年 10 月），高平叔编《蔡元培全集》第 1 卷，第 148 页。

学堂,袁世凯奏办山东大学堂规划学科时,均用此种方式。[1]
1902年贵阳公立师范学堂章程学规中则是分为万国历史、中
国历史。[2] 同年公布但未实行的《钦定学堂章程》,寻常和高
等小学堂的史学均按中国朝代展开,并不及国外。[3] 中学堂的
中外史学按外国上世史、外国中世史、外国近世史、外国史法
沿革之大略展开。不无奇怪的是,中外史学只有外国,可能是
预设小学已经将中国史学习完毕。[4] 高等学堂的政科和艺科中
的中外史学按中外史制度异同、中外史治乱得失、中外史治乱
得失商业史展开。[5] 1903年制定的《奏定学堂章程》的史地
指称在延续《钦定学堂章程》的基础上,稍稍出现一些新情
况。经学科大学周易学门科目的补助课中出现"世界史",文
学科大学九门当中有万国史学门,却反而在中国史学门科目、
中国文学门科目的主课中出现"世界史",[6] 进士馆课程中也
出现"世界史"。[7] "世界史"终于现身朝廷的制度设计中,但

---

[1] 《光绪二十七年(1901年)五月张之洞、刘坤一变通政治人才为先遵旨
筹议折——设文武学堂》《光绪二十七年(1901年)山东巡抚袁世凯奏
办山东大学堂折(附章程)》,朱有瓛主编《中国近代学制史料》第1
辑下册,第773、791页。

[2] 《光绪二十八年(1902年)贵阳公立师范学堂章程学规》,朱有瓛主编
《中国近代学制史料》第1辑下册,第992页。

[3] 《光绪二十八年七月十二日(1902.8.15)钦定小学堂章程》,朱有瓛主
编《中国近代学制史料》第2辑上册,第164~167页。

[4] 《光绪二十八年七月十二日(1902.8.15)钦定中学堂章程》,朱有瓛主
编《中国近代学制史料》第2辑上册,第375~376页。

[5] 《光绪二十八年七月十二日(1902.8.15)钦定高等学堂章程》,朱有瓛
主编《中国近代学制史料》第2辑上册,第562~563页。

[6] 《光绪二十九年十一月二十六日(1904.1.13)奏定大学堂章程》,朱有
瓛主编《中国近代学制史料》第2辑上册,第772、779~780、785页。

[7] 《光绪二十九年十一月二十六日(1904.1.13)奏定进士馆章程》,朱有
瓛主编《中国近代学制史料》第2辑上册,第866页。

限于师资，并未实施，只是虚悬。

不过这并不意味着有关"世界史"观念的讨论是无足轻重的，恰恰相反，正因为是观念层面的讨论，反而不受具体现实的束缚，更能撬动时人对"历史"和"世界"的思索。梁启超曾在具有划时代意义的《新史学》中，给历史下定一个界说："历史者，叙述人群进化之现象，而求得其公理公例者也。"这种意义上的历史从范围和视野上当然不可能局限于一国。"知有一局部之史，而不知自有人类以来全体之史"，正是梁氏指陈的旧史一大弊端。求公理公例的目的，在于施诸实用，规划将来。在梁氏的构建中，史学的意义显得重大、现实而又紧迫，不仅面向过去，更要探索未来，[①] 关心的乃是中国的地位与前途。梁氏提倡新史学的最终关怀在于"欲提倡民族主义，使我四万万同胞强立于此优胜劣汰之世界"，[②] 这一点恰与他在前一年的《中国史叙论》中从中国与世界的关系出发，提出的"世界之中国"时代界定相呼应。[③] 已有学人指出，梁氏《新史学》试图"重新界定中国在世界中的位置"，"寻找联结中国史与世界史的新思路"。[④] 且看梁氏的论述：

---

① 关于公例公理观的各种表现及其与进化论对未来态度的影响，参见王汎森《中国近代思想中的"未来"》，《思想是生活的一种方式：中国近代思想史的再思考》，北京大学出版社，2018，第250~261页。

② 《新史学》，汤志钧、汤仁泽编《梁启超全集》第2集，第501~504页。

③ 《中国史叙论》，汤志钧、汤仁泽编《梁启超全集》第2集，第319~320页。

④ 〔奥地利〕苏珊·魏格林-施维德齐克：《世界史与中国史：20世纪中国史学中的普遍与特殊概念》，《全球史评论》第3辑，中国社会科学出版社，2010，第4页。刘雅军亦曾指出，晚清学人在面对西方和日本的世界史叙事与理论时，表现出复杂而矛盾的心态，深刻影响着对"他者""自我"的认识和定位（刘雅军：《晚清学人"世界历史"观念的变迁》，《史学月刊》2005年第10期）。

　　同为历史的人种也，而有"世界史的"与"非世界
史的"之分。何谓"世界史的"？其文化武力之所及，不
仅在本国之境域，不仅传本国之子孙，而扩之充之以及于
外，使全世界之人类受其影响，以助其发达进步，是名为
世界史的人种。吾熟读世界史，察其彼此相互之关系，而
求其足以当此名者，其后乎此者吾不敢知，其前乎此者，
则吾不得不以让诸白种，不得不以让诸白种中之阿利
安种。

梁氏还在此一一点评何者可为"世界史之主人翁"及"世界
史之正统"。[①] 根据李孝迁对梁氏该文与高山林次郎《世界文
明史》的对照，原书只有"世界史之民族"的表述。梁氏不
仅将民族改为人种，还变换出"世界史的"与"非世界史的"
之二元对立关系，[②] 紧张感更加凸显。

　　1903 年 2 月，《大陆报》从第 3 期开始连载《世界文明史
提纲》（实为高山林次郎《世界文明史》，同年有上海作新社
译本），特别强调文明史应该"究明社会发达之真相"。《大
陆报》称赞其"诚为文明进步时代所不可阙之善本"，堪为
欲求文明进步者之圭臬。《新民丛报》第 36 号广告则称通过
该书可以识"去野蛮而进文明"之途径。文野之辨是时人关
注的重点，且多怀时不我待的紧迫感。4 月，何负在《经济
丛编》连载《世界交通史略》，其实是 1902 年世界各国间的

---

① 《新史学》，汤志钧、汤仁泽编《梁启超全集》第 2 集，第 513~517 页。
② 李孝迁：《西方史学在中国的传播（1882~1949）》，第 174 页。李孝迁
　揭示出梁启超《中国史叙论》和《新史学》的取材来源，并做了详细的
　比对，见该书第 153~191 页。

外交活动大事记，按日期排列，与今日意义上的世界交通史迥异，却恰恰反映当时特重于现势的观念。作者称其鉴于"吾人既生于无日不争之世界，又处争而不胜之国"，为免坐以待毙，"图所以补救既往而防拒未至"而编是书。[①] 12月，镜今书局推介德国布勒志《世界通史》，称"生乎今世界而不知环球之大势者，谥之曰盲。知环球之大势而不能寻其起原，探国家兴亡之轨道，究人群进化之阶段者，亦无以促文明而应时变"。[②]

英国人器宾的著作原名《欧洲商业史》，日本人永田健助翻译时改为《世界商业史》，并解释道：欧洲虽不包括万国，欧人却将文明商业遍布世界，东洋亚洲则停滞不前，"非日进不止者，不得为文明之真主义"，在此意义上，"商务沿革，成为一种世界开化史"。1904年，中国人许家惺在跋中特别解释道："是书西名 *The History of Commerce in Europe*，日译原名欧洲商业开化史，专述欧洲各国商业之历史。以各商业国位置论，固在欧洲，然其势力所播，则遍及世界"，因此"不啻为世界商业史"。许氏最后提到，日本人读该书"愤其国不列于商史"，于是奋起改良工艺、振兴商业，他希望中国也有此一愤。[③] 外国史刺激国人奋起，在此背景下的中国史亦激发国人明确自身地位。是年5月起，陈独秀在《安徽俗话报》连载《中国历代的大事》，后改名《中国史略》。他强调中国人要首

---

① 何负：《世界交通史略》，《经济丛编》第23、24期，1903年4月12日、26日。

② 《镜今书局新出要书》，《中国白话报》第1期，1903年12月19日。

③ 〔英〕器宾：《世界商业史》，〔日〕永田健助原译，许家惺重译，山西大学堂译书院译印，1904。

先晓得三件大事:"中国在世界上什么地方";"中国人在世界上算什么种族";"中国人从什么地方来的"。[①]

1905 年,梁启超撰写《世界史上广东之位置》,认为广东"在中国史上可谓无丝毫之价值",但"观世界史之方面,考各民族竞争交通之大势,则全地球最重要之地点仅十数,而广东与居一焉,斯亦奇也"。[②] 视角不同,意义迥异,在世界中定位中国或其中一部分,逐渐成为一种时代关切。1907 年,吴渊民摘译国内外史家之说编纂《史学通义》,旗帜鲜明地提出读史之目的:"一言以蔽之曰,在明中国之位置而已。"这显然"非徒读本国史所可能也",而需要"读东洋史,所以求明中国在东洋之位置也,读西洋史,所以求明中国在世界之位置也"。[③] 11 月,《北洋法政学报》刊出《中国纸币起源考》,认为中国纸币的历史"可谓世界经济史上最可注意之现象",[④]可算是一次具体的计较与努力。

在世界(史)中厘定中国(史)的位置,文明是最重要的视角和尺度。1907 年,濑川秀雄在其专为中国学生翻译的《汉译西洋通史》中鼓舞中国人在"今世界趋势合东西文明为一","百般事业皆一新其面目,划一新时期"的大势下,变"亚细亚东部之支那"为"世界之支那"。[⑤] 濑川秀雄在另一版的序中更明确呼吁:"熟读西洋史,览其文化发展之次序,国

---

① 三爱:《中国历代的大事》,《安徽俗话报》第 3 期,1904 年 5 月。

② 《世界史上广东之位置》,汤志钧、汤仁泽编《梁启超全集》第 5 集,第57 页。

③ 吴渊民:《史学通义》,《学报》第 1 号,1907 年 2 月 13 日。

④ 《中国纸币起源考》,《北洋法政学报》第 44 期,1907 年 11 月。该文转自《大同报》第 2 号。

⑤ 濑川秀雄『漢訳西洋通史』冨山房、1907 年。

民隆替之状态，及欧美现时之大势，俾确知日本所处世界之位置也。"① 这样的意识对于相同境遇又更等而下之的中国人，有着很强的感染力。1908 年，北京大学留日学生编译社编辑的《学海》在东京创刊，其序称："尝读世界文明史，谓吾黄河扬子江文明实为最古五大文明之一。文明者何，学而已。学者何，学为人而已。阅人而成时代，积人而成社会。……吾辈幸生是邦，应有舍我其谁气概，使后世修世界文明史者，大书特书谓吾由最古之黄河扬子江文明一跃而为最近之太平洋海文明。"②

连带起来的，是国人对对外观念的反思和对"世界"观念的呼吁。本多浅治郎的《西洋史》由上海商务印书馆于1909 年作为高等教科参考通用书编译发行。中国的译者在序中说"竞争为进步之母"，希望警醒国人争胜于世界。译者认为不论是先前"以为吾国以外无世界，即有人类亦等夷狄"，还是甲午庚子以后慑于强变而"日事崇拜外人"，都不可取。"排外既失睦邻之道，而媚外亦为蠹国之媒"，总之都是因为"于世界知识有所未谙，以无世界知识之国民，形成无世界知识之国家，而欲与世界列强同立于二十世纪竞争之舞台，宜其日受侮辱而未有艾也"。因此，在五洲交往紧密的时代，养成世界知识迫在眉睫，而"欲有世界知识，要非读西史不为功。盖史也者，研究人群之进化而求其公理公例之所在也"。批判过去的中国史家局限于一部，而"西史则求人群之真象，合人类全体而比较之，通古今之文野而观察之"，呼吁读者积极

---

① 〔日〕濑川秀雄著，章起渭编译《西洋通史》，傅运森校，商务印书馆，1910。

② 《学海序》，《学海》第 1 期，1908 年 2 月。

探求公理公例，养成世界知识，助力国家振兴。[①] 1909 年，《申报》刊登李提摩太《万国历史汇编》广告，称该书"譬黑夜之灯光，既导人避泥淖，且俾人遵循大路而至所欲至之室。中国昔为文明首出，今退居他国后，其必求日跻也明矣。而是书实开导中国左右世界之力，与万国同底太平也。予日望之矣"。[②] 这些著作虽非名世界史，却与"世界"观念紧密相连，不仅体现出从西洋史到世界史的转换关系，更强化了"世界"观念和"文明"视角给国人带来的压力与动力。

　　在以世界（史）厘定中国（史）位置的大潮下，关于中国（史）与世界（史）的关系，也有一些不一样的声音。1902 年，陈怀对多数著作"高标其大主义以示于人曰世界史"不以为然，他从追究世界之始终说起。在他看来，"世界特民之世界耳，故世界远矣大矣"，"欲举世界而析之而又析之，以至于其世至近，其界至小"。"世界者，积民而成者也"，而方志正是"纯乎其为民史者"。因此，他宣称"子言世界史，毋遽远证之古也，先观于今方志可矣"，"毋遽外征之五洲之大，环球之广也，先观之今方志所载之民事可矣，所谓其史至琐其史至简者也"。他认为"世界之事，又必自近之远，自细之巨"，方志最小，但"自一方以至于十而百而千而万，积至小之地以达之于其大，积至寡之民以达之于其众，而居然一世界史之主人翁矣"。[③]陈氏之意，显然是不必舍近求远，与其高谈世界，不如从身边的方志做起。如果说这还只是达至世界的

---

① 〔日〕本多浅治郎著，百城书舍编译《西洋史》，商务印书馆，1909。
② 《书万国历史汇编后》，《申报》1909 年 1 月 14 日，第 6 版。
③ 陈怀：《方志上》《方志下》，《新世界学报》第 7 期，1902 年 12 月。

路径不同，章太炎则更进一步，他强调"中国不可委心远西，犹远西之不可委心中国也"，主张经是最初的历史，是不能废的，如果中国史可废，西洋史亦没有什么用处，[①] 强调中国史才是基准所在，不可舍本逐末。在文明力较量下厘定中国在世界的位置，中国是弱势、被动的一方，陈怀和章太炎的论述则更强调中国的先决和本体地位。

小　结

清季十余年间，有关西方历史的著作，乘着日本的东风，源源不断被译介过来。在西洋史、万国史等名目之外，"世界史"具有相当的特殊性和主观性，引起国人持续的关注和讨论。面对西方以文明之名、依据国家实力排列世界次序，从而排除东洋于世界之外，以西洋史等同于世界史，近代日本人表示相当的认可和接纳，同时又强调世界史理应包括世界全体，并注重彼此联系。同处东亚、面临类似境遇而文明更悠久的中国，延续日本人的界定和思路，在围绕"世界史"观念的讨论中，直逼中西文明力较量的根本问题，表现出传统大国面临前所未有变局的无奈、艰辛与坚韧。

或许正由于浸润了诸多理想与现实、称谓与内涵、现在与将来的矛盾纠缠，清季的"世界史"基本停留于观念和认知层面，而未见具体实在的本土著述和相对完整的学科体系。但相关的观念讨论十分丰富，在相当程度上制约了其后世界史学

---

① 《国故论衡》《经的大意》，上海人民出版社编《章太炎全集》第5、14集，沈延国、汤志钧点校，上海人民出版社，2018，第107、105页。

科的属性、定位和旨趣。更重要的是，由于"世界史"认知是中外交流冲突的时代产物，其影响也必然溢出学科之外，而有着更为深远的干系。

　　清季的"世界史"认知一头连着"历史"，一头连着"世界"，历史成为归纳公例、探究世界公理从而指导现实、规划未来的工具，"世界"则是抵拒西方文明偏见、强烈要求占据一席之地的目标，后者深深的时代烙印尤其值得注意。"世界"观念在近代中国的重大影响，几乎都在"世界史"的问题上得到体现，而"世界史"这样一个具体的依托，又使"世界"观念之于近代中国对外观念、自我定位和未来规划上的影响更加深入、实际和强化，二者相辅相成。最突出的表现，就是促使时人思考中国在世界的资格、位置和前途问题。当时的中国，既面临是否够资格进入世界的问题，也面临其历史能否进入世界史的问题。作为新环境的"世界"，与由此激发出的新的有关"史"的观念结合而成的"世界史"，深深地考问着中国是否具有文明的根本性问题，既让国人沮丧，也让国人奋发。就此而论，清季的"世界史"认知，对于中国而言，更多是一个关乎立国之本的思想史问题，而非一般性知识扩充的学科史问题；对于世界而言，则是能否超越一元化文明观、实现文明多样性的深刻考验。

第十一章 "世界"追求的寄托：清季民初世界语运动中的"世界"观念

　　已有关于世界语运动的研究，大抵分为两类：一为亲历者不无深情的追忆，一为局外人带有反思的审视。前者较为全面地勾勒出世界语在中国发展的大概史实，① 后者则从团体活动、文字改革、思想文化大背景等方面展开论述。② 清季民初世界语运动的重要关怀之一，是语言与世界的关系，以此为主

---

①　侯志平编著《世界语运动在中国》，中国世界语出版社，1985。侯志平主编有多种相关著作，内容大同小异，巴金、胡愈之等人也结合自身经历有过撰述。关于世界语运动的宏观背景，可参见〔俄〕E. 德雷仁《世界共通语史——三个世纪的探索》，徐沫译，商务印书馆，1999；〔瑞士〕E. 普里瓦：《世界语史》，张闳凡译，知识出版社，1983。

②　其中较为深入且与本章主题相关者有罗志田《清季围绕万国新语的思想论争》，《近代史研究》2001 年第 4 期；张宝明：《中国现代性的两难——以新文化元典中的世界语吊诡为例》，《福建论坛》2007 年第 5 期；彭春凌：《以"一返方言"抵抗"汉字统一"与"万国新语"——章太炎关于语言文字问题的论争（1906～1911）》，《近代史研究》2008 年第 2 期；程巍：《"世界语"与犹太复国主义——兼论清末"世界语"运动》，《中国图书评论》2010 年第 12 期；周质平：《春梦了无痕——近代中国的世界语运动》《语言的乌托邦——从世界语到废灭汉字》，《现代人物与文化反思》，九州出版社，2013。张仲民《世界语与近代中国知识分子的世界主义想象——以刘师培为中心》（《学术月刊》2016 年第 4 期）更专门探讨了刘师培世界语认知背后的语言关怀与世界主义想象，是世界语研究与近代中国世界观念形塑研究的结合。

题，从名称流变、理想寄托和终极关怀等层面，顺时序地考察"世界"及其相关观念在世界语运动中的虚虚实实，以及各种或隐或显的表现背后的意蕴，可以挖掘世界语运动的思想文化内涵，展现包含地域而不止于地域的"世界"观念如何体现于倡行者各自的言论行事之中，从而试图将一些看似不言而喻实则言人人殊的观念还原于历史。

第一节　虚实相生：清季十年间世界语的引入与讨论

海通以来，轮船、火车、电报等工具广泛使用，国际交流无论深度广度都非往日可比，语言上也渐渐产生一种需要。1887 年，波兰医生柴门霍夫博士正式公布其创造的一种人造语言，并将其定名为"La Lingvo Internacia"，意为"国际语言"。后来人们将柴氏发表该语时所采用的笔名"Esperanto"（意为"希望"）作为这一新语言的名字。所希望者，照柴氏自己的追溯和历次世界语大会的主旨，乃是超越国界，消除隔阂，实现人类相爱如一家。这与柴氏生活在多民族混居区的成长经历不无关系，也因应着欧洲内部不同民族和平相处的追求。[1] 欧洲的经验与探索，最终辐射到亚洲，经日本人发端，中国人逐渐以"世界语"之名来称呼 Esperanto，引起有关"世界"观念的一系列丰富表现。

清季中国人越来越意识到国际交流中语言的重要。1900年，清朝驻美大臣伍廷芳在费城书院发表演说，认为"万国

---

[1]　相关背景可参见中华全国世界语协会编《柴门霍夫演讲集》，祝明义译，中国世界语出版社，1982；〔瑞士〕E. 普里瓦：《世界语史》。

通语，当以英语为准"，称"综览环球之大局，默验人情之向
背，谓宜定万国通用语言为各国人民交易往来之用耳，此固极
省事之办法"。① 伍氏之"万国通语"乃"万国通用语言"的
简称，并未固定为专有名词，也并非指称 Esperanto。

到 1905 年，留日归国学生戢元丞等编辑主持的《大陆》
刊出《世界语》一文，以"世界语"为标题，分节介绍其发
明者与构造时，却以"爱斯泼拉特语"音译相称，除标题外，
通篇不见"世界语"字样。可见，所谓"世界语"并非 Espe-
ranto 的专称，而是描述，与辑录欧美近闻以成"世界谈片"
之"世界"一样，意谓欧美那个世间，此时的"世界语"之
名并未约定俗成，更谈不上习以为常。据称，发明者有感于自
身经历，"怀抱四海同胞之主义，此所以着手于实际同语"，
"爱斯泼拉特语为万国语之用途"，"构造极为简单，苟稍通外
国语者，凡一月即可以得学之"。② "四海同胞主义"与"极为
简单"，一则精神内核，一则实际效用，既连接欧美世界语运
动所寄托的"希望"，更成为后来十余年间提倡与反对世界语
者反复争辩的两个基准点。

1907 年，第三次世界语大会在英国剑桥召开，署名"醒"
的作者在《新世纪》上撰文记述，多方面渲染会议的盛况和
世界语的流行。该文以"万国新语"指称 Esperanto，所记柴
门霍夫 12 日的演讲，"大致谓万国新语通行之后，实能改良国
际之感情，增进人道之幸福"。19 日演说则称"新语通行之
后，各国便不致再有误会之事。误会之事既少，则战争之事可

---

① 《续记中国驻美大臣伍秩庸星使在费城大书院演说美国与东方交际事
宜》，《申报》1900 年 7 月 11 日，第 1 版。
② 《世界语》，《大陆》第 3 卷第 15 期，1905 年 9 月 23 日，"杂录"。

息。战争既息，则所谓大同之境界不难立致也。总之，吾辈宜以爱世界为真爱，爱本国为私爱。若专私其所爱，而不知博爱，则非吾辈所取也"。① 这是较早对世界语大本营相关情况的介绍，名称用汉语意译，敏锐地捕捉到世界语消融国界的理念。

《大陆》的《世界语》不过昙花一现。1907~1908 年，创办于巴黎的《新世纪》在吴稚晖、李石曾等无政府党人的主导下鼓吹 Esperanto，主要还是用"万国新语"之名。有意思的是，"万国新语"之外，还有人别出心裁提出"中国新语"。署名"前行"者来稿提出，为推行万国新语，发起中国新语，作为从中国语到万国新语的过渡。②

"万国"在中文古典中本来指众多"封建诸侯"，元代曾指称外国，明清以后渐渐对应世界各国。19 世纪以后，西力东渐之下，国与国之间的对应感渐强，传统的天下格局受到冲击。1864 年总理衙门刊印《万国公法》，以西欧为中心的民族国家新秩序被中国人接纳。③ 从某种意义上说，万国新语同万国公法一样，以欧洲经验为实质，却有着"万国通用"的意象，前者以一个"新"字，更寄托着进化链条上更加先进的期待。而中国与万国对言，中国置身万国之外，看似不可思议，实则有着深厚的思想渊源和广泛的历史影响，且与后来的"中国与世界"一脉相承。

---

① 醒：《记万国新语会》，《新世纪》第 10 号，1907 年 8 月 24 日。
② 前行：《编造中国新语凡例》，《新世纪》第 40 号，1908 年 3 月 28 日。
③ 金观涛、刘青峰：《从"天下"、"万国"到"世界"——兼谈中国民族主义的起源》，《观念史研究：中国现代重要政治术语的形成》，第 226~251 页。

同一时期，日本的世界语运动开始萌发，在日中国人参与其中。1906 年，日本翻译家二叶亭四迷出版了日本最早的 Esperanto 自习本《世界语》，①"世界语"之名在日本开始流传。同年，无政府党人大杉荣在狱中开始学习世界语。出狱后，他在杂志上连载有关世界语的消息，在东京本乡小学开办讲习会，据说有中国人参加。从 1908 年 4 月 6 日开始，大杉荣还在倾向于无政府主义的留日学生刘师培家里开办世界语讲习会，刘师培何震夫妇、张继、苏曼殊、景梅九等人参与其中，他们主办的《衡报》对世界语大加提倡，Esperanto 以"世界语"或"世界新语"之名在少数中国人当中传播开来。② 当刘师培提出"今欲扩中土文字之用，莫若取《说文》一书译以 Esperanto（即中国人所谓世界语）之文"时，③ Esperanto 与"世界语"并用。今日几乎所有涉及世界语的论著都称 Esperanto 最初汉译为"万国新语"，"世界语"之名乃沿用日本说法，基本事实或在于此。对刘师培等人而言，无政府主义的共同信仰，加上时空与人事的机缘，其沿用日本称谓的"世界语"，本属自然之势，但更多的中国人沿用之后，自觉不自觉的变化就更加丰富了。

近代中国"世界"观念的发生演化，与日本关系匪浅，世界语即其表现之一，1910 年代之后，出现许多追认并解读

---

① 林義强「『万国』と『新』の意味を問いかける：清末国学におけるエスペラント（万国新語）論」『東洋文化研究所紀要』第 147 册、2005 年。

② 〔日〕嵯峨隆：《近代日中社会主义交流之经验——以大杉荣为例》，第二届近代中国与世界学术讨论会论文集（第 2 卷）；孟庆澍：《无政府主义与中国早期世界语运动》，《洛阳师范学院学报》2006 年第 1 期。

③ 师培（刘师培）：《论中土文字有益于世》，《国粹学报》第 46 期，1908 年 10 月。

这段因缘的说法，详见下一节。此时"世界语"一词并不流行，更非唯一，这与"世界"一词在近代兴起的大趋势是吻合的。古代中国的"世界"一词主要是佛教意义上的，虽然也用来描绘尘世，但总体上虚大于实，近代来华传教士正是在这一层意义上借用过来描述上帝所创造和掌控的"世界"。后来逐渐从天国转到人间，19世纪末在各种商务统计表中出现"世界各国""世界各地"等明确为地域指向的用法，但还是在较为普泛和笼统的含义上，至于更加具体地落实到指称各种事物，时间更为漫长，过程更加丰富。本质为欧洲语言的Esperanto逐渐取得"世界语"的名号，正是一例。同时，由虚入实的"世界"落实到该语言之后，其虚的一面自然成为各种寄托的内在契合点。

1907年，署名"醒"的作者在《新世纪》撰文，他认为"欲求万国弭兵，必先使万国新语通行各国，盖万国新语实求世界平和之先导也，亦即大同主义之张本也"，[1] 将万国新语与大同主义勾连起来，赋予其精神内涵。后来，他总结万国新语"进步几一日千里"的原因，除简单易学和世界各国交通日益频繁外，还有"科学发达，人类之智识愈进，研究真理之心愈炽"，"十九世纪之末，世界种种，渐趋于大同时代，各国人民亦多厌弃战争，而研究万国平和之道。惟欲万国平和，必先有统一之语言文字"。[2] "研究真理"而学习万国新语，则此真理的重心已经偏向于外。"大同时代"则文字统一，并且以万国新语为依归，则大同的方向无非舍己从人以求

---

① 醒：《万国新语》，《新世纪》第6号，1907年7月27日。
② 醒：《万国新语之进步》，《新世纪》第34号，1908年2月15日。

一致。更具体深入的论述则是：

> 以余意观之，苟吾辈而欲使中国日进于文明，教育普
> 及全国，则非废弃目下中国之文字而采用万国新语不
> 可。……英法诸国文字，本不能谓之极文明，然彼以有一
> 定之规则，故终较无规则之中国文字为便利。且每一种文
> 字，必有字母，几为各国文字之通例。中国人与欧美交
> 通，为日已久。欧美文明蒸蒸日上而中国则停滞不进。近
> 数年来，中国文明似稍发达，然卒以中西两文相差过远，
> 故西洋文明不易输入。……然吾以为与其改用英文或他国
> 文，不如采用万国新语。以英文虽较良于中文，而究非最
> 良之文字。与其取较良之英文而贻后悔，何如用最良之万
> 国新语而为一劳永逸之计乎？欧美文明发明已数十年，而
> 中国则至今尚落人后。考其原因，实由乎文字之野蛮。故
> 吾辈今日而欲急起直追也，非废弃中国旧文字而采用万国
> 新语不为功。[1]

这里明确提出废除汉字采用万国新语，理由是字母为"各国
文字之通例"，汉字例外而"无规则"，是不文明的表现。为
文明进步，需要输入西洋文明，万国新语作为最良之文字，是
最好的凭借。此时 Esperanto 尚未取得"世界语"之名，但作
者这些虽未必符合实情却旗帜鲜明的言论所体现的思想取向，
与后来世界语运动所承载的理想相当一贯，根源即在于西力东
渐以后中国所面临的新的内外环境和国人由此产出的观感。

---

① 醒：《续万国新语之进步》，《新世纪》第 36 号，1908 年 2 月 29 日。

对于这些美好而虚幻的期待，章太炎针锋相对地指出：

> 巴黎留学生相集作《新世纪》，谓中国当废汉文而用万国新语。盖季世学者，好尚奇觚，震慑于白人侈大之言，外务名誉，不暇问其中失所在，非独万国新语一端而已。其所执守，以象形字为未开化人所用，合音字为既开化人所用。且谓汉文纷杂，非有准则，不能视形而知其字，故当以万国新语代之。余闻风律不同，视五土之宜，以分其刚柔侈敛。是故吹万不同，使其自己，前者唱喁，后者唱于，虽大巧莫能齐也。万国新语者，本以欧洲为准，取其最普通易晓者，糅合以成一种，于他洲未有所取也。大地富媪博厚矣，殊色异居，非白人所独有。明其语不足以方行世界，独在欧洲，有交通之便而已。……在彼则以便俗为功，在此则以庚匡从事。①

章氏认为留学生们"好尚奇觚"，罔顾世界语"不足以方行世界"，的确从主客观两面抓住了问题的症结。更重要的是，他提出"风律不同，视五土之宜，以分其刚柔侈敛"，不能齐更不必齐，已经明显跳出一元化线性追赶的思维模式，触及世界语问题乃至"世界"观念的最根本所在。吴稚晖对此回应道：

> 语言文字之为用，无他，供人与人相互者也。既为人与人相互之具，即不当听其刚柔侈敛，随五土之宜，一任

---

① 章绛（章炳麟）：《驳中国用万国新语说》，《国粹学报》第41、42期，1908年5月、6月。

> 天然之吹万而不同，而不加人力齐一之改良。执吹万不同
> 之例以为推，原无可齐一之合点能为大巧所指定。然惟其
> 如是，故能引而前行，益进而益近于合点，世界遂有进化
> 之一说。

他还提出，虽然"一跃即能采用万国新语"的目标不容易达
到，但是"讲求世界新学，处处为梗"，至少应该为"迂拙之
进行"，"如日本已往之例，入高等学者，必通一种西文，由
高等学入大学校者，必通两种西文"，由此渐渐达到目的。中
国人若"守其中国文，尤格格与世界不入，为无穷周章之困
难"。[1] 双方在是否以相同为进化上分歧明显。与此相关，其
"世界"也大相径庭，章太炎的"世界"的确涵盖全球，所以
他认为不过糅合欧洲语言的世界语"不足以方行世界"，"所
谓世界语者，但以欧洲为世界耳";[2] 而吴稚晖"世界新学"
和"格格与世界不入"的"世界"，都是剥离了中国、与中国
相对而言的外在存在，并且是一种先进的、标杆式的存在，所
以他认为世界语是中国应取的方向。作为地域指称的"世
界"，其范围可伸可缩的诡异在这里得到了典型体现。

　　对"世界"的向往，串联起许多意向，且在串联中加强。

---

[1]　燃料（吴稚晖）:《书〈驳中国用万国新语说〉后》，《新世纪》第57
号，1908年7月25日。

[2]　《与人书》（1909年10月20日），马勇编《章太炎书信集》，河北人民
出版社，2003，第266页。与吴稚晖等人不同，章氏的"世界"十分明
确，就是地域上的全球。他提出"明其语不足以方行世界，故命为万国
新语，不如命为欧洲新语。其亚细亚人学之，以为驿传取便交通亦可也，
则不若命为外交新语"（太炎:《规新世纪》，《民报》第24号，1908年
10月10日）。

1908 年 8 月，有人在《新世纪》上撰文记述世界语第四次大会，称该会新会长德国人梅勃博士"认万国新语者为全世界大同之语言，至为重要之语言"。文末说道："吾望当第十四会之顷，中国鞑狗之腥膻，早已薰除，彼中之贤良者，皆脱尽鞑气，富有高尚之学问及世界之观念。于是中国境内万国新语会之会员，居其多数。是年大会首移东方，即开会于扬子江东部建业城中之秦淮河上。"① 大同的追求依然坚定，同时将"高尚之学问及世界之观念"与世界语互为表里，互相加强。

废汉文毕竟有些极端，一些看似折中的主张开始被国人注意。裘昌运所译，疑为日本人所作（行文不无面向中国之意）的《世界语叙言》针对"今天下人数十余亿，而半操英语，由是扩充，使英语通行各国，不易于为力耶"的主张，提出国语关乎一国之文化命脉，不能轻易言废，"使必欲立一国之语言，以为万国通用，则各国必起而牵制"，故英语不可取。"若今之新世界语者，与各国之语近似而非尽似，近似则易学，不尽似则无偏倚之弊。……欲立一公共之语，便天下之交通，舍此新世界语又何求哉？"② 如此这般警惕英语侵入而热情迎合世界语，难免掩耳盗铃，与其说是实际考虑，不如说是心理安慰。因为对于东方人的语言学习而言，世界语和英语本质上没有区别，都是外语。但拥有"世界语"的名号、具有超国意味（英语则暗含国家意味）、在欧洲同样是新事物的 Esperanto，毕竟可以掩盖某种冲突，而造成一种同一起跑线的假象。这对于自认落后又不甘于落后太多，尤其不愿放弃进步

---

① 《万国新语第四次大会》，《新世纪》第 62 号，1908 年 8 月 29 日。

② 裘昌运译述《世界语学叙言》，《东吴大学堂学桴》第 2 卷第 2 期，1908 年。

的希望的中国人来说，十分重要。

最早集中讨论世界语的《新世纪》刊行于巴黎，刘师培等学习世界语于日本，这都让这一时段的世界语运动带有几分洋气和外在感。不久，由外而内，上海成立了世界语学社（该社展开不少宣传和活动，频频出现在公众视野），其启事称"世界语者，万国共通、人类统一之语也"，可以"跻五洲于同堂，洽感情于寰宇"，域外讨论中世界语与人类亲爱的嫁接延伸到国内。启事还说"欲扩智识首恃观阅西书，然欧美名著均由此语译成"，学习世界语可以"广览西籍以扩见闻"。[①] 说欧美名著均由世界语译成，如果不是罔顾事实的谎言，就是一厢情愿的误会，这种误会本身却体现一种历史的真实——"一路向西"的取向日渐显然，[②] "扩智识首恃观阅西书"即为显例。此时世界语名词已经相对确定，[③] 但问题又绝非名称变化那么简单。

第二节　语以载道：民初世界语运动与各种"世界"观念的联系

民国肇基，中国成为"共和国"，是为"走向世界"的重

---

① 《上海世界语学社启》，《申报》1909 年 3 月 24 日，第 20 版。
② 关于近代中国的"外倾"，可参见罗志田《走向世界的近代中国——近代国人世界观的思想谱系》，《文化纵横》2010 年第 3 期。
③ 此后"世界语"一词在作为专有名词指称 Esperanto 之外，有时依然被作为普通名词使用，意为世界共通语，在后一层意义上，又称 Esperanto 为新世界语（《近世世界语发达史》，《东方杂志》第 6 年第 12 号，1909 年 11 月 25 日）。天外有天，新外有新，到 1913 年，又称美国人发明的"以英语为基础而复以他国语贯通之"的"慧而登"为"最新发明之世界语"，且"谓世界语之根源于英语胜于根源拉丁也"（《最新发明之世界语》，《申报》1913 年 8 月 5 日，第 10 版）。

要一步。"世界"也早已超越名物指称的层面，在落实到各类
具体事物的同时，又实中生虚，连带其诸多意向，形成彼此联
系的一整套观念。此时的世界语运动更加热闹，创立学会，开
办讲习班，名人捧场，青年参与，在实际活动和思想讨论两方
面都有十分丰富的表现，与"世界"相关各种观念的休戚与
共也更加深化。

早在预备立宪时代（至少是"走向世界"的一小步）的
1910年，上海商学研究会附设商务学堂添设世界语传习所，
其广告称：

> 世界语者，万国通行之新文字也，吸收世界文明之利
> 器也。二十世纪之学术赖以进化也，而又为世界和平之证
> 券也。欧美各国已认为万国公语（亦名国际补助
> 语）……当此预备立宪时代，国民锐意图强，若不急起
> 直追，竞习斯语，安能与世界文明诸国并驾齐驱耶？[1]

"世界文明"和"世界观念"一样，都是这一时期的时髦语，
具有号召力而并不明确，究其本源，还是欧美意象。"急起直
追"，以世界语为重要凭借，目的则是"与世界文明诸国并驾
齐驱"。预备立宪的大背景，增强了这种线性追赶的正当性和
紧迫性。此外值得注意的还有，世界语的定位若为"国际补
助语"，则不过方便国际交流，毫无取消各民族语言的意思，
而"万国公语"则暗含取代民族语的玄机。

---

[1] 《上海商学研究会附设商务夜学堂添设世界语传习所广告》，《申报》
1910年6月22日，第6版。

1912年2月12日，作为一门国际通用语"蓝色语言"的作者，雷因·博拉克得知中国即将在所有学校开设英语课，致函孙中山，称与其推广英语，还不如推广国际通用语（IDO），因为后者更容易。① IDO即伊多语（又译作伊斗语），是世界语的改革版。世界语进入最高当政层的视野。孙中山的反应目前未见直接材料，但5月7日，同盟会召开第一次评议会，通过决议六条，其中有一条为在会场附设世界语讲习所，② 或许与此不无关系。

这一年，世界语社改组为中华民国世界语会，其旨趣书认为，世界语学习更易，可以更有效率地"灌输欧美科学，促进国民程度"。③ 5月5日，世界语者孙国璋等致电总统袁世凯、总理唐绍仪、各部总次长、各省都督及各报馆称："民国成立，欲策精神上物质上一切关系之进步，非借万国通行之世界语不足以导灌科学，输入文明。"④ 8月17日，蔡元培在该会"登台宣言，谓今日蒙诸君开会欢迎，愧不敢当，惟鄙人对于世界之观念以及提倡，社会尚多抱憾，务望诸君子极力提倡，裨益民国"。⑤ 蔡氏自称"不过愿学世界语之一人，于世界语尚未娴习"，演讲所说都是对于"世界语之感情"。他在不了解世界的情况下提倡世界语的最大理由为"我国语言，与西语迥异，而此时所处地位，决不能不与世界各国交通，亦决不能不求知识于世界，不可不有一辅助语"而"以世界语

① 胡伯洲、胡波、朱明海、董少葵译《海外友人致孙中山信札选（二）》，《民国档案》2003年第2期。
② 《同盟会之议案》，《申报》1912年5月8日，第7版。
③ 《拟组织中华民国世界语会 Ainrespub lika Eaperanto-Aeiilo 旨趣书》，《申报》1912年3月10日，第7版。
④ 《公电·孙国璋等电》，《申报》1912年5月5日，第2版。
⑤ 《世界语会欢迎蔡元培》，《申报》1912年8月18日，第7版。

为最善"。① 9 月 22 日，世界语会发布消息称世界语事业日益发达，"兹更得民立报之赞助，附刊世界语消息一栏，逐日刊登备载中外消息，为交通声气，导灌世界知识之机关"。② 1913年 4 月 15 日，又说"新国民殆不可无世界知识乎？盍人人读本会世界语函授讲义"。③ 4 月 26 日称其会务年鉴"材料丰富，应用甚广，不啻为欲得世界知识者之一益友"。④ 在"世界"这一观念的衔接下，"灌输欧美科学""世界之观念""求知识于世界""世界知识"等诉求都与世界语相联系，世界语作为语言本身反倒是一个退居其次的问题。这些即使在今天看起来都很"正面"的诉求，众口一词之下其实有着相当的含糊，体现出极强的主观性。而其实质，都不外乎以欧美为"世界"，以自我为化外，努力向外求索的思想指向。

流风之下，南社社友、《生计杂志》主笔公羊寿文主张师范学校添设世界语，自称"未尝深谙世界语为何物，固绝对赞成世界语"，原因在于"今日国民趋势由国家事业而渐及于世界事业，则教育方针亦当由国家主义而渐及于世界主义"，而世界语"足为世界事业之先导者"。并且，"二十世纪以前之世界，固人自为人，国自为国之世界也。二十世纪以后之世界，则将渐趋于一致，以成大同世界也"，而世界语为"趋一致成大同"之主宰。⑤ 其主张师范学校添设世界语，无非以此

① 《在世界语学会欢迎会上的演说词》（1912 年 8 月 17 日），高平叔编《蔡元培全集》第 2 卷，第 273~276 页。
② 《世界语会消息》，《申报》1912 年 9 月 22 日，第 7 版。
③ 《中华民国世界语会消息》，《申报》1913 年 4 月 15 日，第 10 版。
④ 《中华民国世界语会消息》，《申报》1913 年 4 月 26 日，第 11 版。
⑤ 公羊寿文：《主张师范学校宜添设世界语一科》，《独立周报》第 1 卷第 8期，1912 年 11 月 10 日。

立意。同样是不了解世界语，却如此积极提倡，可见世界语的所载之道超过了世界语本身，正是这所载之道的光荣正确，正是其所代表的"世界事业"的大旗，成就了世界语运动的热度，尽管只是一些人的。

针对上述主张，同为南社社友的丁以布刊文表示反对。他认为"世界语是否急需于今日之中国，与夫师范学校宜否设立为一科，似尚在惝恍迷离之乡"。丁氏注意到提倡者拉上世界主义这面大旗的做法，有的放矢，明确指出世界主义未必要通过世界语来实现：

> 诚以世界主义之真谛，其最浅则使国民知世界大势之趋向，而知所警惕，语其极则养成我之实力，以跻乎世界事业之间。……实力薄虽欲进焉而莫由腾跃。此固非斤斤焉在于世界语之明不明以为断。质言之，即实力充，不明世界语，要亦无碍，实力薄，虽明之而庸有济。①

与倾心向外不同，丁氏的"世界主义"更多立足自身实力的发展，宜乎其对源之于外的世界语不甚热心。

留美生沈步洲（后来曾任北京大学预科学长、教育部次长、国立北京农业大学校长）更颇为精准地指出"世界语"之名具有迷惑性：

> 公羊君谓学习世界语可以增进世界观念，仅就名词上

---

① 丁以布：《师范学校应否设立世界语之讨论（致〈独立周报〉记者）》，《独立周报》第 1 卷第 10 期，1912 年 11 月 24 日。

立论。一若既名世界语，则其间细微曲折，皆含有世界意味者。[①]

"世界观念""世界意味"的无形魅力，足以让"世界语"之名产生迷惑效应，当时思想空气，可见一斑。他认为公羊寿文之所以推崇世界语，不无吴稚晖的影响，[②] 而吴氏"本理想家"，高远之余，难免虚幻，正因如此，公羊君其实并不了解世界语为何物。而沈氏正是要努力阐明所谓世界语其实并不"世界"：

> 世界语者，依欧西文字门户而立者也，与汉文绝无相类之点。……今苟未通西语而习世界语，则其困难亦仍与习他种西文同，未见其能省工力也。……世界语便于东人，必不便于西人，便于西人，必不便于东人。……仅足供西人公用。我国人不察，辄译之为世界语，辄信为世界语，一若世界中固仅有欧美二洲者，一若吾国立于世界之外者。嘻！何其见之不广也。……我处求人之地位，知识薄弱，胥赖文字以资输灌。顾乃不致力于英法德日之语言而致力于世界语，必其成功也，无所用之。西人之书，

---

① 沈步洲：《师范学校附设世界语问题》，《独立周报》第 1 年第 13 号，1912 年 12 月 14 日。

② 这里主要指的是公羊寿文《再论世界语（致〈独立报〉记者）》（《独立周报》第 1 年第 14 号，1912 年 12 月 21 日）中所引稚晖之语："今日人群趋势，渐倾向于世界方面。世界一切动作行为，必归于一致，而成大同。即语言一科，庞杂纷歧，久为识者所诟病。常思有以谋一致而救其弊。世界语实足代表此思想，而为世界语言统一之基础也。"以一致为大同，以世界语为能一致，是其主旨。

> 无一可读。西人语言，无一能解。习科学不能，习法律
> 不可。①

在这里，沈氏循名责实，批评那些世界语的提倡者"一若吾
国立于世界之外者"。

有意思的是，世界语提倡者也给不学习世界语者扣上
"自绝于世界"的帽子：

> 世界语为交通之利器，大同之先河，久已风行欧美。
> 支那不通此语，是自绝于世界也，此语不普及于支那，是
> 自外于大同也。②

对立双方用同样的言辞互相批评，则其言辞之相同只是文字上
的，而非内涵上的。一方以天之所覆地之所载为"世界"，则
中国本来在其中，"亦不过一种西文"（沈步洲语）的世界语，
名实不符，不值得趋之若鹜；一方则以欧美为"世界"，以相
同为大同，在欧洲不失为便利语言的世界语自然就是无上至
宝。沈氏的循名责实，恰恰反映同样的名之下，有着各不相同
的实，却无一不是历史的真实。不过，沈氏也同样承认"我
处于求人之地位，知识薄弱，胥赖文字以资输灌"，他只是认
为世界语（即 Esperanto）不够资格而已，还不如学英德法文
来得实在。在这一点上，双方未必没有沟通的基础。何况，

---

① 沈步洲：《师范学校附设世界语问题（续第十四期）》，《独立周报》第
2 年第 1 期，1913 年 1 月 12 日。
② 《上海世界语同志旅行记》，《社会》第 2 期，1913 年 2 月。

"中国为世界一国"本来也是清季以来西潮激荡的结果，而非传统的认识格局，① 此时则新见已成共识。

随后，卞武撰文反驳沈步洲，提出"世界语"三个字乃是日本人所译：日本早期提倡世界语者，"宗旨有类社会主义"，"欲避政府之耳目乃名之曰'世界语'，一曰'国际补助语'，盖以其能涵盖全球之人。该国学者多数则谓之'世界语'也，我国学者多仍之"，中国人不过沿用而已，并无所谓误会。② 但问题是，不管"世界语"的发明者是谁，从公羊寿文等提倡者的言论来看，的确是"世界观念"增加了世界语的分量，世界语也确实借了"世界观念"的东风，让并不了解的人都热心提倡。姚明仁即认为起初中国的世界语运动"以少数人之精力，未能普遍，国内革命以后，人民思想为之一变，渐有世界观念，于是研究世界语者大有其人"。③

国人热衷如此，外人亦推波助澜。曾任世界语万国大会会长的美国人挨门士 1914 年 6 月与上海世界语同志相聚并演讲。他对中国提出"第一当醒悟，第二需输入外国智识"的希望，要输入外国智识，就少不了世界语，不无居高临下的姿态；又

---

① 《说国家》（1904 年 6 月 14 日），任建树、张统模、吴信忠编《陈独秀著作选》第 1 卷，第 55 页。

② 卞武：《论世界语问题（致〈独立周报〉记者沈君步洲）》，《独立周报》第 2 年第 4 号，1913 年 2 月 2 日。关于世界语名称的日本渊源问题，还有几种大同小异的说法。《世界语概论》有言"日本人因斯语广行世界，译以今名，吾国因之，遂仍名为世界语"（《世界语概论》，《申报》1912 年 6 月 5 日，第 7 版）。姚明仁的说法是"日人以斯语构造之性质大有通行世界之希望，故名之曰世界语"（姚明仁：《世界语之演说辞》，《江苏省立第二师范学校校友会杂志》第 6 期，1914 年 6 月）。这些说法恰恰反映了近代中国人的"世界"观念的运用。

③ 姚明仁：《世界语之演说辞》，《江苏省立第二师范学校校友会杂志》第 6 期，1914 年 6 月。

说"谈世界语者，则均自忘其为何国人，而仅知为世界语学子，接近时倍觉亲爱，且较本国人为尤甚也"，则世界语对国家的消融可见；其敦促中国人热心学习世界语时说中国人"办事处处落人后"，俨然先进指引者。[①] 这种姿态对中国人已有的观念不无加强之功。另外值得注意的是，包括此处在内的很多人在宣扬世界语的时候，多是热情多于分析，雄辩大过事实，常常是非常主观地将世界语与各种高尚理念挂钩，而几乎没有给出必要的证明，包括宣扬世界语有多简单易学。即便现身说法者，以其语态夸张，也难免令人生疑。

还有一桩小公案值得注意。先前，世界语会与江苏教育会商定，在后者处设信箱，以为通讯中转之地，但在各种宣传品中却称其"中央事务所在上海西门江苏省教育会"，而"未有通讯处上海江苏教育会"字样，造成混淆。又在教育会侧面悬挂一木牌，以大字书"中央事务所"，以小字书"通讯处"，颇有类今日机巧商人之所为。教育会于1914年7月4日致函世界语会，要求"各清界限"，次日世界语会复书虽称"自当遵办"，但同时诡称误会产生是由于"报载云云，以限于字数，致未能明晰"，似乎并非实际更正。如此偷梁换柱，虚与委蛇，果然有效，有人频频到教育会询问世界语会事务，这样更引起教育会不满，于7月22日再次发函要求澄清。世界语会次日复函认错，但对大字小字的小聪明，似乎有些羞赧而含糊以对。[②] 以江苏教育会在全国的影响力，世界语会此番作为或许并非无意。果真如此，则世界语运动，无论舆论宣传，还

---

① 国成：《挨门士君与世界语》，《惜阴周刊》1914年6月。
② 《致世界语会书》（7月4日、7月22日）、《世界语会复书》（7月5日、7月23日），《教育研究》1914年第14期。

是实际行事，都有浓厚的依附色彩。而其依附之大端者，厥为"世界"各种相关观念极为主观而普遍的运用。

第三节　世界主义：一战前后世界语运动的大同追求

一战爆发，中国最终参战，并且"战胜居然吾国与"。时人的称呼也有着从"欧战"到"世界大战"的微妙转换。这一事件大大拉近了中国与"世界"的距离。[①] 与此种时势相因应，世界语运动在多角度展现了"世界"观念的各种面相和意蕴后，讨论更加深入，集中体现为对世界主义的青睐，更触碰到"世界"观念背后之深层思维取向。

到 1917 年，距离世界语之发明已经三十载，中国人之接触此语，已经十余载，认识也在逐渐深化。此前关于世界语的讨论，或停留在方便交流的实用层面，或醉翁之意不在酒，较少触及其作为语言本身的文化内涵问题。[②]《新青年》上的讨论则已经比较集中深入这一点。陈独秀认为：

---

① 罗志田：《希望与失望的转折：五四运动前一年》，《激变时代的文化与政治——从新文化运动到北伐》，第 18~57 页。

② 此前也有比较零碎的讨论，比如早在 1908 年，就有人认为"以爱司波兰他为语言，或犹可行，若以为文，未见其能有成也"，充其量只是"世界语"而无法成为"世界文"（裘昌运译述《世界语学叙言》，《东吴大学堂学桴》第 2 卷第 2 期，1908 年）。到 1911 年，又有人认为"其语无用处，且无积世之文苑增其趣味也"（《问答栏》，《青年》第 14 卷第 2 期，1911 年）。后来的研究者也认为世界语作为一门世界上没有任何人作为母语而只是少数人发明的符号和规则的语言，是真正的死文字死语言。见周质平《春梦了无痕——近代中国的世界语运动》，《现代人物与文化反思》，第 242 页。

世界语犹吾之国语，谓其今日尚未产生宏大之文学则可，谓其终不能应用于文学则不可。至于中小学校，以世界语代英语，仆亦极端赞成。吾国教育界果能一致行此新理想，当使欧美人震惊失措。且吾国学界世界语果然发达，吾国所有之重要名词，亦可以世界语书之读之，输诸异域，不必限于今日欧美人所有之世界语也。①

陶孟和并不赞同以上说法，在他看来，“言语乃最能表示民族之特质者”，阅读英法德俄等国著作，译本不如原著，何况世界语只是一个“半生半死之人造语”，“既无永久之历史，又乏民族之精神，惟攘取欧洲大国之单语，律以人造之文法，谓可以保存思想传达思想乎？”

这层讨论就世界语本身来说可谓深入，但对于思想文化意义上的世界语运动，则仍嫌浅显。陶孟和指出，“关于世界语最大之问题，厥为世界主义之观念”，至于语言学上的优劣，倒在其次。正由于此，他只是简略说明世界语从来源、构造上看都不“世界”，而用大量篇幅来说明虽然“将来之世界，必趋于大同”，但“世界语”与“世界主义”是两回事，并不是有了“世界语”就可以保证实现“世界主义”。这显然针对的是“世人不察，以世界语为促进世界主义之实现”的误会，可谓釜底抽薪。不止于此，陶氏还更进一步，对“大同”提出与众不同的看法：“所谓大同者，利益相同而已”，所以“国民性不可剪除，国语不能废弃”，大同也“绝不能以唯一之言语表出之”，“世界之前途，乃不同之统一，而非一致之

---

① 陈独秀：《答钱玄同》，《新青年》第 3 卷第 4 号，1917 年 6 月 1 日。

统一"。① 对于那些以相同为大同、以统一求进化者，② 这番话实在点到要害。这就将世界语问题的主题升华到世界文化多元还是一元的高度。这正是近代中国的一个症结，也是"世界"问题的最终归宿。

陈独秀回应陶孟和的时候，除了说明世界主义和世界语"二者虽非一事，而其互为因果之点，视为同问题亦非绝无理由"外，还说：

> 今之世界语中，东洋各国语无位置，此诚吾人私心之所痛憾；欲弥此憾，是在吾人之自奋。吾人之文明，吾人之艺术，果于世界史上有存在之价值，吾人正可假世界语之邮，输出远方，永远存在。否则于人何尤？闭门造车，出门每不合辙。虽严拒世界语而谓人不我重，究于吾文明存在之价值有何补耶？世界人类历史无尽，则人类语言之孽乳亦无尽。世界语所采用之单语，在理自不应以欧语为限。此义也，迷信世界语者当知之。务为世界之世界语，勿为欧洲之世界语尔。

本国之文明艺术，需要通过世界语对外输出，才能体现价值，华夷之辨的"乾坤颠倒"，一至于斯。同时，陈氏还算能直视

---

① 陶履恭：《通信》，《新青年》第3卷第6号，1917年8月1日。
② 除前文已有所涉及者外，胡学愚也提出"方今之世，文明大进，人类思想已有渐趋统一之势，而用以代表思想之语言文字，转不能一致，不可谓非进化之障"（胡学愚：《世界语发达之现势》，《东方杂志》第14卷第1号，1917年1月15日），明显将世界语摆到统一与进化的价值天平上。

世界语的欧洲本质，所以才提出"不应以欧语为限"，呼吁
"务为世界之世界语，勿为欧洲之世界语尔"，立论似较公允。
但问题是，"世界之世界语"何在？最后，陈独秀总结道：

> 足下轻视世界语之最大理由，谓其为人造的而非历史
> 的也。仆则以为重历史的遗物，而轻人造的理想，是进化
> 之障也。语言其一端耳。[1]

历史的遗物，是一国精神文化的实在，人造的理想，则为时
人主观愿望的构想，陈氏轻视前者而热衷后者，不仅反映出
本人的意态，也体现出世界语运动强烈的主观性（或曰乌托
邦色彩）。

钱玄同在对陶孟和的回应中对陈独秀的上述倾向极表赞
成。他认为反对世界语的是洋翰林，因为他们忌惮世界语易学
而降低自身身价。反对的不必说，提倡的也不在正路，"上海
一班无聊的人物"，仅仅知道世界语可以用来和各国通信。钱
氏看不起这种思路，认为如果仅仅如此，则世界语"真是要
不得的东西"。在他看来，"文字者，不过一种记号，愈简单
愈统一则使用之者愈便利"，因此"最不敢苟同"陶孟和"绝
不能以唯一之言语表出之"之说：

> 玄同与先生根本上不同之点，即先生以为文字不能由
> 人为的创造，世界语言文字不求其统一。玄同则反是，以
> 为进化之文字，必有赖乎人为，而世界语言，必当渐渐统

---

[1]　陈独秀：《通信》，《新青年》第3卷第6号，1917年8月1日。

一。……然玄同亟亟提倡 Esperanto 之意见，尚不在此。玄同之意，以为中国文字断非新时代所适用。……诚欲保存国语，非将欧洲文字大大搀入不可，惟搀入之欧洲文字当采用何国乎？是一至难解决之问题也。鄙意 Esperanto 中之学术名词，其语根即出于欧洲各国，而拼法简易，发音有定则，谓宜采入国语，以资应用。此为玄同提倡 Esperanto 唯一之目的。

钱氏之提倡世界语不同于世界语会注重实用的取向，而是从文字改革的角度措意。但中国文字之所以需要改革，还是拿西洋标尺裁量的结果，本质则是要弃绝多元，让中国成为西洋，让西洋同化中国。"走向世界"，斯之谓也。

针对陶氏所说世界语名不副实的问题，钱玄同回应说这是日本人转译的问题，当然未必确当，所以他自己从该信开始不用"世界语"而用"Esperanto"。但他同时指出，"'世界语'三字之意义，大概是说世界公用的语言，并非说此种语言尽括世界各种历史的语言在内，故此三字之名词，亦未必便是绝对的不适当"。① 问题恰恰在于，既然世界语并未顾及各种语言，又凭什么要求世界公用？

不多时，"以传播世界语为己任"的孙国璋投稿《新青年》，主要反驳陶孟和，同时特意表示不同意钱玄同在名称上弃"世界语"而就"Esperanto"的主张。他认为"世界语"之名早已通用，没必要在中文当中夹杂 Esperanto 原名，"写在

---

① 钱玄同：《通信·Esperanto》，《新青年》第 4 卷第 2 号，1918 年 2 月 15 日。

哪一种文字中，就从哪一种文字写去，此等专名词，有何通不通之研究"。钱玄同对此回应称，他的主张"并无深意，不过觉得新学名词，用汉文译义，总是不甚适宜"。在他看来，"爱斯不难读"等汉文音译不但麻烦，还荒谬绝伦，"世界语"之名则"亦不妥洽，且嫌多事"，何况"世界语"之名的发明者日本"近来已改用译音，作エスペラント"，中国没有坚持的必要。认为世界语之名"多事"，可见钱氏潜意识中已经觉察这一称谓包含许多意向，成也萧何败也萧何，不如不用。如前所述，刘师培等最早一批中国人跟随日本人使用"世界语"一词尚属较为单纯的沿用，而此后中国习称之"世界语"虽仍不无日本渊源，却由于中日国际处境和思想文化状况的差异，变化出更加丰富的面相，包含更为曲折的内涵，后来发展实非先前渊源所能范围。或许正由于此，后来日本放弃"世界语"之名而使用片假名，中国却仍然使用并越来越习以为常。

陶孟和则在这一轮的讨论中坚决亮出了自己的底牌：

> 世界语之功用，在今日文明诸邦，已过讨论之时代，而吾辈今犹以宝贵之光阴，讨论此垂死之假语言，这正是中国文化思想后于欧美之一种表象。……吾之位置：是绝对的不信世界语可以通用，不信世界语与世界统一有因果之关系，不信世界语为人类之语言。谓余不信，请再俟五十年视世界语之运命果为何如？[1]

---

[1]　孙国璋：《论 Esperanto（附钱玄同、陶履恭、胡适答语）》，《新青年》第 4 卷第 4 号，1918 年 4 月 15 日。

历史最终证明了陶孟和的先见之明。而陶氏所谓"中国文化思想后于欧美"，与其解读为价值上的落后，不如说是处处步人之后来得贴近。

文字改革毕竟有些专门，和者未必众多。但文字改革只是手段，文明、进化、统一、大同才是根本追求，宏大美好而虚幻，反而可以引起更多门里门外的共鸣。鲁迅就曾说"人类将来总当有一种共同的言语，所以赞成世界语"。他还特别强调指出"学世界语是一件事，学世界语的精神，又是一件事"。[①] 可毕竟世界语的精神为世界语的学习提供了正当性。果不其然，或许是有感于钱玄同的鄙夷，或许是专注于世界语的学习还不够过瘾，世界语的学习者们于 1923 年 11 月 2 日组织成立世界语主义研究会，主张在语言学习之外，更要注重世界语的灵魂——"世界语主义"，牢记"举世相爱"的箴言。[②]

但愿望是一事，实际是一事。中国人对世界语的学习、提倡以及争论，在域外发端，继而在本土展开，从各个方面表现出对那个"世界"的十足热情。那个"世界"的情况究竟如何呢？有人以亲身经历给出答案：

> 因记者离华渡美时挟有世界语之册籍甚多，一抵美洲意谓世界语一物必已欧美通行矣，乃据身历所得其对人操世界语者千百万人中竟不能得一人。记者挈眷渡美，幸均

---

① 唐俟（鲁迅）：《渡河与引路》，《新青年》第 5 卷第 5 号，1918 年 10 月 15 日。

② 《世界语主义研究会成立纪详·刘金声君演说词》；《世界语主义研究会成立纪详·张宜今演说词》；张目寒（张慕韩）：《世界语主义研究会成立纪详·我对于研究世界语主义者的希望》，《学汇》（北京《国风日报》副刊）第 353、357、358 期，1923 年 11 月。

习得他国文字与语言乃不至为《哑旅行》小说中人物。
然记者跃跃欲动之念俄顷不能释也。寻记者遍询彼邦知名
人士，咸谓世界语无他奇，不过为社会党人之媒介物而
已。寻常人士莫不众口同声而反对之，而记者之喋喋以世
界语为言在彼都人士心意中反目为不识时务之徒，遂亦不
得不稍缄其口。语云百闻不如一见，世界语其一端也。[①]

这段材料揭示了世界语在欧美的冷落境况，也暴露了中国的世
界语宣扬者的一厢情愿（或者是别有关怀，所以世界语在欧
美到底冷落与否并不重要）。不可忽视的一点还有，听到彼都
人士以为其不识时务，就赶快缄口不言，这何尝不是一幅典型
的一味追模西方，失去自身判断，最终怅然若失的图景？又岂
止世界语然哉？其情可悯，其行不可取。

小　结

"世界"一词由虚入实，从天国转到人间，先是笼统指
称，继而附着到各种具体事物上，除了作为范围和规模的描述
外，更包含种种价值的判断，寄托不少追求的理想。当人们开
始用"世界语"之名来指认 Esperanto 时，其欧洲本质被披上
世界共通的外衣，在此外衣之下罩着的仍然是对欧风美雨的向
往，其方便国际交流的功能被拔高和幻化成向外求索的方向和
全球大同的理想。这种向往，是对线性进化序列上更高层级的
渴望。这种大同，是一元化思维下改变自己符合他人的相同和

---

① 《旅美观察谈》，《申报》1919 年 4 月 30 日，第 14 版。

一致。数千年未有之大变局,催生了"世界"观念如此丰富而深厚的表现。世界语运动中的"世界",由表及里,层层绽开,有渊源、有系统、有归宿,如同一颗露珠,折射出近代中国"世界"相关观念的实情与实质。

结　语

一　从"天下"到"世界"

　　近代中国的对外观念，大体经历了从传统文野眼光下自尊卑人的"华夷""夷夏"，到相对平和但仍有自我中心意识的"中西""中外"，再到纯粹客观方位的"东西"，终至于包含高下判别的"新旧"，此时曾经高高在上的"华"堕落为亟待变革的"旧"，一些从前为化外之邦的"夷"则上升为值得追模的"新"。转一个大圈，华夷之辨已经乾坤颠倒，这种颠覆性的变化不过百年之间。贯穿其中的，是一个亦真亦幻、时空交融、可大可小的从佛教术语化用而来的新概念——"世界"。"世界"观也逐渐取代日益式微的"天下"观，成为国人认识和处理对外关系、思考和探索自我出路的基本思维格局。同时，一般认为囊括全球的"世界"，常常并不包括明明作为地球一国之中国，而多用来指称那些"先进"的国家和地区，所以近代中国才流行"走向世界"的说法和意识。

　　近代中国的"走向世界"，先是被迫因应，局部调整，后是主动融入唯恐不及，甚至希望全盘改换，乃至"通种说""废弃汉字"等极端主张不时出现。此种倾向，时人指为"知数千年固守不变之习不可以通于今也，而取法于人之念日益发达。事事步趋他人，冀不为所蔑侮，而与之立于同一之位置，十年来更无日不以此为事"。① 目标外倾而取法于人共同反映出来的，就是在崭新的国际环境中，中国人越来越习惯，或者说不得不习惯从过去回望自身的"纵观"变成向外看的"横览"。因此，近代意义上的"世界"（由虚幻的佛教含义落到实际的地域指称，名义上囊括全球又常常变动不居，且蕴含向西方学习的价值追求），最早集中出现于新式传媒对于各国物产资源的各类统计中，也就不全是偶然的事情了。

从纵观变成横览，必然涉及对外的比较。最先注意到的自然是军备、物资等实力或实利性的内容。这就造成了原本在中国文化传统中至少明面上不居主流的强弱观念步步升级。中外对比的强弱观念萌发于洋务运动初期，至甲午战后达到高潮。时人从"皇古未有之奇窘"中猛然反省，强弱之别逐渐压倒文野之辨，国家成为时代主题，文化意识被冲淡，即便是讲文化也是从国家强弱存亡的角度来讲，国家成了文化的基准。② 在此潮流之下，叶德辉反对"以国之强弱大小定中外夷夏之局"，只能是迂阔而不切实际的呼声了，尽管不无深意。

当横览步步深入之后，在思想文化层面，时贤也越来越习惯用西方的眼光来检视固有的文化传统，四部之学逐渐被分科之学取代，有无和高下，均在自觉不自觉间以西方的现实为参照。对今日各门学科的近代转型产生过重要影响的梁启超，就是其中的显例。落实在一般社会意识中的显著表现，就是晚清以来的士人在论述一些重大问题时，常常将"世界大势" 如

---

① 皮生（茹欲立）：《策国民之前途》，张枏、王忍之编《辛亥革命前十年间时论选集》第 3 卷，第 402 页。

② 王赓武：《离乡别土——境外看中华》，第 39~40 页。

何作为主张和行动的合法性来源。所谓"世界大势",通常包括两种含义,一是欧美当下的形势,二是据此形势推断的未来趋势。进而,各种冠以"世界"之名的德性、技能乃至名物都一荣俱荣,成为更胜一筹的标配,形成强大的话语权势,如"世界知识""世界眼光""世界水平""世界伟人",甚至世界语一度都被认为是实现世界大同的必要工具。而清末民初的"世界大同"追求,又常常是以与西方所代表的那个"世界"相同为基本内容和方向的。

19世纪下半叶以后,欧美自身的技术、制度和思想也处在日新月异的变化之中,让中国颇有目不暇接之感。欧洲自启蒙运动以后,逐渐形成三段式的直线进步型历史观,经过日本人的加工,上古、中古、近世的三分法成为最常见的形态。这样一种历史观的要害在于它预设了后胜于今,更规定了今后只能也必须朝着一定的方向前进。一元化进化论传入中国之后,对于四顾茫然不知所措的国人来说,如同一把双刃剑。

在进化论的主导下,"世界"被描述成国家、民族之间优胜劣败的竞争场,中国不仅无法置身其外,还是其中相对黯淡的一个。同时正因为存在一个后胜于今的思维定式,又给国人未来可期的希望。尤其是康有为、梁启超等人发挥《春秋》三世说,将其与进化相关联,承认"世界"共时性的各国差距,又赋予"世界"历时性的发展可能,既痛陈中国落后的现实,也给予将来进步的希望。在西方主导的"世界"中,国家间实力竞争的高度紧张与争先恐后的迫不及待,让"世界"时空两面的指向高度统一,相互作用。当然,进化的方向是欧美,以欧美的今日当作中国的明日,救亡图存的紧迫与面向未来的热情常常一体两面。在焦虑与期望之中,"世界史"作为拥有与"万国史""西洋史""外国史"不同内涵的特定概念，体现了近代国人一方面自认为不够"世界"也就没有资格进入优胜劣汰之"世界史"的沉重，另一方面努力实现富强以期以强大之中国让中国史纳入"世界史"的希望。"世界史"的观念，仍是近代中国"走向世界"基本脉络的折射。

对西方所代表的"新世界"的热心追逐，常常伴随对古老故国的遗弃，这当中蕴含一种思维深处的转变。近代以前多尊古，援引先王先贤之言或者说古来如何，来壮大声势、树立依据。这种习惯到19世纪末依然存在，但近代急剧变迁的中外形势，逐渐使古圣先贤的言论不再权威，当下的局势尤其是外国的现实才是中国思想和行动的依据。"今之世界"逐渐成为论说各种问题的开篇语、总结语或总题眼，大有蓬勃之势，涉及军事、经济、教育、政治各方面，渐渐成为一种格式化的论述方式，因时因地因人因事而异，又处处可用。而过去与未来取向之不同，在孙宝瑄看来正是"中西学问之分界"，所谓"中人多治已往之学，西人多治未来之学。曷谓已往之学？考古是也。曷谓未来之学？经世格物是也"。这一感慨是他在读完严译《天演论》后发出的，孰轻孰重、孰优孰劣不言而喻。果然，不久后他便提出"世运不日进则日退。西人日进，故多是今而非古；中人日退，故多尊古而卑今"。[1] 梁启超更在主旨鲜明的《说希望》中借外人之口宣称"勤劳于为未来者，优胜者也；怠逸于为未来者，劣败者也"。[2] 严复亦称"中之

---

[1] 《孙宝瑄日记》上册，第172、228页。
[2] 《说希望》，汤志钧、汤仁泽编《梁启超全集》第4集，第192页。

言曰，今不古若，世日退也；西之言曰，古不及今，世日进也。惟中之以世为日退，故事必循故，而常以恣忘为忧。惟西之以世为日进，故必变其已陈，而日以改良为虑"。① 凡此种种，均显示出进化论主导下的近代国人"向前看"的思维定式，"向前看"又以"向外看"为基准，至于基于自身历史的文化传统，也就越来越遥远而不亲切了。

更为要紧的是，变化是否即为进化，本身是一个相当复杂的问题，但在晚清中国人眼里似乎并无疑问，因为欧美的实力摆在眼前，波兰、印度的厄运就在身边，中国对外交涉中的窘迫更是刻骨铭心。他们关注的重点在于实力和实利，这些都是非常显见的因素和事实，是他们从当时的国际格局中归纳出来的，时人常用的名称叫作"公例"，即普遍的、公同的一个又一个具体的事例。所谓"弱肉强食，优胜劣败，天演之公例也，今日固势力竞争之世界，不日进化，则日退化，无天可怨，无人可尤，我中国之自取之也"。② "公例"更进一步，被表述为"公理"，在事实的基础上更赋予价值判断的内涵，且作为普遍的真理而存在，用以指导现实和规划未来。

从古来推崇的"天理"到近代流行的"公理"，一字之差，实有天渊之别。"天"代表永恒的、根本的、最高的价值、理念和原则，道德和文化色彩深厚；"公"则是从众多具体而现实的事例中归纳而来，受到许多具体因素和环境的制约，永恒价值被逐渐消解，剩下的更多是强弱、得失、存亡的较量。不仅现实如此，历史观念也被逐步改造。梁启超在具有

---

① 《主客平议》，王栻主编《严复集》第 1 册，第 117 页。
② 《二十世纪之中国》，张枬、王忍之编《辛亥革命前十年间时论选集》第 1 卷上册，第 67 页。

划时代意义的《新史学》中，给历史下定一个界说："历史者，叙述人群进化之现象，而求得其公理公例者也。"[①] 历史成了一堆材料，结果成为判断过去的依据，而实际上真正的最终结果是不存在的，用以检验过去是非高下的结果只能是现在，是现在里面非常显性的、具体的部分。而这个标准又反过来影响对未来的规划。在一定程度上，脱离了恒定的"天"、绑上了进化论的历史，好像一辆永往无前的汽车，汽油满满，却少了头顶星空的照耀，动力十足而不免精神堪忧。

二　吸收外来与不忘本来

晚清时人常常感叹"数千年未有之变局"，这一变局不是某一个方面可以涵盖的，它既不是一次性的，也不是表面化的。其所造成的变化，触及思想文化的根本所在，改变了国人的基本思维取向。从"天下"到"世界"的根本性转变，或者说在近代中国"走向世界"的进程中，有一大纠结始终萦绕，那就是如何处理好自身与他者、本来与外来的关系。

首先是一个在强大的他者面前，如何认识和安放自我的问题。历史是在时间中展开的，连续不断的时间是历史天然的纽带和脉络，前面形成和积淀下来的，必然会影响和制约后续的发展，对于历史悠久、传统深厚的中国来说，尤其如此。哪怕是在"数千年未有之变局"中，数千年以来的各种因子还是会影响到应变的方式和结果。作为对"冲击-反应"模式和"在中国发现历史"主张的回应和升华，有识者提出"发现在中国的历史"，强调给予"中国在世界"和"世界在中国"同

---

① 　《新史学》，汤志钧、汤仁泽编《梁启超全集》第 2 集，第 504 页。

样的重视，① 确为重视历史连续性和兼顾内外的卓见。从"天下"到"世界"，称得上是全局性的根本变化，但在这一过程中，"天下"的惯性依然强大。晚清时人面对"中外同盟，星轺络绎，五洲万国合作一家，舟车往来，已遍地球之上"的新情况，既称其"实为鸿荒奠定以来所未有"，又将其比附为春秋战国并立之势，甚至认为"其堂堂上国可称正一统之周者，其惟我中华乎"。② 这种观念为当时不少士人分享。如果说这还是 19 世纪末甲午奇窘和庚子国变之前的不切实际，那么直到今日在观念层面上依然流行的"中国与世界"的两分法，更折射出国人根深蒂固的华洋两分的思维模式，③ 也间接显示真正融入世界还任重道远。

此外，除了走向世界的被动和主动，近代中国人一直有挥之不去的世界大同情结和改造世界的观念，其中都荡漾着传统思想的余韵。关于前者，事关从天下大同到世界主义的转化。从康有为的《大同书》到一战时期"公理战胜"的期待，"天下为公"的古老理想在新的时势下被赋予更多的想象和期待。对于一战，国人经历从"欧战"到"世界大战"的称呼变化，战争的范围和规模并非主因，中国介入（包括事实的和思想上的）的程度才是关键。"世界大战"的名分固然攸关中国对自身正当权益的争取，但这一争取又是以捍卫公理人道、构建合理国际秩序为基本逻辑的。亦正由于此，"公理战胜"落空

---

① 罗志田：《发现在中国的历史——关于中国近代史研究的一点反思》，《北京大学学报》2004 年第 5 期。

② 《古今天下时局论》，《申报》1891 年 11 月 22 日，第 1 页。

③ 桑兵、关晓红主编《华洋变形的不同世界：近代中国的知识与制度转型·中外篇》，上海人民出版社，2020，"分说"，第 47~53 页。

后的反弹相当大。关于后者，孙中山提出"吾国治民生主义者，发达最先，睹其祸害于未萌，诚可举政治革命、社会革命毕其功于一役"，[①]针对欧美现状和潜在危机，试图追赶而超越之，就是在走向世界的同时，提出更新世界的新理念。

桑兵指出，一般而言，现代化进程的开始阶段着重于追赶他人，目的是使自己变成他者，达到一定的阶段后，则希望重寻自我，想知道我何以与众不同、我何以是我。这样的重新定位，无疑必须从本国的历史文化入手，并且比较其他，尤其侧重于自我认识。[②]这一见地对于纠正近代以来过于外倾、舍己从人的偏弊，颇为对症。

问题的另一方面是，如果对自我的认识陷入无所不能的自大和无须其他的封闭，同样是相当危险的。中国历史文化当得起"博大精深"四个字，其悠久、连续和丰富，说是在世界上独一无二也并不为过。在如此一座思想宝库中，想要找到任何一种西方文明中的价值与精神，应该都不是难事。所以近代以来层出不穷的各种"西学中源"说，有时亦存为引进西学开路的苦心孤诣，有时则不免过于迷信自我、目中无人。须知思想的秩序和其中的要素本自不同，所起的作用更是大相径庭，从要素到秩序，不是简单的累积可以自然完成，[③]否则近代中国何须历尽艰辛，前赴后继致力于"去虏""送穷"，以确保全新中外形势之下的生存与发展。

谁也无法否认近代以来如同突然之间不得不面对一个与自

---

①　孙文：《发刊词》，《民报》1905 年 12 月 8 日，第 2 页。

②　桑兵：《治学的门径与取法——晚清民国研究的史料与史学》，社会科学文献出版社，2014，第 55 页。

③　王东杰：《从内部看历史和回到列文森》，《读书》2020 年第 2 期。

身迥异的"他者"——西方所代表的"世界",而且那个"世界"确实展现出实力上的巨大优势,这对近代以来努力求索的人们来说,是有切肤之感的,对于悠久传统惯性带来的惰性,也是有所警觉的。陈独秀对友人提出的"人生斯世,脑海中宜有一理想世界,以为进行之鹄的,不可囿于现象世界,而为之颠倒",[①] 显然深表赞同。他更进一步指出"国人进化之迟钝,正以囿于现象之故",甚至不无过激地论道:"一切野蛮风俗,皆为此等心理而淹留。一切文明制度,皆为此等心理所排弃。亡中国者,即怀此等心理之人耳。反不若仇视新法者,或有觉悟之日也。"[②] 陈氏此言当然有些偏颇绝对,但还原到他那一代人的所见所闻所感,仍不无所见,尤其难得的是,在既有现实和未来理想之间,展现出较为开放的心态。

事实上,自我和他者,并非冰炭水火,截然两立,并非要拒斥对方才能维持己方。《庄子》云"非彼无我",深具洞悉二者相对性的智慧,法国哲学家利科则提出"自身与他者的交织"。[③] 这些见解对于思考文化、国家之间的关系,亦具启迪意义。许倬云纵论中国历史上的内外分际,勾勒出自史前时代至今,作为政治综合体和文化综合体的中国,不断在与对"他者"的界定和互动中,实现自我发展与舒卷的过程。许氏高度肯定天下一体的观念在全球化时代的开拓与借鉴意义,同时指出"中国中心论"存在让一个原本胸臆开放的普世主义

---

① 《毕云程致陈独秀》(1916 年),水如编《陈独秀书信集》,新华出版社,1987,第 56 页。

② 《答毕云程(社会问题)》(1916 年 12 月 1 日),任建树、张统模、吴信忠编《陈独秀著作选》第 1 卷,第 249 页。

③ 〔法〕保罗·利科:《作为一个他者的自身》,佘碧平译,商务印书馆,2013。

成为自设的局限的危险，① 可谓用心良苦，思虑深远。

悠长的中国文化，经历外来文化的体系性碰撞，近代不是第一次。宋儒因应佛学的冲击，冥思苦想，更新传统文化的苦心孤诣，得到陈寅恪的高度肯定：

> 其真能于思想上自成系统，有所创获者，必须一方面吸收输入外来之学说，一方面不忘本来民族之地位。此二种相反而适相成之态度，乃道教之真精神，新儒家之旧途径，而二千年吾民族与他民族思想接触史之所昭示者也。②

相反而适相成地吸收外来与不忘本来，确实缺一不可，不能堕入任何一端。近代中外文化碰撞的深度广度较之中古时期，有过之无不及。身处其中的先贤也有相当宽广的胸襟和深刻的见解。杜亚泉认为"主义云者，乃人为之规定，非天然之范围"，因此"天下事理，决非一种主义所能包涵尽净"，只要是"事实上无至大之冲突及弊害，而适合当时社会之现状，则虽极凿枘之数种主义，亦可同时并存，且于不知不觉之间，收交互提携之效"。③ 这样的认识对于自卑而唯西是从和自大而师心自用，同样具有提醒作用。而在东西文化比较中，李大钊概要归纳东西文明的主要不同后，亦特别指出："宇宙大化之进行，全赖有二种之世界观，鼓驭而前，即静的与动的、保

---

① 许倬云：《我者与他者：中国历史上的内外分际》，三联书店，2015。
② 陈寅恪：《冯友兰中国哲学史下册审查报告》，《金明馆丛稿二编》，上海古籍出版社，2020，第252页。
③ 《矛盾之调和》，田建业等编《杜亚泉文选》，第298~300页。

守与进步是也。东洋文明与西洋文明,实为世界进步之二大机轴,正如车之两轮、鸟之双翼,缺一不可。而此二大精神之自身,又必须时时调和、时时融会,以创造新生命,而演进于无疆。"① 这些论断看似简单,在中外交往具体抉择上的分寸实难把握又必须把握。

近代中国从"天下"观到"世界"观的转变,固然存在漠视、遗弃自我的偏颇和过于重物质实力、轻文化道德的弊端,对其反思与超越亦有必要。在列国并立的全球化时代,积极平允的开放心态仍不可少,唯有如此,才能不忘本来、吸收外来、面向未来,才是对"天下"观念真正的尊重与继承,对"世界"体系真正的融入与发扬。

---

① 《东西文明根本之异点》,《李大钊全集》第 2 卷,第 214 页。

附　录

表 1　20 世纪头十年以"世界"命名的报刊

报刊名称	创办时间	主办者、编辑及主要撰稿人	出版地	备注
《世界繁华报》	1901 年	李伯元、欧阳巨源、任董叔先后主办	上海	该报为消闲性文艺小报
《教育世界》	1901 年	罗振玉主办,王国维、周家树、汪有龄、高凤谦、张元济等编辑	上海	其序例称"方今世界公理不出四语:曰优胜细败。今中国处此列雄竞争之世,欲图自存,安得不于教育亟加之意乎?爰取最近之学说书籍,编译成册,颜之曰教育世界"。其宗旨有三:"一引诸家精理微言以供研究,二载各国良法宏规以资则效,三录名人嘉言懿行以示激劝。"栏目有文篇、译篇、学校、卫生、文部等。内容除罗振玉撰述外,多为译文,且大都译自日文书刊,介绍日本的各学科规则、各学校法令、教育学、学校管理法、学级教授法、各种教科书等

报刊名称	创办时间	主办者、编辑及主要撰稿人	出版地	备注
《新世界学报》	1902 年	陈黼宸主办，马叙伦、汤尔和、杜士珍等编辑撰稿	上海	该报序例特别指出"名'新世界学报'犹言新学报也，取学界中言之新者为主义，世界学连读，新字断，与世界不连读"，提出"以通古今中外学术为目的"，并称其"自备东西各报数十种以益见闻"，"广置东西专门书籍"并翻译以供采用，强调"以广开风气为先"。其依据经学、史学、政治学、法律学、思想学、宗教学、心理学、教育学、兵学、医学、农学、理财学、伦理学、地理学等十八门科目，相应设立十八个栏目
《翻译世界》	1902 年	支那翻译会社主办，马君武主编	上海	支那翻译会社"以养成人民世界的知识为公责，研究一切学而沟通之，翻译地球各国国文之书"，鉴于"我国学校教授诸学科俱未有专书"，"特取早稻田专门学校讲义录之意，译为是编，以便学者之独修以补学校教科之缺乏"，并"以导引中国人民之世界知识为注意"，文章大多译自日本及欧美的大学教科书，包括哲学、政治、经济、法律、教育、宗教等诸多方面

报刊名称	创办时间	主办者、编辑 及主要撰稿人	出版地	备注
《童子世界》	1903 年	南洋公学退学学生组织"爱国学社"主办，何梅士主编，吴忆琴、钱瑞香、陈君衍、翁筱印、薛锦江等撰稿	上海	该刊以青少年为对象，学社同人有感于"中国之病，在乎闭塞"，"交通之道，厥惟报章"，于是"倡办斯报，欲以世界之重担，共肩一分"。其宗旨初为"开通民智，输导文明"，改良后强调"以爱国之思想曲述将来之凄苦，呕吾心血而养成夫童子之自爱爱国之精神"，设论说、时局、历史、地理、小说、传记、故事、学说等栏目
《黑暗世界》	1903 年	连横编辑	上海	该刊为《国民日日报》附刊，以文艺笔墨揭露清政府劣迹和社会黑暗面
《科学世界》	1903 年	科学仪器馆主办，科学仪器馆编辑部编辑，虞和钦、王本祥、虞和寅、虞辉祖、虞勉庵、杜亚泉、胡雪斋、王明怀、徐宗彦等撰稿	上海	该刊以"发明科学基础实业，使吾民之知识技能日益增进"为宗旨，主张"研求企实业之改良，而图种性之进步"。栏目分原理、实习两大类，原理类有数学、天文学、物理、化学、地文、地质等学科，实习类包含机械、土木、化学、电气、美术等领域
《花世界》	1903 年	庞栋材、俞达夫先后主办	上海	该报为消闲性文艺小报，初设演说台、纪念碑、新谐铎、评议、新剧场、实业家、新小说、邮便局等栏目，后增时事、短评、言情、小说各栏，部分新闻用苏州方言撰写

报刊名称	创办时间	主办者、编辑及主要撰稿人	出版地	备注
《世界公益报》	1903 年	林护、谭民三主办，郑贯公、黄世仲、崔通约、谭民三、李大醒、黄鲁逸、黄耀公等编辑	香港	报名中文横书，下附英文 The World News，设时论、京省新闻、杂评、万国新闻、粤闻、电报、港闻等栏目，附录有杂文、歌谣等栏目。1917 年去掉"世界"二字，以《公益报》名称再行出版
《世界一噱报》	1903 年	不详	香港	该报为《世界公益报》的附张，仅见于 1905 年 5 月《大公报》连载的《报界最近调查表》
《女子世界》	1904 年	丁初我主办，常熟女子世界社编辑，柳亚子、徐觉我、沈同午、蒋维乔、丁慕卢等撰稿	上海	该刊为宣传革命主张的妇女杂志，强调"招复女魂，改铸人格"，鼓吹女子自重、自立、自主。其发刊词称"女子者，国民之母也"，"欲普救中国，必先普救我女子"。设社说、教育、家庭、史传、译林、文艺、纪事等栏目
《小说世界日报》	1905 年	刘韵琴主编	上海	该报因同人卷入反美拒约运动一度停刊，复刊后改为半月刊，刊名去掉"日报"二字
《游戏世界》	1906 年	寅半生主办	杭州	该刊"以游戏为宗旨，不议论时事，不臧否人物"，设诗、古文、词、专集、笔记、杂著、传奇、小说等栏目

报刊名称	创办时间	主办者、编辑及主要撰稿人	出版地	备注
《新世界小说社报》	1906年	孙延庚主编，陈无我、朱陶、吴涛、金为、许桢祥、王莼甫等撰稿	上海	该报主张"开通社会"，"誓合四万万同胞，饷以最新之知识"。其发刊词从小说与历史、小说与世界心理、小说与世界风俗三大角度出发，论述小说在传播文明、普及教育等方面的巨大作用。设图画、论著、小说、时评、杂志等栏目
《新世界报》	1906年	立宪派主办	广东	该报于1906年10月25日停刊
《世界日报》	1906年	美国华侨主办	旧金山	该报为中文日报，前身为1891年创办的《文宪报》
《小说世界》	1907年	革命派主办	香港	该刊多数作品鼓吹反帝反清，设社说、小说、戏曲、传记、散文、诗、诗话、联话等栏目
《卫生世界》	1907年	中国国民卫生会主办，国民卫生会干事编辑	金泽（日本）	中国国民卫生会以"讲究国民康健方法，普牖卫生智识，辅翼卫生施设，筹举卫生事业"为宗旨，办刊"务取明近丰益"，设论述、调查记事、通信杂志等栏目，介绍个人卫生、公共卫生、学校卫生等知识
《世界》	1907年	李石曾主办，姚蕙编辑	巴黎	该报为照相画报，设世界各殊之景物、世界真理之科学、世界最近之现象、世界纪念之历史、世界进化之略迹等栏目，介绍西方文明

报刊名称	创办时间	主办者、编辑及主要撰稿人	出版地	备注
《医学世界》	1908 年	上海自新医院主办，汪惕予任编辑，丁福保、顾鸣盛等撰述	上海	该刊称中国古代医书只能"述病人之现象"，"而不能述病之原因"，为免黄种断送于"不解生理、不辨物性、不谙病原"的庸医之手，主张"改良其术"。设论述、学说、医案、医话、杂著、选录等栏目
《新世界画册》	1909 年	不详	上海	该刊为文艺刊物，设世界名胜、名家墨宝、章回小说、短篇小说、新戏剧、博物画、大事画、讽刺画等栏目
《新世界》	1911 年	不详	上海	该刊为辛亥武昌起义时期发行的快报
《世界通报》	晚清	不详	上海	该报为日报，仅见于戈公振《中国报学史》
《新世界日报》	晚清	不详	上海	仅见于戈公振《中国报学史》
《新女子世界》	清末	陈以益主办	上海	仅见于戈公振《中国报学史》
《新世界日日画报》	不详	不详	不详	仅见于马光仁《上海新闻史（1850~1949）》

资料来源：上海图书馆编《中国近代期刊篇目汇录》，上海人民出版社，1965~1984；全国图书联合目录编辑组编《1833~1949 全国中文期刊联合目录》（增订本），书目文献出版社，1981；丁守和主编《辛亥革命时期期刊介绍》，人民出版社，1982~1987；朱有瓛主编《中国近代学制史料》第 2 辑上册，华东师范大学出版社，1987；史和、姚福申、叶翠娣编《中国近代报刊名录》，福建人民出版社，1991；王桧林、朱汉国主编《中国报刊辞典》，书海出版社，1992；马光仁主编《上海新闻史（1850~1949）》，复旦大学出版社，1996；魏绍昌主编《中国近代文学大系·史料索引集》第 2 册，上海书店出版社，1996；戈公振：《中国报学史》，三联书店，2011；全国报刊索引、瀚堂近代报刊数据库、爱如生典海数字平台、抗日战争与近代中日关系文献数据平台、大学数字图书馆国际合作计划。表 2 同。

表 2　20 世纪头十年以"世界"命名的报刊栏目

栏目名称	设立时间	所属报刊	主办者	出版地
译报·世界近闻	1901 年 6 月	《集成报》	集成报馆（英商）	上海
世界新史	1902 年 10 月 31 日	《选报》	蒋智由、赵祖懿	上海
政界时评·世界之部	1903 年 2 月 11 日	《新民丛报》	梁启超、冯紫珊	横滨
世界志闻	1904 年	《东浙杂志》	东浙杂志社	金华
世界杂俎	1904 年 7 月 20 日	《日新学报》	日新学报馆	东京
世界奇谈	1904 年 9 月 10 日	《新新小说》	新新小说社	上海
世界新谈	1904 年 9 月 29 日	《海外丛学录》	由宗龙、刘昌明、陈诒恭	东京
世界地理问答	1905 年 2 月	《蒙学报》	蒙学报馆	吴县
世界教育观	1905 年 2 月	《蒙学报》	蒙学报馆	吴县
世界谭片	1905 年 2 月 28 日	《大陆报》	江吞	上海
黑暗世界	不详	《通问报》	美国南北长老会	上海
过去一年间世界大事记	1906 年 1 月 25 日	《新民丛报》	梁启超、冯紫珊	横滨
世界异闻	1906 年 10 月 15 日	《云南》	云南留学生同乡会	东京
世界大事	1907 年 4 月	《振华五日大事记》	振华排印所	广州
世界要闻	1907 年 7 月 19 日	《远东闻见录》	陆军部留学生监督处	东京
世界各殊之景物	1907 年秋	《世界》	世界社	上海
世界真理之科学	1907 年秋	《世界》	世界社	上海
世界最近之现象	1907 年秋	《世界》	世界社	上海

续表

栏目名称	设立时间	所属报刊	主办者	出版地
世界纪念之历史	1907 年秋	《世界》	世界社	上海
世界进化之略迹	1907 年秋	《世界》	世界社	上海
世界新闻	1907 年 11 月 1 日	《豫报》	河南同乡会	东京
世界一瞩	1907 年 12 月	《青年》	基督教青年合会总委办事处	上海
世界大事	1908 年 4 月 5 日	《半星期报》	莫梓轹	广州
世界年鉴	1908 年 5 月 15 日	《并州官报》	并州官报局	太原
世界异闻	1908 年 11 月 13 日	《白话报》	锡金教育会	无锡
本周世界之纪念日	1908 年	《新世纪》	张静江、李石曾、褚民谊、吴稚晖	巴黎
世界名胜	1909 年	《新世界画册》	不详	上海
世界大事记	1909 年 2 月 15 日	《外交报》	外交报馆	上海
世界大事记	1909 年 2 月 15 日	《东方杂志》	商务印书馆	上海
世界批评	1909 年 6 月 18 日	《扬子江小说报》	胡石庵	武昌
世界新剧	1909 年 8 月 16 日	《图画日报》	上海环球社	上海
世界历史名人画	1909 年 9 月 7 日	《图画日报》	上海环球社	上海
世界人杰之爱狗者	1910 年 2 月 13 日	《申报》	安纳斯脱·美查（Ernest Major）	上海
世界纪事	1910 年 2 月 20 日	《国风报》	何国桢	上海
世界时事汇录	1910 年 3 月 6 日	《东方杂志》	商务印书馆	上海
杂俎·世界农谈	1910 年 8 月	《成都商报》	成都商报馆	成都
世界纪事	1910 年 10 月 7 日	《热诚》	蓝公武	上海

栏目名称	设立时间	所属报刊	主办者	出版地
世界名人肖像	1910 年 10 月 16 日	《小说月报》	小说月报社	上海
世界近闻	1910 年 10 月 27 日	《小说月报》	小说月报社	上海
世界外交纪事	1910 年 12 月	《北洋政学旬报》	北洋官报兼印刷局	天津
世界名著谈	1911 年 2 月	《青年》	基督教青年合会总委办事处	上海
世界谈乘	1911 年 2 月 15 日	《申报》	安纳斯脱·美查	上海
世界寓言选	1911 年 3 月	《青年》	基督教青年合会总委办事处	上海
世界新语	1911 年 3 月 30 日	《少年》	商务印书馆	上海
世界大事记	1911 年 4 月	《克复学报》	李瑞椿	上海
世界之唯一谈	1910 年 4 月 6 日	《申报》	安纳斯脱·美查	上海
世界之第一谈	1910 年 4 月 7 日	《申报》	安纳斯脱·美查	上海
世界奇闻	1911 年 7 月 7 日	《图画报》	图画报馆	上海
世界新智识谈	1911 年 7 月 24 日	《旅客》	进行社	上海

参考文献

一　典籍文献

《白居易集》，顾学颉校点，中华书局，1979。

（明）毕自严撰《度支奏议》，上海古籍出版社，2008。

（明）曹于汴：《仰节堂集》，清文渊阁四库全书本。

（明）陈廷敬等编撰，王宏源新勘《康熙字典》（修订本），社会科学文献出版社，2008。

（宋）陈亮撰《龙川文集》，商务印书馆，1937。

陈秋平、尚荣译注《金刚经·心经·坛经》，中华书局，2007。

陈汝锜：《甘露园短书》，明万历刻清康熙重修本。

陈子龙等选辑《明经世文编》，中华书局，1962。

（宋）程颢、程颐：《二程集》，王孝鱼点校，中华书局，1981。

（金）董解元撰《古本董解元西厢记》，上海古籍出版社，1984。

（唐）独孤及撰《毗陵集》，上海古籍出版社，1993。

（晋）佛陀跋陀罗共法显译《摩诃僧祇律》，大正新修大藏经本。

（晋）佛陀跋陀罗译《大方广佛华严经》，大正新修大藏经本。

（宋）黄震撰《慈溪黄氏日钞》，耕余楼刊本。

（南朝）江淹著，（明）胡之骥注《江文通集汇注》，李长路、赵威点校，中华书局，1999。

（三国）康僧恺译《大无量寿经》，大正新修大藏经本。

（唐）孔颖达撰《周易兼义》，国家图书馆出版社，2013。

赖永海、杨维中译注《楞严经》，中华书局，2010。

（宋）黎靖德编《朱子语类》，王星贤点校，中华书局，1986。

《李太白全集》，北京图书出版社，1998。

（唐）李延寿撰《南史》，中华书局，1975。

〔意〕利玛窦著，〔法〕梅谦立注《天主实义今注》，谭杰校勘，商务印书馆，2014。

刘锦藻撰《清朝续文献通考》，浙江古籍出版社，1988。

（清）彭定求等编《全唐诗》，中华书局，1979。

《清朝文献通考》，浙江古籍出版社，1988。

（梁）沈约撰《宋书》，中华书局，1974。

（宋）释道诚撰《释氏要览校注》，富世平校注，中华书局，2014。

释法云编《翻译名义集》，上海商务印书馆缩印南海潘氏藏宋本，1912。

（梁）释僧祐撰《出三藏记集》，苏晋仁、萧炼子点校，中华书局，1995。

王先谦、（清）朱寿朋编《东华录　东华续录》，上海古籍出版社，2008。

（梁）萧子显撰《南齐书》，中华书局，1972。

（宋）徐梦莘撰《三朝北盟会编》，上海古籍出版社，2008。

（汉）徐岳撰，（北周）甄鸾注《数术记遗》，中华书局，1985。

（元）杨瑀、孔齐撰《山居新语·至正直记》，李梦生、庄葳、郭群一校点，上海古籍出版社，2012。

赵尔巽等撰《清史稿》，中华书局，1977。

二 资料汇编

李毓澍主编《中日关系史料——欧战与山东问题》，台北，"中央研究院"近代史研究所，1974。

林明德主编《中日关系史料——巴黎和会与山东问题》，台北，"中央研究院"近代史研究所，2000。

清华大学历史系编《戊戌变法文献资料系日》，上海书店出版社，1998。

桑兵主编《孙中山史事编年》，中华书局，2017。

王建朗主编，李廷江、陈开科分卷主编《中华民国时期外交文献汇编（1911~1949）》，中华书局，2015。

张静庐辑注《中国现代出版史料》，中华书局，1954。

张枬、王忍之编《辛亥革命前十年间时论选集》，三联书店，1977。

中国第二历史档案馆编《北洋政府档案》，中国档案出版社，2010。

中国第二历史档案馆编《中华民国史档案资料汇编》，凤凰出版社，2015。

中国第一历史档案馆编《光绪宣统两朝上谕档》，广西师范大学出版社，1996。

中国社会科学院近代史研究所、中国第二历史档案馆史料编辑部编《五四爱国运动档案资料》，中国社会科学出版社，1980。

中国史学会主编《中国近代史资料丛刊·洋务运动》，上海人民出版社，1961。

"中央研究院"近代史研究所编《近代中国对西方及列强认识资料汇编》第2、3辑，台北，"中央研究院"近代史研究所，1984、1986。

周振鹤主编《明清之际西方传教士汉籍丛刊》，凤凰出版社，2013。

朱有瓛主编《中国近代学制史料》，华东师范大学出版社，1983~1990。

三 文集、日记、年谱、工具书等

〔日〕本多浅治郎：《西洋史》，百城书舍编译，商务印书馆，1909。

斌椿：《乘槎笔记》，钟叔河校点，岳麓书社，1985。

蔡尔康等：《李鸿章历聘欧美记》，张英宇点，张玄浩校，岳麓书社，1986。

蔡尚思、方行编《谭嗣同全集》（增订本），中华书局，1981。

陈旭麓主编《宋教仁集》，中华书局，1981。

陈寅恪：《金明馆丛稿二编》，上海古籍出版社，2020。

崔国因：《出使美日秘日记》，胡贯中、刘发清点注，黄山书社，1988。

戴鸿慈：《出使九国日记》，陈四益标点，岳麓书社，1986。

邓实辑《光绪癸卯（二十九年）政艺丛书》，沈云龙主编《近代中国史料丛刊续编》第28辑，台北，文海出版社，1976。

邓实辑《光绪壬寅（廿八年）政艺丛书》，沈云龙主编《近代中国史料丛刊续编》第27辑，台北，文海出版社，1976。

丁凤麟、王欣之编《薛福成选集》，上海人民出版社，1987。

丁守和主编《辛亥革命时期期刊介绍》，人民出版社，
　　1982~1987。

丁文江、赵丰田编《梁启超年谱长编》，上海人民出版
　　社，1983。

《端忠敏公奏稿》，沈云龙主编《近代中国史料丛刊》第94
　　辑，台北，文海出版社，1967。

冯友兰：《中国现代哲学史》，江苏文艺出版社，2013。

傅云龙：《游历图经馀纪》，王晓秋标点，史鹏校订，岳麓书
　　社，1985。

高平叔编《蔡元培全集》，中华书局，1984。

高平叔撰著《蔡元培年谱长编》，人民教育出版社，1996。

高文达主编《近代汉语词典》，知识出版社，1992。

郭嵩焘：《伦敦与巴黎日记》，钟叔河、杨坚整理，岳麓书社，
　　1984。

《胡适留学日记》，同心出版社，2012。

胡珠生编《宋恕集》，中华书局，1993。

胡祖舜编《二十世纪世界大战记》，陆军学会，1914。

湖南省社会科学院编《黄兴集》，中华书局，1981。

黄庆澄：《东游日记》，王晓秋标点，史鹏校订，岳麓书社，
　　1985。

黄遵宪：《日本国志》，光绪二十四年浙江书局重刊本。

黄遵宪：《日本杂事诗（广注）》，钟叔河辑注、校点，岳麓
　　书社，1985。

姜义华、张荣华编校《康有为全集》，中国人民大学出版社，
　　2007。

〔美〕凯瑟琳·F. 布鲁纳、约翰·K. 费正清、理查德·J. 司

马富编《赫德日记（1863~1866）——赫德与中国早期现代化》，陈绛译，中国海关出版社，2005。

〔日〕濑川秀雄：《西洋通史》，章起渭编译，傅运森校，商务印书馆，1910。

黎庶昌：《西洋杂志》，喻岳衡等标点，钟叔河校，岳麓书社，1985。

吕碧城著，李保民笺注《吕碧城诗文笺注》，上海古籍出版社，2007。

李圭：《环游地球新录》，钟叔河校点，岳麓书社，1985。

李天纲编校《万国公报文选》，中西书局，2012。

梁敬錞、林凯：《欧战全史》，亚洲文明协会，1919。

梁漱溟：《我生有涯愿无尽——梁漱溟自述文录》，中国人民大学出版社，2011。

林鍼：《西海纪游草》，杨国桢标点，岳麓书社，1985。

刘晴波、彭国兴编《陈天华集》，湖南人民出版社，2008。

刘晴波主编《杨度集》，湖南人民出版社，1986。

刘锡鸿：《英轺私记》，朱纯校点，岳麓书社，1986。

罗森：《日本日记》，王晓秋标点，史鹏校订，岳麓书社，1985。

〔英〕马礼逊：《华英字典》，大象出版社影印版，2008。

马勇编《章太炎书信集》，河北人民出版社，2003。

毛注青、李鳌、陈新宪编《蔡锷集》，湖南人民出版社，1983。

欧阳哲生编《傅斯年全集》，湖南教育出版社，2003。

《欧战纪事本末》，雷斯赉，1915。

〔英〕器宾：《世界商业史》，〔日〕永田健助原译，许家庆译述，许家惺校阅，山西大学堂译书院译印，1904。

全国图书联合目录编辑组编《全国中文期刊联合目录（1833~

1949)》（增订本），书目文献出版社，1981。

任建树、张统模、吴信忠编《陈独秀著作选》，上海人民出版社，1993。

〔日〕桑原骘藏：《东洋史要》，上海东文学社，1899。

上海人民出版社编《章太炎全集》，沈延国、汤志钧点校，上海人民出版社，2018。

上海图书馆编《汪康年师友书札》，上海书店出版社，2017。

上海图书馆编《中国近代期刊篇目汇录》，上海人民出版社，1965~1984。

史和、姚福申、叶翠娣编《中国近代报刊名录》，福建人民出版社，1991。

水如编《陈独秀书信集》，新华出版社，1987。

〔日〕松平康国编《世界近世史》，作新书局，1902。

苏舆编《翼教丛编》，上海书店出版社，2002。

孙宝瑄：《忘山庐日记》，上海古籍出版社，1983。

汤志钧、汤仁泽编《梁启超全集》，中国人民大学出版社，2018。

〔日〕天野为之：《万国通史》，吴启孙译，文明书局，1903。

田建业等编《杜亚泉文选》，华东师范大学出版社，1993。

汪林茂编校《汪康年文集》，浙江古籍出版社，2011。

汪征鲁、方宝川、马勇主编《严复全集》，马勇、黄令坦点校，福建教育出版社，2014。

王桧林、朱汉国主编《中国报刊辞典》，书海出版社，1992。

王利器撰《颜氏家训集解》（增补本），中华书局，1993。

王栻主编《严复集》，中华书局，1986。

王韬：《弢园文录外编》，上海书店出版社，2002。

王韬：《扶桑游记》，陈尚凡、任光亮校点，岳麓书社，1985。

王兴国编《杨昌济文集》，湖南教育出版社，1983。

魏绍昌主编《中国近代文学大系·史料索引集》，上海书店，1996。

温州市图书馆编《张棡日记》第2册，张钧孙点校，中华书局，2019。

吴学昭整理《吴宓日记》，三联书店，1998。

吴仰湘编《皮锡瑞全集》，中华书局，2015。

吴振清、徐勇、王家祥编校整理《黄遵宪集》，天津人民出版社，2003。

夏东元编《郑观应集》，上海人民出版社，1982。

新会饮冰室主人：《现今世界大势论》，广智书局，1902。

徐建寅：《欧游杂录》，钟叔河校点，岳麓书社，1985。

阎伯川先生纪念会编《民国阎伯川锡山先生年谱长编初稿》，台北，台湾商务印书馆股份有限公司，1988。

姚锡光：《东瀛学校举概》，己亥夏四月刊本。

叶景莘编著《欧战之目的及和局之基础》，国际研究社，1918。

载泽：《考察政治日记》，吴德铎标点，岳麓书社，1986。

载振：《英轺日记》，清光绪铅印本。

张德彝：《稿本航海述奇汇编》（影印本），北京图书馆出版社，1997。

张德彝：《随使法国记》，左步青标点，米江农校订，岳麓书社，1985。

张士瀛：《地球韵言》，光绪二十四年务急书馆本。

张斯桂：《使东诗录》，费成康校注，岳麓书社，1985。

志刚：《初使泰西记》，钟叔河辑校，岳麓书社，1985。

中国李大钊研究会编注《李大钊全集》，人民出版社，2006。

中国社会科学院近代史研究所中华民国史研究室、中山大学历史系孙中山研究室、广东省社会科学院历史研究室合编

《孙中山全集》第 1~3 卷，中华书局，1981~1984。

中华全国世界语协会编《柴门霍夫演讲集》，祝明义译，中国
世界语出版社，1982。

中华书局编辑部编《唐才常集》（增订本），刘泱泱审订，中
华书局，2013。

中华书局编辑部编《孙宝瑄日记》上册，童杨校订，中华书
局，2015。

中华图书集成编辑所编《世界大战英雄史》，中华图书集成公
司，1919。

坂本健一编『世界史』上卷、博文館、1906 年。

瀬川秀雄『漢訳西洋通史』冨山房、1907 年。

鹿田等編『廣益英倭字典』大屋愷敆・田中正義・中宮誠之
蔵版、1874 年。

羅布存徳原著、井上哲次郎訂増『訂増英華字典』藤本氏蔵
版、1883 年。

市川義夫編訳、鳩田三郎校訂、河原英吉校字『英和和英字彙
大全』如雲閣蔵版、1886 年。

『太政官日誌』第 5 卷、1868 年。

永峰秀樹訓訳『華英字典』竹雲書屋、1881 年。

中村敬宇校正、津田仙・柳澤信大・大井鎌吉同訳『英華和譯
字典』山内馥、1879 年。

H. Medhurst, *An English and Japanese, and Japanese and English
Vocabulary*, BaTavIa Lithography, 1830.

四 近代报刊

《安徽俗话报》《白话报》《半星期报》《北京大学日刊》《北

洋政学旬报》《兵事杂志》《并州官报》《蚕丛》《成都商报》
《萃报》《大公报》《大陆报》《大同报》《大同周报》《大中华
杂志》《第一晋话报》《东方杂志》《东浙杂志》《东吴大学堂
学桴》《东西洋每月统记传》《独立周报》《翻译世界》《改
造》《格致汇编》《公论》《关陇》《国粹学报》《国风报》
《国民报》《国学辑林》《海城白话演说报》《海外丛学录》
《河南》《湖北商务报》《湖北学生界》《汉声》《杭州青年》
《黑暗世界》《花世界》《华商联合报》《集成报》《甲寅日刊》
《教育研究》《教育世界》《教育今语杂志》《教育杂志》《进
步》《京报》《经济丛编》《菁华报》《科学世界》《克复学报》
《昆明教育月刊》《利济学堂报》《良心》《六合丛谈》《鹭江
报》《旅客》《蒙学报》《民报》《民铎》《民国日报》《每周
评论》《女子世界》《南报》《南风报》《南洋七日报》《欧洲
战事汇报》《秦中书局汇报》《青年》《清议报》《热诚》《人
道杂志》《日新学报》《商务报》《少年》《世界》《世界公益
报》《世界繁华报》《世界通报》《世界日报》《世界一噱报》
《社会》《社会世界》《社会杂志》《申报》《盛京时报》《时
报》《时事新报》《时务报》《实学报》《铁道》《通问报》
《童子世界》《图画报》《图画日报》《益世报》《外交报》《万
国公报》《卫生世界》《惜阴周刊》《退迩贯珍》《小说世界日
报》《小说月报》《小说世界》《新剧杂志》《新教育》《新民
丛报》《新女子世界》《新青年》《新世纪》《新世界》《新世
界报》《新世界画册》《新世界日报》《新世界小说社报》《新
世界学报》《新世界日日画报》《新新小说》《学海》《学报》
《学汇》《选报》《亚东时报》《扬子江小说报》《医学世界》
《译林》《译书汇编》《英商公会华文报》《瀛寰琐记》《庸言》

《豫报》《云南》《游戏世界》《游学译编》《远东闻见录》《预备立宪公会报》《浙江潮》《振华五日大事记》《正谊》《政论》《政学报》《直说》《中华教育界》《中国白话报》《中国官音白话报》《中国新报》《中国学报》《中外日报》

五 著作

〔法〕保罗·利科:《作为一个他者的自身》,佘碧平译,商务印书馆,2013。

常超:《"托古改制"与"三世进化":康有为公羊学思想研究》,北京大学出版社,2015。

陈慧道:《康有为〈大同书〉研究》,广东人民出版社,1994。

陈廷湘、周鼎:《天下·世界·国家:近代中国对外观念演变史论》,上海三联书店,2008。

陈赟:《困境中的中国现代性意识》,华东师范大学出版社,2005。

崔军民:《萌芽期的现代法律新词研究》,中国社会科学出版社,2011。

〔俄〕E.德雷仁:《世界共通语史——三个世纪的探索》,徐沫译,商务印书馆,1999。

邓小南主编《政绩考察与信息渠道——以宋代为重心》,北京大学出版社,2008。

樊学庆:《辫服风云:剪发易服与清季社会变革》,三联书店,2014。

〔法〕伏尔泰:《风俗论》,梁守锵译,商务印书馆,2009。

高永伟:《词海茫茫——英语新词和词典之研究》,复旦大学出版社,2012。

戈公振：《中国报学史》，三联书店，2011。

郭双林：《西潮激荡下的晚清地理学》，北京大学出版社，2000。

侯宜杰：《二十世纪初中国政治改革风潮——清末立宪运动史》，人民出版社，1993。

侯志平编著《世界语运动在中国》，中国世界语出版社，1985。

黄金麟：《历史、身体、国家：近代中国的身体形成（1895～1937）》，新星出版社，2006。

黄时鉴、龚缨晏：《利玛窦世界地图研究》，上海古籍出版社，2004。

火源洁译，第伯符辑《华夷译语》，珪庭出版社，1979。

金观涛、刘青峰：《观念史研究：中国现代重要政治术语的形成》，法律出版社，2009。

李少军：《甲午战争前中日西学比较研究》，湖北人民出版社，2007。

李世涛主编《知识分子立场：激进与保守之间的动荡》，时代文艺出版社，2000。

李孝迁：《西方史学在中国的传播（1882～1949）》，华东师范大学出版社，2007。

林学忠：《从万国公法到公法外交——晚清国际法的传入、诠释与应用》，上海古籍出版社，2009。

吕冀平主编《当前我国语言文字的规范化问题》，上海世纪出版集团，1999。

罗志田：《革命的形成——清季十年的转折》，商务印书馆，2021。

罗志田:《激变时代的文化与政治——从新文化运动到北伐》,北京大学出版社,2006。

罗志田:《近代读书人的思想世界与治学取向》,北京大学出版社,2009。

罗志田:《裂变中的传承:20世纪前期的中国文化与学术》,中华书局,2009。

罗志田:《再造文明之梦——胡适传》,四川人民出版社,1995。

〔德〕洛维特:《世界历史与救赎历史》,李秋零、田薇译,三联书店,2002。

马光仁主编《上海新闻史(1850~1949)》,复旦大学出版社,1996。

〔意〕马西尼:《现代汉语词汇的形成——十九世纪汉语外来词研究》,黄河清译,汉语大词典出版社,1997。

〔瑞士〕E. 普里瓦:《世界语史》,张闳凡译,知识出版社,1983。

钱国红:《走近"西洋"和"东洋":中日世界意识形成的比较研究》,商务印书馆,2009。

钱穆:《中国近三百年学术史》,商务印书馆,1997。

桑兵、关晓红主编《华洋变形的不同世界:近代中国的知识与制度转型·中外篇》,上海人民出版社,2020。

桑兵:《近代中国的知识与制度转型》,经济科学出版社,2012。

桑兵:《晚清学堂学生与社会变迁》,学林出版社,1995。

桑兵:《治学的门径与取法——晚清民国研究的史料与史学》,社会科学文献出版社,2014。

汤用彤：《汉魏两晋南北朝佛教史》，北京大学出版社，1998。

王尔敏：《弱国的外交：面对列强环伺的晚清世局》，广西师范大学出版社，2008。

王尔敏：《五口通商变局》，广西师范大学出版社，2006。

王尔敏：《中国近代思想史论》，社会科学文献出版社，2003。

王汎森：《思想是生活的一种方式：中国近代思想史的再思考》，北京大学出版社，2018。

王赓武：《离乡别土——境外看中华》，台北，"中央研究院"历史语言研究所，2007。

王晓秋：《改良与革命：晚清民初史事新探》，北京大学出版社，2012。

王中江：《进化主义在中国的兴起：一个新的全能式世界观》（增补本），中国人民大学出版社，2010。

〔美〕沃格林：《革命与新科学》，谢华育译，华东师范大学出版社，2009。

〔日〕狭间直树编《梁启超·明治日本·西方——日本京都大学人文科学研究所共同研究报告》（修订版），社会科学文献出版社，2012。

萧公权：《康有为思想研究》，汪荣祖译，新星出版社，2005。

〔法〕谢和耐：《中国与基督教——中西文化的首次撞击》，耿昇译，商务印书馆，2013。

忻剑飞：《世界的中国观——近二千年来世界对中国的认识史纲》，学林出版社，2013。

徐国琦：《中国与大战：寻求新的国家认同与国际化》，马建标译，四川人民出版社，2019。

徐宗泽：《中国天主教传教史概论》，上海书店出版社，1990。

许倬云：《我者与他者：中国历史上的内外分际》，三联书店，2015。

于沛：《中国世界史研究的产生和发展》，江西人民出版社，2010。

湛晓白：《时间的社会文化史——近代中国时间制度与观念变迁研究》，社会科学文献出版社，2013。

张晶萍：《守望斯文：叶德辉的生命历程和思想世界》，中国社会科学出版社，2011。

张朋园：《梁启超与民国政治》，三联书店，2013。

张西平、吴志良、彭仁贤编《架起东西方交流的桥梁：纪念马礼逊来华200周年学术研讨会论文集》，外语教学与研究出版社，2011。

赵德宇：《西学东渐与中日两国的对应——中日西学比较研究》，世界知识出版社，2001。

郑大华、邹小站主编《中国近代史上的民族主义》，社会科学文献出版社，2007。

周质平：《现代人物与文化反思》，九州出版社，2013。

朱维铮：《重读近代史》，中西书局，2010。

邹振环：《晚清汉学西文经典：编译、诠释、流传与影响》，复旦大学出版社，2011。

邹振环：《晚清西方地理学在中国——以1815年至1911年西方地理学的传播和影响为中心》，上海古籍出版社，2000。

沈国威『近代日中語彙交流史:新漢語の成と受容』笠間書院、1994年。

六　论文

鲍永玲:《共在、同居和世界》,《安徽师范大学学报》2011年第1期。

鲍永玲:《"世界"概念的缘起》,《世界哲学》2012年第3期。

鲍永玲:《"世界"概念与佛玄合流》,《人文杂志》2013年第11期。

鲍永玲:《"世界"概念在近代东亚语境里的断变》,《史林》2012年第2期。

鲍永玲:《天下—世界——从概念变迁看近代东亚世界图景之变更》,《哲学分析》2012年第4期。

卞冬磊:《"世界"的阴影:报纸阅读与晚清的国家想象(1898~1911)》,《湖南师范大学学报》2019年第4期。

陈徽:《公羊"三世说"的演进过程及其思想意义》,《孔子研究》2016年第2期。

陈剑敏:《由反对到赞成——孙中山对中国参加一战的反应》,《兰台世界》2013年第9期。

陈力卫:《从英华辞典看汉语中的日语借词》,陈少峰主编《原学》第3辑,中国广播出版社,1995。

陈其泰:《19世纪中国学者关于历史演进的理论》,《史学史研究》2010年第2期。

程巍:《"世界语"与犹太复国主义——兼论清末"世界语"运动》,《中国图书评论》2010年第12期。

〔日〕嵯峨隆:《近代日中社会主义交流之经验——以大杉荣为例》,中国社会科学院近代史研究所编《近代中国与世界：第二届近代中国与世界学术讨论会论文集》，社会科学文献出版社，2005。

达默迪纳：《老庄著作和巴利语佛经若干词的比较研究》，博士学位论文，华东师范大学，2007。

段炼：《国之内外的"文野之辨"——以 20 世纪初期杨度的世界观念为中心（1902～1911 年）》，《安徽史学》2017年第 6 期。

段云章：《孙中山与第一次世界大战》，《近代史研究》1991年第 1 期。

干春松：《康有为的三世说与〈大同书〉》，杨国荣主编《思想与文化》第 16 辑，华东师范大学出版社，2015。

葛兆光：《从"天下"到"万国"——重建理解明清思想史的背景》，《文史知识》2001 年第 1 期。

关晓红：《戊戌前朝野的官制议论》，《学术研究》2013 年第5 期。

黄嘉谟：《中国对欧战的初步反应》，《"中央研究院"近代史研究所集刊》1969 年第 1 期。

黄兴涛：《近代中国汉语外来词的最新研究——评马西尼〈现代汉语词汇的形成〉》，《开放时代》1999 年第 5 期。

黄洋：《建构中国立场的世界历史撰写体系》，《世界历史》2010 年第 4 期。

黄有福：《介绍一种古代朝鲜语资料〈朝鲜馆译语〉》，中国民族古文字研究会编《中国民族古文字研究》，中国社会科学出版社，1984。

江静：《利玛窦世界地图在日本》，《浙江大学学报》2003 年第 5 期。

金珉廷：《"欧战"论述与"1910 年代"中韩知识分子的思想状况——以〈东方杂志〉、〈每日申报〉和〈学之光〉为中心》，博士学位论文，华东师范大学，2017。

刘涛：《从馆藏手札看谭延闿政治思想成因》，《湖南省博物馆馆刊》第 12 辑，岳麓书社，2016。

刘小枫：《世界历史意识与古典教育》，《北京大学教育评论》2019 年第 1 期。

刘雅军：《明治时代日本人的世界历史观念》，《历史教学》2005 年第 12 期。

刘雅军：《晚清学人"世界历史"观念的变迁》，《史学月刊》2005 年第 10 期。

陆胤：《张之洞与近代国族"时空共同体"——从〈劝学篇〉到癸卯学制》，《开放时代》2017 年第 5 期。

闾小波：《梁启超的世纪情怀》，《二十一世纪》1999 年 2 月号。

吕建福：《佛教世界观对中国古代地理中心观念的影响》，《陕西师范大学学报》2005 年第 4 期。

罗继祖：《女真语研究资料》，丁宝林辑《女真文字研究论文集（1911~1949）》，中国民族古文字研究会，1983。

罗志田：《发现在中国的历史——关于中国近代史研究的一点反思》，《北京大学学报》2004 年第 5 期。

罗志田：《清季围绕万国新语的思想论争》，《近代史研究》2001 年第 4 期。

罗志田：《天下与世界：清末士人关于人类社会认知的转变——侧重梁启超的观念》，《中国社会科学》2007 年第 5 期。

罗志田：《走向世界的近代中国——近代国人世界观的思想谱

系》,《文化纵横》2010 年第 3 期。

孟庆澍:《无政府主义与中国早期世界语运动》,《洛阳师范学院学报》2006 年第 1 期。

缪偲:《从"万国史"到"世界史"》,《人文论丛》2014 年第 1 辑。

彭春凌:《以"一返方言"抵抗"汉字统一"与"万国新语"——章太炎关于语言文字问题的论争（1906～1911）》,《近代史研究》2008 年第 2 期。

邱伟云、郑文惠:《走向新世界:数字人文视野下中国近代"世界"概念的形成与演变》,《南京大学学报》2020 年第 5 期。

任剑涛:《当代中国的国际理念:融入"世界",抑或重启"天下"?》,《山西师大学报》2020 年第 5 期。

桑兵:《华洋变形的不同世界》,《学术研究》2011 年第 3 期。

桑兵:《辛亥革命研究的整体性》,《中山大学学报》2011 年第 5 期。

桑兵:《中国的"民族"与"边疆"问题》,《中山大学学报》2012 年第 6 期。

〔奥地利〕苏珊·魏格林-施维德齐克:《世界史与中国史:20世纪中国史学中的普遍与特殊概念》,刘新成主编《全球史评论》第 3 辑,中国社会科学出版社,2010。

孙青:《从"西政"到新"世界学"——"西学东渐"与政治学中国本土谱系的初建》,《东アジア文化交涉研究》第 2 号,2008 年 12 月。

汤开建、周孝雷:《明代利玛窦世界地图传播史四题》,《自然科学史研究》2015 年第 3 期。

汤用彤：《隋唐佛教之特点——在西南联大的讲演》，《隋唐佛教史稿》，北京大学出版社，2010。

汤志钧：《大同"三世"和天演进化》，《史林》2002年第2期。

王大庆：《"什么是世界史：跨越国界的思考"学术研讨会综述》，《史学月刊》2015年第7期。

王东杰：《从内部看历史和回到列文森》，《读书》2020年第2期。

王东杰：《"价值"优先下的"事实"重建：清季民初新史家寻找中国历史"进化"的努力》，《近代史研究》2012年第3期。

王鸿：《时间与历史：晚清士人的"二十世纪"意识》，《人文杂志》2019年第8期。

王建朗：《北京政府参战问题再考察》，《近代史研究》2005年第4期。

王艳娟：《〈万国史记〉在清末中国的传播和影响》，《清史研究》2016年第3期。

尉彦超、黄兴涛：《梁启超与第一次世界大战史研究在中国的发轫——以〈欧洲战役史论〉为中心的探讨》，《史学月刊》2020年第7期。

向荣：《世界史与和谐世界》，《历史研究》2008年第2期。

谢放：《多维视野下的辛亥革命史研究》，《华南师范大学学报》2011年第4期。

邢科：《〈东西史记和合〉与晚清世界史观念》，《清史研究》2018年第1期。

邢科：《晚清至民国时期中国"世界史"书写的视角转换》，《学术研究》2015年第8期。

徐浩：《什么是世界史？——欧美与我国世界史学科建设刍议》，《经济社会史评论》2015年第1期。

许纪霖:《现代中国的家国天下与自我认同》,《复旦学报》
　　2015 年第 5 期。

严昌洪:《世纪的觉醒——上世纪之交中国人对 20 世纪的认
　　知》,《华中师范大学学报》2001 年第 5 期。

杨令侠:《杨生茂先生与世界历史教学》,《历史教学》(下半
　　月刊) 2016 年第 8 期。

杨庆堃:《中国近代空间距离之缩短》,《岭南学报》1949 年
　　第 1 期。

杨天石:《孙中山与第一次世界大战》,《江苏师范大学学报》
　　2018 年第 5 期。

张宝明:《中国现代性的两难——以新文化元典中的世界语吊
　　诡为例》,《福建论坛》2007 年第 5 期。

张仲民:《世界语与近代中国知识分子的世界主义想象——以
　　刘师培为中心》,《学术月刊》2016 年第 4 期。

钟书林:《"世界"语义的生成、演变与佛道文化以及中、印、
　　西文化的互动——兼论"宇宙"、"世界"语义的异同》,
　　李建中、高文强主编《文化关键词研究》第 1 辑,武汉
　　大学出版社,2014。

邹振环:《清末的东文教学与亚洲观念——王国维、樊炳清与上
　　海东文学社及其刊刻的〈东洋史要〉》,上海市档案馆编
　　《上海档案史料研究》第 10 辑,上海三联书店,2011。

林義强「『万国』と『新』の意味を問いかける:清末国学に
　　おけるエスペラント (万国新語)論」『東洋文化研究所
　　紀要』第 147 冊、2005 年。

后　记

　　大约三十年前，我就读的小学是一座老式青砖四合院，据说原是大地主的私宅。门口还有一对被摸得光溜溜的石鼓，雕刻得十分清雅。外墙的上半部分涂着白色石灰，刷上了红色标语"教育要面向现代化、面向世界、面向未来"。十来岁的少年当然不知道其中来历与含义，但至今如在目前。那时怎么也不会想到，少年的第一本书，也是第一次系统学术训练的成果，就是研究"世界"观念，而这则标语竟早已将其中内在的关联大体展现。缘分之奇妙如此。

　　十余年前我开始着手研究这个题目，一步步深刻感受到近代中国"走向世界"的无奈与艰难，以及急切与坚定，对其中"外倾"的偏弊越看越不平，字里行间也就难免流露出一些我的意气。时势的变迁和认识的深入，让我不由得更加注意另一面：处于世界民族之林，是不可能不向外求索的，不忘本来与吸收外来必须相辅相成，才可以面向未来。世事之复杂如此。

　　纵观近代中国"世界"观念的演化与运用，可以发现明显的"自下而上"的特点，即首先是在传媒、民间和下层发生，逐步弥漫于知识群体乃至全社会之中，最终影响庙堂的决策甚至命运。"世界"近代含义的转化萌发于报刊这一新兴载体，与向外看的横向比较紧密相关，后来敏锐于外部变化的知识群体多方发挥与阐释，借以探索国家发展方向。虽有时不免破碎、断裂、模糊，却如"大风"一般吹向各个角落，成为一种时代的氛围。思想之有力如此。

感谢桑老师。得遇明师，人生幸运有如此。感谢多年来给予我鼓励和批评的诸位师友。

2024 年 8 月

图书在版编目(CIP)数据

近代中国"世界"观念研究 / 余露著 . -- 北京：社会科学文献出版社，2025.8. -- (岳麓书院学术文库) . -- ISBN 978-7-5228-5405-2

Ⅰ . K250.7

中国国家版本馆 CIP 数据核字第 2025L7G020 号

· 岳麓书院学术文库 ·

近代中国"世界"观念研究

著　　者 / 余　露

出 版 人 / 冀祥德
责任编辑 / 邵璐璐
责任印制 / 岳　阳

出　　版 / 社会科学文献出版社 · 历史学分社（010）59367256
　　　　　地址：北京市北三环中路甲 29 号院华龙大厦　邮编：100029
　　　　　网址：www.ssap.com.cn
发　　行 / 社会科学文献出版社（010）59367028
印　　装 / 北京盛通印刷股份有限公司

规　　格 / 开本：889mm × 1194mm　1/32
　　　　　印张：11.25　字数：258 千字
版　　次 / 2025 年 8 月第 1 版　2025 年 8 月第 1 次印刷
书　　号 / ISBN 978-7-5228-5405-2
定　　价 / 89.00 元

读者服务电话：4008918866